글로벌 인재포럼 리포트 2012

새로운 성장동력

휴먼

글로벌 인재포럼 리포트 2012

새로운 성장동력
휴먼

교육과학기술부　KRIVET 한국직업능력개발원

한국경제신문 특별취재팀 지음

한국경제신문

교육이 최고의 복지다

지난 50여 년간 한국의 현대사를 글로벌 관점에서 보면 질풍노도 같은 '추월의 역사'였다고 할 수 있다. 이렇다 할 산업시설도, 변변한 천연자원도 없는 환경에서 전쟁의 참화까지 겪은 한국인들은 1960년대 초반까지만 해도 세계 최빈국 수준의 고단한 삶을 살아가야 했다. 동남아와 아프리카의 대부분 국가들보다도 경제 및 생활수준이 훨씬 열악했다.

세계은행 통계에 따르면 50년 전인 1962년 한국의 1인당 국민총소득(GNI)은 110달러로 지금은 세계 최빈국으로 분류되는 가봉(350달러)의 3분의 1에도 못 미쳤다. 가나(190달러)에도 한참 뒤떨어져 있었다. 그랬던 한국이 2011년 무역규모 1조 달러를 넘어서며 세계 아홉 번째 무역대국으로 성장했고, 구매력 평가를 기준으로 한 국내총생산(GDP)이 3만1714달러(2011년 기준)로 일본, 영국과 맞먹는 세계적 경제 강국으로 발돋움했다.

중동의 산유국이나 다양하고 풍부한 광물자원을 가진 아프리카,

중남미, 동남아시아 국가들과 달리 이렇다 할 천연자원(natural resources)도 거의 없는 한국이 기적과도 같은 고속 성장을 할 수 있었던 것은 오로지 인적자원(human resources) 덕분이었다. 그 바탕에는 한국인들의 집요하고도 철저한 교육, 학습에 대한 열망이 있었다.

천연자원은 결코 무한하지도 않거니와, 보유국들로 하여금 자원에 의지하게 만들어 체계적인 산업 육성을 게을리 하게 만드는 측면이 있다. 많은 자원부국들이 경제, 사회, 문화적으로 후진 상태를 면치 못하는 '자원의 저주(curse of natural resources)'에 빠졌다는 말을 듣는 이유다.

인적자원은 그렇지 않다. 아무리 퍼내도 마르지 않으며, 쓰면 쓸수록 오히려 더 풍부하고 탄탄해진다. 한국이 그 전형(典型)을 보여주는 산 증인이다. 한국경제신문사가 교육과학기술부, 한국직업능력개발원과 공동으로 개최하고 있는 글로벌 인재포럼(Global HR Forum)에 매년 60~70곳의 개발도상국 경제관료와 학자 등 전문가들이 참여하며 인재 육성과 개발의 노하우에 귀를 기울이는 이유다. 개도국들의 자립을 지원하는 세계 최고기관인 세계은행(World Bank)과 유네스코 등 국제기구들이 글로벌 인재포럼의 콘텐츠 파트너로 참여, 매년 인재육성 워크숍 등 부대행사를 함께 여는 이유도 마찬가지다.

2012년 10월 23~25일 개최한 제7회 글로벌 인재포럼의 주제는 〈교육이 최고의 복지다(Better Education, the Best Welfare)〉였다. 미국, 러시아, 중국, 프랑스 등 세계 주요국의 지도부가 교체되는 '선거의 해'를 맞아 각국 정치인들은 유권자들의 표심(票心)을 얻기 위해 저소득층 직접 지원 확대 등 갖가지 복지 아젠다를 내놓았다. 그러나 재정을 동원한 복지정책은 지속가능하지 않을 뿐더러, 스스로의 운명을 개척해나가는 자립정신을 약화시킨다는 게 전문가들의 일치된 지적이다.

지난 반세기 한국의 역사가 웅변하듯이, 교육을 통해 숙련된 인력을 육성하는 것이야말로 최고의 복지정책이라는 데도 전문가들의 의견은 일치한다. 다만, 갈수록 복잡다단해지고 신기술과 신산업이 속속 태동하는 시대를 맞아 교육의 양과 함께 질(質)을 어떻게 고도화할 것인가는 우리 모두의 새로운 과제다. 다양한 분야에서 요구되는 전문 인력을 수요에 맞게 육성하고 공급하는 일은 정책당국들에 매우 중요한 과제가 됐다. 맞춤형 교육이 절실해진 배경이다.

제7회 글로벌 인재포럼은 이런 시대상황에 맞춰 유아교육부터 대학교육에 이르기까지 단계별 교육 프로그램을 재조명하고 새로운 대안을 모색하는 한편, 디자인·음악·요리 등 시대가 요구하는 특화된 분야의 실용 인재를 키우는 방안에 이르기까지 '복지의 원천으로서의 인재 육성'에 관한 폭넓은 화두(話頭)를 다뤘다. 허나 각 분야 세계 최고의 석학과 전문가들이 주제발표를 하고, 열띤 토론을 통해 이끌어낸 해법을 한정된 신문지면에 소개하는 것에 그치기에는 아쉬운 점이 너무 많았다. 이것이 포럼의 주요 내용을 일목요연하게 정리해 책을 펴내기로 한 이유다.

이 책은 크게 5부로 구성되어 있다. 제1부는 금융위기 이후 글로벌 경제의 최근 흐름을 분석하고 지속성장을 담보할 수 있는 인재 육성의 필요성을 주요 항목별로 짚어보고 있다. 고든 브라운 전 영국 총리는 인재포럼 기조연설을 통해 금융위기 해결을 위한 국제적 공조의 강화를 강조하며 UN 교육특사로서 전 세계 문맹 퇴치와 고른 성장을 위한 각국의 노력을 당부했다. 세계경제 변화, 특히 FTA(자유무역협정)가 가져올 인재양성 분야의 변화와 대처방안에 대해서도 논의됐다.

제2부는 개별 행위자인 기업이 어떻게 인재를 양성하는지 다루고 있다. 인도 최대의 소프트웨어 업체인 테크마힌드라와 직원 50명인 철공소에서 인공위성을 제작하는 업체로 성장한 일본 ㈜아오키의 혁신 사례, 글로벌 기업인 GE의 사내대학을 통한 직업훈련 등이 다뤄진다.

제3부는 대학과 기업이 연계해 인재를 양성하는 각국의 사례가 소개됐다. 인재의 수요처인 기업과 공급처인 대학이 어떻게 연계해 직업능력을 갖춘 인재를 양성할 수 있는지에 대한 해법을 모색하고 있다.

제4부는 특성화 부문을 다루고 있다. 세계 최고의 대중음악 교육기관인 미국 버클리 음대, 세계적 요리학교 체인인 프랑스 르꼬르동블루, 디자인 천재를 길러내는 미국 파슨스디자인스쿨 등 각 분야에서 거장을 길러내는 교육기관들이 어떤 철학과 교육방식으로 학생들을 가르치는지 엿볼 수 있다. 특성화와는 조금 다르지만 대니얼 샤피로 미국 하버드대 교수는 협상학의 주요 내용을 한국민에게 소개하고 있다. 갈등과 충돌 대신 협상만으로도 쌍방이 만족할 만한 효과를 얻을 수 있음을 여러 사례를 통해 다루고 있다.

제5부는 이 책의 결론이라고 할 수 있다. 교육이 최고의 복지라는 사실을 여러 사례를 통해 다루고 있다. 출발단계에서 교육평등을 실

현할 수 있는 유아교육, 영국의 대안학교로 학생에게 어떠한 부담도 주지 않으면서도 높은 교육성과를 내는 서머힐스쿨, 교육기부를 통해 저소득층 아이들에게 학습기회를 제공하는 영국과 일본의 사례, 언제 어디서나 많은 비용을 들이지 않고도 학습할 수 있는 스마트교육 등을 통해 보편적 복지로서 교육의 중요성을 다시 한 번 깨닫게 된다.

글로벌 인재포럼에서 다뤄진 내용을 정리하다 보니 형식적 통일성이 다소 부족한 부분은 있지만 오히려 그 점이 내용적으로는 다양한 시각과 풍부한 사례를 제공하고 있다고 생각한다. 독자들의 넓은 이해를 바란다.

글쓴이를 대표해
이학영 글로벌 인재포럼 사무국장

| 머리말 | 교육이 최고의 복지다 005

제1부 미래 성장을 위한 인재 육성

01 세계 경제위기 극복을 위한 인재양성 방안   015
02 전환기의 세계 경제, 새 성장동력을 찾아라   029
03 글로벌 재정위기와 세계경제의 미래   043
04 FTA 시대의 인재육성 전략   055
05 고용제도, 이대로 괜찮은가?   071

제2부 창의적 인재가 기업을 바꾼다

01 새로운 인재가 온다   087
02 조직원이 강한 조직이 살아남는다   102
03 지식재산으로 스티브 잡스에 도전한다   114
04 과학기술 인재, 미래변화의 힘   127

제3부 대학과 기업의 인재 교류

01 지식 창조의 허브, 대학이 기업과 국가를 바꾼다　145

02 학습과 일자리의 연계 방안　156

03 산학협력 기반의 실용교육　169

04 글로벌 코리아와 신흥국의 인력양성　181

제4부 특성화 교육의 창조적 인재육성

01 버클리 음대는 어떻게 실용음악의 메카가 되었나?　197

02 세계 일류 쉐프 · 호텔리어의 산실, 르꼬르동블루　209

03 디자인 천재를 키우는 파슨스스쿨　221

04 설득하는 인재, 세상을 바꾸는 협상　231

제5부 교육이 최고의 복지다

01 미래인재 양성의 출발, 유아교육　247

02 '스마트' 교육이 아니라 스마트 '교육'이다　260

03 나눔을 통한 교육복지 실현　271

04 다양한 성취의 자유: 서머힐 스쿨의 교육 철학　284

미래 성장을 위한 인재 육성

01 세계 경제위기 극복을 위한 인재양성 방안

글로벌 인재포럼 2012의 기조연설자로 나선 고든 브라운 전 영국 총리는 세계 경제와 금융, 교육과 인재 양성에 관해 풍성한 이야기를 들려줬다. 그는 세계 경제위기를 극복하기 위해 글로벌 협력을 강조했다. 또 "회복력 있는 경제를 구축하려면 세계적으로 대규모의 중산층을 만들어야 한다"고 주장했다. "중산층이 많아지면 부가 늘어나고 빈곤의 악순환이 타파된다"는 이유에서다. 그는 "중산층을 만들기 위해 가장 중요한 것은 교육"이라고 거듭 강조했다.

브라운 전 총리는 2012년 7월 UN 글로벌 교육 특사로 임명됐다. 반기문 UN총장과 '교육이 먼저다(education first)' 프로젝트를 진행하고 있다. 그는 강연을 통해 "아직도 학교에 다니지 못하는 아동이 전 세계에 6700만 명이나 된다"며 "47개 빈국에 교육 지원을 확대하면 1인당 소득이 약 2% 증가하고, 소득이 2배로 늘어나는 데 걸리는 기간도 47년에서 33년으로 단축된다는 연구 결과가 있다"고 소개했다. 또한 아프리카 등 저개발국 교육 투자에 대한 국제 지원 확대를 주장했다.

교육은 중산층을 만든다

고든 브라운(UN 글로벌 교육 특사, 前 영국 총리)

한국의 성공 스토리를 높이 평가하는 이들이 많다. 50년 전 한국은 미국에 비해 1인당 소득이 매우 낮은 나라였지만 지금은 경제 대국이 됐다. 1인당 국내총생산(GDP)이 2만 달러를 넘는 나라 중 하나다. 한국의 성공 자체에 주목하기보다는, 이를 바탕으로 미래에 대한 교훈을 찾아야 할 필요가 있다. 한국은 세계 국가들에 영감을 주는 나라다. 위상도 그 어느 때보다 높다.

2008년 금융위기가 터졌다. 지금도 세계 경제는 불확실성에 빠져 있다. 유럽 국가들은 불황에서 벗어나지 못하고, 미국의 성장도 저조하다. 유럽과 미국에 수출하는 아시아 국가들도 타격을 받고 있다. 2008년부터 2012년까지 4년이 흘렀는데도 왜 문제가 해결되지 않고 오히려 더 어려워지고 있는 것일까? 정치인 탓으로 돌리는 사람들도 있다. 정치인들 사이에 회자되는 농담이 있는데, "유럽에는 실패하는 재무장관과 아슬아슬하게 자리에서 빠져나가는 재무장관

고든 브라운 "세계 경제를 위해 우리는 무엇을 할 것인가."

둘밖에 없다"는 것이다. 정치인들이 연설은 하는데 소통의 기술은 잃었다는 셸리의 말도 인용된다. 말은 많은데 말다운 말은 하나도 없다는 얘기다.

역사가들이 훗날 2008년부터 2012년도까지를, 그리고 앞으로 전개될 10년을 돌아본다면 세계는 이 시기에 경제·사회적으로 유례없는 변화를 겪었다고 평가할 것이다. 유럽 산업혁명 이후 가장 큰 변화로 평가할 수도 있다.

지난 수 세기 동안 세계 경제를 지배한 것은 유럽과 미국이었다. 대부분의 재화가 이곳에서 생산됐고 소비됐다. 세계 교육도 이 지역에서 담당했다. 그런데 2010년에는 역사상 처음으로 유럽과 미국의 GDP 비중이 전 세계의 40%에 그쳤다. 세계 교육에서는 40~45%밖에 되지 않았다. 미국과 유럽의 인구 비중은 세계의 10%선에 불과하다. 앞으로 영원히 세계 생산량의 50%를 넘는 시기는 오지 않을 것이다.

이유는 세계 경제가 다극화되고 있기 때문이다. 두 번째 변화가 일어나고 있다. 수세기 동안 세계 경제를 주도해 온 유럽과 미국에서 아시아로의 이동이 일어나고 있다. 지난 20년간의 변화에 못지않게 중요한 변화다. 아시아의 중산층도 10억 명에서 20억 명으로 크게 증가하고 있다. 앞으로 세계 최대 소비시장이었던 미국은 아시아 소비시장의 반 정도로 비중이 낮아질 것이다. 예컨대 아시아 40%, 독일 4%, 영국 3%가 될 것이다.

부와 소득이 이동하고 있다. 앞으로는 유능한 인재를 보유한 나라들, 인재를 생산할 수 있는 나라들, 저임금 비숙련 노동자들이 집중적으로 많은 나라들이 아니라 고숙련 노동자들이 많은 나라가 성공할 것이다. 한국이 바로 이런 나라다. 또 기술적인 부분에 연구개발을 활발히 하는 나라들이 앞서갈 수 있을 것이다. 앞으로 기술자들의 기술개발사업, 기초과학의 개발 연구 분야가 급속도로 성장할 것이고 중요해질 것이다. 애플 아이패드의 경우 제조사가 가져가는 수익은 5달러, 디자이너가 가져가는 수익은 100달러라고 한다. 이것은 혁신적인 능력을 가진 사람들만이 부가적인 이득을 취할 수 있다는 것을 보여준다.

창의성도 점점 중요해진다. 수개월 전 인도를 방문했을 때 인도의 통상부 장관에게서 중국에 관한 이야기를 들었다. 그가 중국을 찾았을 때 마침 눈이 내리고 추운데 코트가 없었다고 했다. 캐시미어 코트를 사러 매장을 찾았을 때 제품 라벨이 보이지 않아 '어디에서 만들었느냐 고 물었더니 직원이 '어떤 라벨을 원하느냐 고 되물었다고 했다. 아르마니, 디오르, 버버리 등 유명 라벨을 원하는 대로 붙여준다는 얘기였다. 짝퉁 문화가 너무 판치고 있어서 중국의 경제성장에 회의마저 들더라는 게 그의 소감이었다. 짝퉁은 단기적으로 이익이지만 장기적으로 지적재산권을 해치고, 창의성 발전을 저해한다. 연구개발(R&D)과 창의성, 디자인 등에 집중하려면 교육을 제대로 해야 한다. 진짜를 만드는 교육이어야 한다.

교육에서 중요한 것은 네 가지다. 첫째는 교사의 질이다. 둘째, 학교에 훌륭한 리더십이 존재해야 한다. 셋째, 중요한 '핵심능력'을 키울 수 있어야 한다. 마지막으로 기술을 교육에 접목하고 응용하는 것이다. 어떤 이는 선생이 단상 위로 올라가서 강연을 잘해야 된다고 얘기하는데 그렇지는 않다. 다양한 정보기술을 응용해 가이드로서, 코치로서 도움을 줄 수도 있다. 학생들이 '지금의 나' 와 '앞으로 클 수 있는 나' 를 찾아가는 데 중요한 요소가 될 수 있다.

그런데 오늘 제일 강조하고 싶은 것은 한 나라가 혼자서 할 수 있는 데는 한계가 있다는 것이다. 국가 간 조율이나 합의가 없다면 저성장 기조는 지속될 것이다. 2009년 런던에서 열린 G20 정상회의에서 세계 각국은 불경기가 되풀이 되지 않도록 합의했다. '재정시스템을 구축하고 실추된 단기, 장기적 신뢰를 회복하도록 노력하겠다' 고 약속했다. 하지만 이런 조치들은 제대로 이뤄지지 않았다. 또 코펜하겐에서의 기후협정도 실패했다. 분명한 체제가 출범했어야 했는데도 그러지 못했다. 저탄소를 보장하는 시장도 없다. 탄소가격이 정해지지 않았기 때문이다.

우리는 어떻게 성장을 지속할지 생각해야 한다. 교육과 R&D뿐만 아니라 성장할 수 있는 방안을 서로 협업해서 해법을 마련해야 한다. 개별 국가가 성장하는 데는 한계가 있다. 글로벌 공조를 강화할 수 있는 경로를 찾아야 한다. 중국은 소비를 늘리고 서양은 인프라에 대한 투자를 확대하겠다고 약속해야 한다. 공공부문뿐만 아니라 민간 부문에서도 하겠다고 약속해야 한다. 기후협약은 기본 틀을 갖춰야 한다.

1961년 존 F. 케네디 미국 대통령의 연설을 되새겨 볼 필요가 있다. 그는 '많은 빈곤층을 도울 수 없다면 소수의 부자를 도울 수 없다'고 했다. 국내·국제적으로 정의를 어떻게 실현할 것인가를 묻는 것이었다. 또 '세계를 위하여 우리가 무엇을 할 것인가'를 물어야 한다고 했다. 미국은 독립선언문을 갖고 있지만, 앞으로는 '상호의존'에 관한 선언문이 필요하다고도 밝혔다. '선진국이든 개도국이든 우리는 하나의 세계에 속한다'는 것이었다.

 **고든 브라운**

1951년에 스코틀랜드 글래스고에서 목사의 둘째아들로 출생했다. 1967년 에든버러대에 최연소 입학하여 1972년에는 학생 신분으로는 처음으로 에든버러대 명예총장으로 취임했다. 글래스고공대 강사(정치학)를 거쳐 1980년에는 TV 방송기자로도 활약했다. 그의 정치 인생은 1983년에 던펌린 동부 선거구에서 하원의원에 당선되면서 시작되었다. 1992년 노동당 예비내각 재무장관, 1997년 재무장관으로 취임했다. 2007년에는 노동당 당수와 영국 총리로 취임했다. 2009년 5월에 총리를 사퇴하고 2012년 7월에 UN 글로벌 교육 특사로 임명되었다.

이 케네디의 메시지를 지금 여러분에게 전달하고 싶다. 글로벌 위기를 타개하려면 힘을 합해야 한다. 세계 경제를 위기에서 벗어나게 하려면 대규모의 중산층이 필요하다. 빈곤의 악순환을 탈출하게 해 줄 사람들이다. 그리고 대규모의 중산층을 만드는 가장 좋은 방법은 교육이다. 이를 잊지 말아야 한다.

 용어설명 |

G6 · G7 · G8 · G20

주요 선진국들이 모여 세계정세를 공유하고 경제정책 조정을 논의하기 위한 회담. G6(Group of 6)은 프랑스 · 미국 · 영국 · 독일 · 일본 · 이탈리아다. 1975년 석유파동이 벌어지자 대응책을 모색하기 위해 프랑스 랑부예에서 첫 회담을 가졌다. 이듬해 캐나다가 합류해 20년가량 G7 체제를 유지했다. 당시 7개국의 인구는 세계 인구의 14%에 불과했지만 전 세계 부의 60% 가량을 점유하고 있었다. 1997년 러시아가 포함돼 G8이 됐다. G20은 G7과 EU 의장국에 12개의 신흥 주요 경제국(러시아, 한국, 중국, 인도, 아르헨티나, 브라질, 멕시코, 터기, 호주, 남아프리가공화국, 사우디아라비아, 인도네시아)을 더한 체제다. 2010년 서울에서 G20 정상회의가 열렸다.

| 토론자 |
이태식(SK 에너지 고문, 前 주미대사 · 주영대사)

▶ **이태식 고문:** 세계는 최근 두 차례의 큰 금융위기를 겪었다. 1997년과 2008년이다. 서구권은 1997년 아시아 외환위기 때 충분한 교훈을 얻었다고 보는가? 그것을 두 번째 위기인 금융위기에 적용했는가? 첫 번째 위기를 충분히 이해하지 못했던 것 아닌가?

▶ **브라운 특사:** 외환위기 당시 나는 주요 7개국(G7) 재무장관 중 한 사람으로서 태국, 한국, 일본 등 아시아 당사국들을 모두 방문했다. 금융위기를 관리할 수 있는 조기 경보체제, 대형 금융기관에 대한 감시 강화, 더 투명한 정부 시스템이 보장돼야 한다고 했다. 그 결과 금융안정위원회(FSB)가 출범할 수 있었다.

하지만 조기 경보체제는 작동하지 않았다. 국제통화기금(IMF) 회의 때마다 세계경제 취약성에 대한 보고가 있었지만, 리스크가 어떻게 편중될지, 무엇을 검토해야 할지 알지 못했다. 아시아의 금융위기 때 얻었던 교훈을 100% 체득하지 못했다.

2008년 금융위기에서도 교훈을 배웠는지 의문스럽다. 미국 유로존 영국 스위스 등이 채택하는 금융기준과 규제가 제각각이다. 지금의 위기에서 제대로 교훈을 받아야만 미래 위기를 미연에 방지할 수 있을 것이다. 한국과 같은 국가는 G20를 통해서 국제사회에 계속 압력을 가해야 한다. 모든 조치를 통해 재발을 방지해야 한다.

▶ **이태식 고문:** 1997년에는 G8의 의장, 2009년에는 G20의 셰퍼드를 맡았다. 두 개의 위기를 연결해 생각했을 때 우리가 놓친 것이 있다면?

▶ **브라운 특사:** 금융 불안정성을 충분히 이해하지 못했다. 경제장관들은 항상 인플레이션에 대해 우려했다. 원자재 가격을 걱정하고 유가 움직임을 고려했다. 재정적 불안정성이 가져다주는 위험은 간과했다. 지금 세계의 저축률은 높고 인프라에 대한 투자는 낮은 수준이다. 2025년 무렵은 되어야 저축률이 떨어질 것이다. 인플레이션을 피하기 위해 필요한 조치를 다 취하지 못하면 또 다른 위기에 봉착할 수 있다는 것이 우리가 얻어야 하는 교훈이다.

앞으로는 자금의 흐름을 추적관리해서 감독을 제대로 해야 한다. 위험이 있는 곳으로 가지 않아야 한다. 섀도 뱅킹 시스템을 관리하고 회계 기준도 채택해야 한다. 나중에 후회하지 말고 말이다. 우리가 아무리 열심히 일하고 학생들을 교육시켜도 금융 불안정성 때문에 이들에게 기회를 주지 않는다면 아무 소용이 없는 것 아니겠는가.

▶ **이태식 고문:** 유로존 위기 핵심 문제는 무엇인가. 왜 빨리 해결이 안 되는가?

▶ **브라운 특사:** 2008년 금융위기가 시작됐을 때 유로 그룹의 17개국 재무장관이 매달 모이는 회의에 갔다. 당시 모든 사람들은 미국 때문에 문제가 생기고 있다고 여겼다. 유럽의 문제로 생각하지 않았다.

유럽 은행들은 레버리지 비율이 미국보다 훨씬 높다. 미국 서브프라임 자산을 사실 유럽 은행들이 들고 있는 경우가 많았다. 그리고 2008년 위기 후 유럽에서는 자본 확충과 부실채권 정리를 통한 대출비율 감축(디레버리지)을 하지 않았다. 유럽 은행들이 유럽 회복의 발목을 잡고 있었다. 유럽은 중국, 인도, 브라질 등에 대한 수출도 제대로 하지 않았다. 경쟁력도 떨어질 수 있다. 유로화 자체가 복잡한 문제다.

국가 정체성이 있는 나라들이 하나의 동맹이 되려면 모종의 통합이 필요하다. 미국도 연방제지만, 각 주마다 빈부 격차는 크지 않다. 영국도 4개 지역으로 이뤄져 있지만 스코틀랜드와 잉글랜드 사이의 격차가 크지 않다. 그러나 독일, 룩셈부르크, 네덜란드 등 부국과 동유럽 가난한 국가들의 1인당 소득을 보면 거의 5대 1이다. 당시 유럽연합이 약속한 것은 부국과 빈국이 수렴될 거라는 것이었다. 그런데 상황이 달리 전개돼 실망으로 이어졌다.

▶ **이태식 고문:** 2009년 G20 정상회담 때 1조 달러 이상의 경기부양책을 도입했다. 역사적인 결정이었다. 지금 돌이켜본다면 이는 올바른 결정이었는가?

▶ **브라운 특사:** 2009년에는 경기부양책을 통해서 경기를 활성화하고 글로벌 경제에 관한 기준을 제정하는 합의를 기대했다. 하지만 안 됐다. 개별국가들이 독립적으로 움직이고 있다. 미국은 통화전쟁을 치르고 있고, 중국은 소비가 늘고는 있지만 아직 수출지향적 경제구조다.

우리가 얻어야 할 교훈은, 자국 입장에서만 생각하면 해결이 되지 않는다는 것이다. 미국, EU, 중국, 인도, 한국 이런 모든 나라 중 한 나라가 협력을 통해서만 잘될 수 있다는 걸 인식해야 한다. G20을 통해서만 가능하다.

▶ **이태식 고문:** 반기문 UN 사무총장으로부터 글로벌 교육 특사로 임명받았다.

▶ **브라운 특사:** 가난의 대물림을 중단시키고 장기적으로 빈곤에서 탈출할 수 있는 유일한 방법이 교육이다. 한국을 보면 초·중·고등교육에 차례로 중점을 둬서 교육과정을 발전시켰다.

현재 수억 명의 아이들이 중간에 학교를 그만두고 있다. 교육의 질 때문에 아직도 문맹에서 탈출하지 못하고 있다. 2015년까지 모든 아동들이 학교에 다니게 한다는 목표를 세웠다. 고른 기회를 주는 것뿐만 아니라 성장을 위해서도 가장 좋은 정책이라고 생각한다. 모든 나라가 채택해야 하는 메시지다.

세계적으로 이런 도움을 필요로 하는 아이들을 위해 각국 정부와 기업들이 더 많은 일을 해야 한다. 이러한 의미에서 한국의 성과를 높이 평가한다. 모든 아이들은 취학시키겠다는 글로벌 이니셔티브에도 적극 동참하기를 기대하고 있다.

고든 브라운에게 듣는다
유로존과 유럽 경제

고든 브라운 전 영국 총리는 유로존과 세계 경제의 문제에 관한 이야기도 다양하게 풀어놓았다. 그는 유로존 도입 과정에 깊게 관여한 '유럽 정치인'이지만, 동시에 유로화를 도입하지 않기로 결정한 '영국의 정치인'이기도 하다. 그리스의 유로존 탈퇴 가능성이 언급되는 만큼 브라운 전 총리에게 유로존과 유럽 경제에 관한 의견을 들었다.

Q 유로존이 앞으로 어떻게 될 것이라고 보나?

A 유로존은 앞으로 10년간 장기 불황에 빠질 우려가 있다. 지금 유럽에서 일어나는 일은 일본의 1980년대와 1990년대에 일어난 것과 비슷하다. 일종의 '막다른 골목(deadlock)'이라고 볼 수 있다. 유럽에는 재정 문제도 있고, 경쟁력의 문제도 있다. 또 잘못되면 누가 책임을 질지가 불분명하다는 것도 문제다.

Q 재정통합을 해야 한다는 지적이 계속 제기된다.

A 그 방향으로 가고 있다. 그러나 재정통합에 모든 유로존 국가가 참여하는 게 아니라, 일부 나라만 참여할 것으로 생각된다. 유럽을 유로존으로 잘못 생각하는 경우들이 종종 있는데 사실 유럽에는 유로존, 유럽연합(EU), 유럽자유무역지대 등 3가지 서로 다른 수준의 협의체가 있다. 재정통합은 유로존과는 또 다른 수준의 협의체가 될 것이다.

Q 재정통합을 한다면 언제를 예상하나?

A 몇 단계를 거쳐야 한다. 가장 필요한 것은 은행에 공통된 규제를 적용하는 은행동맹(bank union)이다. 그리고 EU 전체를 총괄할 재무부가 필요하다. 그 다음에 점진적으로 재정주권을 이양하는 식으로 일이 진행될 것이다. 5년 후에 된다, 10년 후에 된다는 식으로 하는 게 아니라 2013년에는 이만큼, 2014년에는 그보다 더, 이런 식으로 단계를 차근차근 밟아갈 것이다.

Q 정치인으로서 유로존이 위기에 처한 데 책임감을 느끼지 않나?

A 사실 나는 영국의 유로존 비가입 결정을 내린 사람이다. 당시에 이미 여러 문제가 예견됐다. 영국과 맞지 않을 수 있다고 판단했다. 그 무렵 영국 전역에서 19개의 보고서가 쏟아졌는데, 대개 부정적인 내용이었다.

인구가 5억 명이나 되는 유럽 시장의 일부가 되는 것이 당연히 영국에는 좋은 일일 것이다. 따라서 유로존 비가입을 결정하기는 어려웠다. 가입을 결정했다면 미래의 안정과 성장에 도움이 될 수도 있었다. 하지만 영국에 맞지 않다고 봤다. 유럽에도 적절한 것인지 확실치 않았다.

당시에는 영국 경제구조가 유럽과 다르다고 생각했다. 유럽의 협력에 동의하지 않는다는 게 아니었다. '잠재적인 어려움'에 우리는 보다 주목했던 것이다.

Q 비가입 결정이 '좋은(good) 결정'이었다는 것인가?

A '옳은(right) 결정'이었다. 우리가 그때 문제라고 생각했던 것들이 지금 다른 나라에서 겪고 있는 문제들이다.

Q 스페인이 구제금융을 신청하지 않고 미적대고 있다.

A 스페인 경제는 성장을 멈췄다. 심지어 경제규모가 축소되기까지 할 것이다. 재정적자도 심화될 것이다. 다른 곳에 도움을 요청해야 한다는 것은 매우 분명하다. 스스로 다시 성장할 수 있다는 강한 자신감이 있다면 물론 구제금융을 신청하지 않을 수도 있다. 하지만 2012년 들어 별로 (스페인이 자신을 가질 만한) 뉴

스를 들어본 적은 없는 것 같다.

Q 성장률이 낮은 유럽 국가들, 예컨대 그리스, 스페인 등에 조언을 한다면?

A 지금 그들은 외부의 도움을 얻는 것이 무척 중요하다. 얼마나 스스로 긴축을 하고 노력하는지에 따라 외부의 도움 수준도 달라질 것이다. 하지만 무조건적인 긴축이 최선의 방법은 아니다. 일정 수준의 성장을 위한 경기부양책이 같이 제공되는 것이 바람직하다.

Q 만약 당신이 책임자로서 유로존 문제를 해결해야 한다면 어떻게 하겠는가?

A 성장전략(growth plan)을 만들 것이다.

Q EU 차원의 성장 전략이 있지 않나?

A 그런 전략이 있다면 참 좋겠는데(웃음), 지금 있는 것은 인프라스트럭처에 대한 투자를 촉진하기 위한 논의이지 진짜 성장전략은 아니다. 유럽의 실업률은 11%에 이른다. 특히 젊은 층의 실업률은 20% 수준이다. 여기에 대해서 무언가 해야 한다.

Q 성장전략에 포함돼야 하는 것이 있다면?

A 유럽에 필요한 것은 3가지다. 인프라스트럭처, 수출기업, 은행이다. 3가지 요소는 성장전략에 포함되어 국가 간의 합의를 봐야 한다.

Q 유럽은행들의 부채감축(디레버리지)을 강조하기도 했다. 그것이 성장전략과 어떻게 같이 갈 수 있다는 얘기인가?

A 중요한 것은 은행 자본을 다시 확충하는 것이다. 공적자금을 투입해야 한다. 유러피안 펀드를 조성할 필요가 있다. 미국에 비해 유럽은 그간 자본금 확충을 거의 돕지 않았다. 그 결과 미국 등에 비해 유럽계 은행의 레버리지 비율이 높게 나오는 것이다. 또 일정 정도의 예금보험 정책이 마련돼 예금자들이 안심하고

은행에 돈을 맡길 수 있도록 해야 한다.

Q **5~10년 후 유로존의 모습을 예상한다면?**

A 10년 후에는 유로존이 성장하고 있기를 기대한다. 실업률은 지금보다 더 낮아지고, 그러나 세계 경제에서 유럽 경제가 차지하는 비중은 줄어들 것이다. 아시아 등 다른 지역의 경제가 더 빠르게 성장할 것이기 때문이다. 지금 전체적인 분위기는 '협력'과 '통합'이다. 다만 유로화를 어떻게 할 것이냐에 관해 올바른 결정을 내리는 것이 더 중요하다. 만약 한 번이라도 잘못된 선택을 한다면 이를 회복하고 다시 진전을 이루기까지 오랜 시간이 걸리게 될 것이다.

02 전환기의 세계 경제, 새 성장동력을 찾아라

지난 2006년 1월. 황우석 당시 서울대 수의대 교수는 줄기세포 조작 의혹에 대해 서울 태평로 프레스센터에서 기자회견을 열었다. 황 교수는 자신의 결백을 주장하는 이 자리에 자기팀 연구원 15명가량을 대동하고 나왔다. 그런데 이 가운데 3~4명은 피부색이 일반 한국인과 달랐다. 언뜻 봐도 동남아시아 출신임을 알 수 있었다. 당시 한국이 세계에서 최고로 앞서 있다고 알려진 체세포복제 줄기세포 분야에서도 외국인 연구원들이 상당수 함께하고 있던 것이었다.

한국에서 해외로 나가는 유학생과, 외국에서 한국으로 들어오는 유학생 수가 매년 늘어나는 추세다. 정부는 2020년까지 외국인 유학생 20만 명을 국내에 유치한다는 '스터디 코리아(Study Korea) 2020 프로젝트 추진계획'을 지난 10월 발표하기도 했다. 미국에서는 지난 5월 한국인 유학생이 처음으로 하버드대를 수석 졸업했다는 소식이

들렸다.

　미국의 대표적 노동경제학자인 리차드 프리먼 하버드대 교수는 세계화에서 지식과 생각의 흐름이 중요하다고 강조한다. 무역이나 환율 같은 전통적인 기준보다는 유학생 숫자와 세계 과학자들과의 논문 공저 숫자와 같은 기준에 주목해야 한다는 주장이다. 한국은 전통적인 기준에 따르면 세계화 순위가 낮지만 프리먼 교수가 강조하는 기준에서는 크게 올라갈 전망이다. 한국은 미국 유학생 숫자가 중국, 인도에 이어 세계 3위다.

　앤 크루거 미국 존스홉킨스대 국제경제학과 교수는 세계 경제위기 해소방안에 대해 이야기했다. 크루거 교수는 제2차 세계대전 이후 50년 동안의 세계 경제 호황을 분석하면서 이때와 달리 현재는 세계경제가 상당히 통합돼 있다고 말한다. 이것을 세계 경제위기의 주

세계 유학생 수　　　　　　　　　　　　　　　　　　　(단위: 만 명)

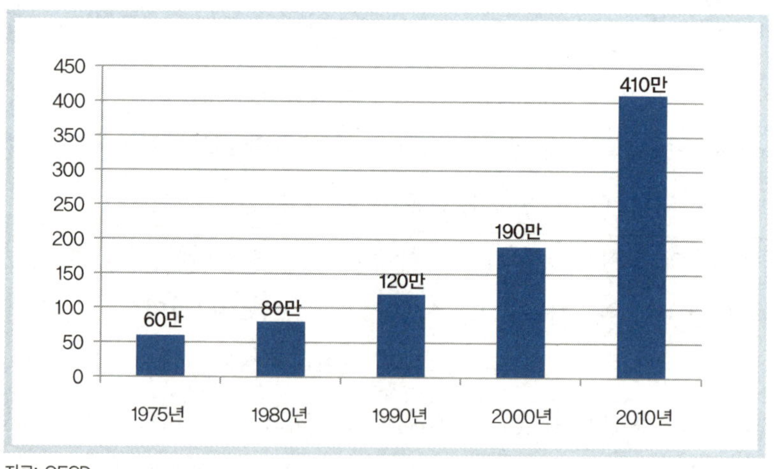

자료: OECD

30

요 원인으로 꼽는다. 투자와 저축에서 미국은 버는 것에 비해서 소비를 너무 많이 하고, 중국은 너무 안했다는 얘기다.

유럽 경제위기는 2~3년 전부터 진행됐지만 아직도 이탈리아와 스페인 등이 회복되지 않는 등 해결이 요원하다. 두 나라는 2012년 들어 국채금리가 급상승했고 부채규모 등 각종 경제수치가 위험수위를 넘고 있다.

미국은 재정벼랑(Fiscal cliff)에 직면해 있다. 재정벼랑은 정부 재정지출이 갑자기 줄거나 중단돼 경제에 충격을 주는 현상을 가리키는 말이다. 미국은 작년 8월 버락 오바마 대통령과 의회의 합의로 통과된 예산통제법에 따라 2013년 1월 2일부터 10년간 1조2000억 달러의 예산이 자동 삭감된다. 경기부양을 위해 2010년 이뤄진 각종 세금 감면과 실업수당 혜택 연장 조치도 한꺼번에 종료된다. 크루거 교수는 2012년말까지 재정벼랑 문제에 대한 해결방안을 제시해야 한다고 강조했다.

선진국들의 경우 인구 고령화도 심각한 문제로 꼽았다. 부양해야 할 인구가 갈수록 늘어나기 때문이다. 중국과 한국도 이 문제를 해결해야 지속적인 경제성장을 할 수 있을 것으로 전망됐다.

이제는 지식이다

리차드 프리먼(하버드대 경제학과 교수)

나는 한국에 여러 번 방문했다. 이렇게 경제적으로 성공한 국가와 내가 관계가 있다는 것이 큰 기쁨이다. 한국은 위기를 가장 성공적으로 극복한 국가 중 하나다.

나는 세계화에서 가장 큰 부분을 차지하는 건 지식이라고 본다. 흔히 무역, 자본, 환율, 이민이 중요하다고 말해 왔다. KOF 경제지수를 산출하는 스위스 경제연구소가 글로벌화를 측정하는 지수에서는 얼마나 많은 맥도날드 매장이 있는지도 본다. 중국·한국 음식 매장, 피자 매장 수도 물어볼 수 있을 것이다. 얼마나 많은 국제기구나 대표단에 참여하느냐도 본다. 이 지수에서 한국은 60위, 미국은 35위다. 언스트앤영과 이코노미스트 지수 등은 무역, 자본 등 전통적인 것에 중점을 둔다. 한국은 29위, 미국은 23위다.

이런 지수들은 지식의 흐름을 읽어내는 데 오독의 여지가 있다. 다양한 방면을 제대로 감안하고 있지 않다. 한국과 미국은 지수가 낮다. 국제적으로 교육활동이 양국에서 활발하게 이뤄지고 있는 것에 비해 순위가 떨어진다고 생각한다.

전통적인 방법보다는 지식을 강조해야 한다. 고등교육의 확산이 그 예다. 대학체제가 얼마나 발달했느냐가 중요하다. 한국은 고등교육에 있어서 매우 발전한 국가다. 고숙련 노동자들의 이민에서는

리차드 프리먼 "전통적인 방법보다는 지식을 강조해야 한다."

미국이 앞서 있다. "미국에 외국 이민자가 없으면 미국 대학 상당수가 문을 닫아야 한다"는 말이 나온다. 우리 대학도 교수의 절반은 나가야 할 것이다. 연구소에서는 연구하는 사람도 없어질 것이다. 젊은 외국인 인구 유입이 필요하다. 한국은 국민총생산(GNP)의 3.5%를 연구개발(R&D)에 투자하고 있다. 작은 국가일수록 규모의 경제 때문에 대규모 투자를 해야 한다. 정보기술(IT) 때문에 모든 것들이 확산되고 있다. 무역이나 투자를 많이 하지 않더라도 글로벌화에 동참할 수 있다.

과거에는 생각과 지식의 확산에 대해 과소평가했는데, 우리의 경제는 지식 생산의 경제다. 많은 대학들이 세계적으로 비슷한 교재를 쓰고 있다. 특히 과학과 공학은 거의 같은 교재를 쓴다. 한국의 대학도 그렇겠지만 세계 대학원에서 교육할 때는 영어를 사용한다. 그래야 많은 유학생을 유치할 수 있기 때문이다. 노르웨이 대학으로 유럽의 다른 국가에서 유학생이 오는데 노르웨이어를 배워야 한다면 별로 유학하러 오지 않을 것이다. 유학생은 지식을 운반하는 매개체라고 생각한다. 유학생과 지식의 흐름을 유지할 수 있다면 세계의 통합으로 나갈 수 있다. R&D 시설에서 많은 사람들이 일하고 있다. 삼성도 그렇고 IBM도 마찬가지다. 이런 연구소에서는 지식을 생산하고 있다.

지식의 생산을 통해 기술 발전과 경영 성과도 좋아지고 있다. 미국은 세계 국내총생산(GDP)에서 차지하는 비중이 떨어지고 있다. UN 데이터를 보면 미국에서 대학 진학률이 1970년 29%였는데 2010년에는 11%까지 떨어졌다. 고등교육에 투자할 수 있는 여력이 있음에도 불구하고 진학률이 적었다. 세계 경제에서 20%를 차지하는 국가로서는 기이할 정도다. 중국과 인도는 반대다. 중국에는 대학생이 3000만 명 있다. 유럽 10개국 인구와 맞먹는다.

외국 유학생이 대학보다 빨리 증가하고 있다. 2000년에서 2010년까지 미국으로 간 유학생은 2배가 됐다. 190만 명에서 410만 명으로 늘었다. 지난해 중국은 15만8000명, 인도는 10만4000명, 한국은 7만 3000명이 미국으로 유학을 갔다. 중국과 인도 인구가 각각 10억 명을 넘는데 이들 국가에 이어 한국이 3위를 차지했다는 것이 놀랍다. 미국에서는 굴삭기업체인 캐터필러사가 일리노이에서 졸업한 중국 학생들에게 중국에서의 일자리를 광고하고 있다. 중국인들을 채용하기 위해 광고를 미국에서 내고 있다는 것이 놀랍다.

과거에는 세계화가 얼마나 노동자에게 해를 가져올지 생각했다. 빈국들이 임금을 낮추고 노동기준도 악화시켜 결국에는 다른 국가의 노동기준까지 악화시킨다는 것이 세계화의 어두운 면이라고 봤다. 그러나 이는 사실과 다르다는 게 입증됐다. 어느 선진국도 노동기준을 저하시키는 일은 없었다. 제3세계 국가나 중국, 인도를 보면 선진국 소비자들과 자국 국민으로부터 노동기준을 이행해야 한다는 압박을 받고 있다. 미국의 다국적기업은 노조 해체 등 반노조행위로 알려져 있지만 이것이 외국으로 수출되지는 않았다. 캐나다에서는 월마트 정육점에서 이런 반노조 행위가 있었을 때 강력하게 대처했다. 중국에서도 마찬가지다. 미국 대기업의 노동정책을 보면 미국과 외국에서 다른 양상을 보이고 있다. 결국 세계화가 노동에 악영향을 미친다는 우려는 기우였던 것으로 나타났다.

UN에 따르면 세계적으로 지식이 생산되는 현황은 2002년부터 2009년까지 선진국이 82.5%에서 72.9%로 감소했다. 이 조사에서는 한국도 선진국에 포함되는데, 한국은 선진국 중에 유일하게 2.9%에서 3.5%로 올라갔다. 중국은 5%에서 12.1%로 급격하게 성장했다. 중국은 아이디어와 지식이 중요하다는 걸 어느 국가보다 잘 이해하고 있다. 세계 연구자들 가운데 각 국가가 차지하는 비중에서는 선진국이 더 적다. 2002년 69.4%에서 2007년 62%로 내려왔다. 중국은 2007년 19.9%에 달했다.

과학기술 분야 논문 건수로 한국은 성장세가 중국에 이어 2번째로 빠르다. 이건 한국에게 긍정적인 효과가 있을 것이다. 세계적으로는 다른 국가 학자와 함께 공동으로 논문을 쓰는 건수가 증가하고 있다. 전 세계 논문의 20%가 다른 나라 간 공동 저술이다.

초일류 대학의 설립도 생각해봐야 한다. 국제 협력의 방식도 고려

사항이다. 한국 교수를 해외에 파견할 것인지, 외국 교수를 데려올 것인지 등이다. R&D에 투자하면 소비자들이 값싼 첨단기술 제품을 살 수 있게 되지만 그만큼 R&D를 위해 세금을 내야 한다. 기초 R&D 투자를 유지할 것이냐 말 것이냐를 생각해봐야 한다.

 **리차드 프리먼**

프리먼 교수는 미국의 대표적인 노동경제학자다. 1969년 하버드대에서 경제학 박사학위를 받았다. 예일대 시카고대 등의 교수를 지냈으며 현재 영국 런던정경대(LSE) 경제효율센터 선임연구원을 맡고 있다. 학계와 정부를 오가며 주요 경제 정책 입안에 참여해 왔고 현재도 전미경제연구소(NBER)에서 과학 및 기술인력 프로젝트 대표를 맡고 있다. 국제 노동기준, 노동운동의 역사, 노동경제학, 경제범죄 등 다양한 주제로 300여 편의 논문과 30여 권의 저서를 냈다. '월가 점령(Occupy Wall Street)' 시위대를 '미국의 양심'으로 규정하는 등 진보적 성향으로 유명하다. 그는 "미국에는 거대 은행가가 부도덕한 금융범죄를 저질러도 기소되지 않는다"며 "한국의 최근 경제사범 판결은 미국이 따라가야 할 올바른 방향"이라고 말하기도 했다. 프리먼 교수는 2009년 방한해 한국개발연구원(KDI)과 한국의 노동 현안을 주제로 연구 결과를 발표한 적도 있어 한국 사정에 밝다.

 | 강연 | ❷

세계 경제 위기를 어떻게 극복할 것인가

앤 크루거(존스홉킨스대 국제경제학 교수)

오늘 내가 다룰 주제는 프리먼 교수의 내용과 조금 다르다. 세계적인 전망을 보고 한국의 성장 교육에 시사하는 점을 알아보겠다. 유럽 상황에 대해 일단 이야기해봐야겠고, 앞으로는 어떤 당면과제가 있는지, 단기 전망과 장기 전망을 보겠다.

제2차 세계대전 이후의 시기를 보자. 많은 사람들은 지난 10~20년을 돌이켜 보면서 끔찍한 위기가 있어서 다 포기하고 버려야 한다고 하는데, 위기 전에는 세계화가 전 세계 경제에 굉장히 기여했다. 2차 대전 이후에는 미국 경제가 지배했고 그리고 난 다음에 유럽과 일본의 르네상스 시대가 왔다. 미국이 사실 국제경제의 리더로서 유럽과 다른 지역의 발전에도 기여했다는 점을 간과하곤 한다. 미국 GDP 비중이 축소되면서 다른 지역 GDP가 성장했다. 중국이 급부상하면서 개도국이 회복하고 유럽이 성장하면서 양적으로 질적으로 상황이 많이 달라졌다. 미국이 세계 경제에 지배적인 역할을 하지 못하게 됐다.

1950년에서 2000년까지 예전보다 우리가 보지 못했던 이례적인 경제성장을 이뤘다. 전 세계 경제성장의 황금기라고 불렸다. 무역이 활발해지고 관세장벽과 비관세장벽도 많이 없어졌다. 직접투자와 간접투자가 증가했고 운송비용도 하락했다. 국가 간 커뮤니케이션도 저렴해졌다.

민간 자본은 2차 대전 후 활발히 움직이지 않았지만 1960년대 미국에서 증가했다. 초반에는 공적자금 이동이 활발했는데 1990년대 이후 개도국과 선진국 간 민간 자본이 활발히 이동하고 있다. 문제가 있긴 했지만 전 세계가 훨씬 많이 통합이 되어 국민들의 삶의 수준은 개선됐다. 유가가 폭등하면서 위기가 있기도 했지만 전반적으로 평균 수명도 연장됐고, 자본이동도 자유로워졌고, 긍정적인 방향으로

앤 크루거 "노동생산성을 높이고 인적자본을 성장, 발전시키는 것이 중요하다."

바뀌었다. 2008년까지 여러 위기가 있었음에도 세계 경제에 크게 영향을 주지는 않았다. 남미의 위기는 지역 차원의 위기였고 당시에 통합이 많이 안 되어서 영향은 적었다.

이제는 한 나라가 위기를 겪게 되면 다른 나라에 영향을 미친다. 미국은 1945년에 전 세계 GDP의 40%를 차지했다. 이제는 20%밖에 안 된다. 개도국이 차지하는 비중은 1973년까지는 떨어졌다가 1997년쯤부터 올라갔다. 소련의 붕괴도 중요한 사건이다. 2000년이 되자 선진국의 제조 공산품 관세가 GATT(관세 및 무역에 관한 일반협정)나 WTO(세계무역기구)에 의해 인하됐다. 유럽은 45%까지 갔었는데 2000년에는 3%까지 떨어졌다. 세계적으로 통합이 많이 됐다. 2001년 9·11 테러 사태가 있으면서 경제가 안 좋아졌다. 2005~2006년에는 표면적으로 좋아졌다.

불균형은 있었다. 투자율과 저축률을 보면 미국은 버는 것에 비해

서 소비를 너무 많이 하고 중국은 너무 안했다. 결국 불균형이 일어
났다. 미국은 저금리 등으로 건설 경기가 단기적으로 좋았는데 이게
붕괴 되자 금융위기가 미국에서 발발했다. 금융위기 회복도 더뎠다.
최근 몇 년 전부터 상황이 좋아졌다. 금융위기가 바닥을 치고 난 다
음에 서서히 회복됐는데 유로존 위기가 터졌다. 유로존 위기가 진행
된 지가 2~3년이 됐다. 유럽에서 그리스를 시작으로 아일랜드, 포르
투갈이 위기를 겪었다. 이제는 스페인이 어떻게 할 것인지, 이탈리아
가 어떻게 회복을 할 것인지가 큰 질문이다. 유로존 위기는 아직 해
결되지 않았다. 유럽 재무장관들도 회의를 갖고 문제를 해결하겠다
고 나섰다. 은행동맹만 갖고는 안 된다. 룰이 있어야 한다. 나라마다
은행과 규제가 달라 해결해야 할 문제가 산더미다. 그래서 의사결정
이 더디고 위기는 계속 진행 중이다.

유로에 대해 불확실한 부분이 많이 남아있다. 유로가 계속 존속될
수 있을까 의문이 들기도 한다. 미국은 회복이 되고 유럽도 회복되겠
지만 일본만 보더라도 중국과 유럽 수출에 타격을 입고 있다. 유럽의
상황은 다른 나라에 불안감을 준다.

유럽 은행들은 다른 나라의 부실 자산을 갖고 있다. 그리스가 부채
를 상환할 수 없다면 유럽은행도 타격을 받고, 유럽은행은 미국은행
과 연결돼 있어 이 문제를 어떻게 해결할 것인지 아무도 모른다. 심
각한 문제다. 유로존 위기가 일어나지 않았더라도 많은 나라에서 균
형재정이 문제가 됐을 것이다. 뿐만 아니라 선진국들은 또 다른 당면
과제들이 있다. 인구가 고령화되면서 재정을 조정해야 국가부채 문
제를 해결 할 수 있다.

한국도 노동인구가 정체되고 안 올라갈 것이다. 고령인구가 증가하면서 부양해야 할 인구가 늘어나게 된다. 중국도 이런 문제가 있다. 어떤 나라는 이미 조치를 취했는데 조기에 해결책을 마련하면 나중에 해결이 쉬워진다.

재정절벽이 미국의 심각한 문제다. 당장 꺼야 할 불이다. 미국 연방 정부가 정치적으로 뭔가를 바꿔주지 않으면 아마도 GDP가 5% 하락할 것이다. 내 생각에 각 당이 어떤 합일점에 도달하지 않을까 싶다. 재정절벽까지 안가도록 12월 31일까지는 어떤 결론이 나야 한다. 세수를 늘리고 재정지출을 줄이면서 조치만 취한다면 문제가 해결이 될 것 같다.

유로존 문제가 해결되면 유럽뿐만 아니라 미국도 혜택을 볼 수가 있다. 미국 수출의 20%가 유럽에 간다. 이게 전체 미국 GDP의 3%를 차지한다. 스페인에 대해서도 어떻게 될 것인지 걱정이 된다. 은행동맹이 구축되면 유로존의 위기에 대한 불확실한 요소들이 해결될 수 있을 것이다. 예전보다 신뢰가 회복되는 추세다. 큰 신흥시장들이 2009~2010년 경기회복에 큰 기여를 했다. 선진국에 연결이 안됐다고 생각했는데, 유로존 위기 이후 이게 아니라는 게 증명됐다. 신흥시장도 선진국에 영향을 받을 것이다. 마이너스 성장은 안할 것이다. 중국은 6~8%, 인도는 5~6% 성장할 것이다. 따라서 예전만큼 좋은 영향을 미치기는 어려울 것이다.

장기적으로는 재정 문제가 있다. 이를 성장률 문제와 함께 해결해야 한다. 노동인구 생산성을 향상시켜야 한다. 세계 교역은 지난 50년 동안 성장의 견인차였다. 교역이나 WTO를 통해서 생산성 향상을 위해 노력해야 한다.

서비스 부문에 있어서 세계화로 가고 있는 것 같았는데 도하 협상이 무기력해졌다. 국제적 협력이 이뤄지지 않는다는 나쁜 예이다. 서비스 부문의 생산성 향상과 경쟁력 강화가 중요한 이슈다. 서비스 부문을 강화하면 얻을 것이 많다. 일본만 보더라도 알 수 있다. 미국도 서비스 산업이 생산성이 좋아서 다른 국가에 비해서 90년대 성장세가 좋았다.

금융 기관들도 조정을 해야 한다. 대마불사에 대한 잘못된 생각이 남아 있다. 국제적 규제들을 조율해야 한다. 은행의 준비율을 낮게 책정한 나라들은 공정하지 않다는 걸 깨닫고 국제적으로 조율해줘야 한다. 앞으로도 불안하다. 인구적인 변화를 모든 나라가 경험하게 될 것이다. 앞으로는 숙련된 노동력 중심으로 변화가 이뤄져야 한다. 노동시장의 왜곡을 없애야 하고, 여성의 사회참여를 적극 지원해야 한다.

만약 선진국이 이런 문제를 해결해준다면 저소득국가들도 성장하게 될 것이다. 저소득 국가들의 노동력, 생산성이 좋아지면 풍부한 인력을 이용해서 숙련된 노동력을 키울 수 있을 듯 하다. 무엇보다 교육이 중요하다.

한국에 시사하는 점은 한국은 성공했다는 것을 알고 있고, 인구의 구성도 변하고 있다는 점이다. 노동생산성을 향상시키고 인적자본을 성장시키고 발전시키는 것이 중요하다. 노동시장의 왜곡요소를 제거해야 한다. 외국인으로서 한국을 보면 비정규직이 문제가 됐다고 들었는데, 비정규직 근로자를 위한 보호조치를 취해야 한다. 한국은 이 문제를 해결할 수 있을 거라고 본다. 정책결정자들이 앞으로도 현명한 결정을 하리라 본다. 한국은 경제적으로도 좋은 성과를 내고 리더로 활약할 것이다.

　정부 차원에서 특별한 사업이나 부문을 선별해서 특혜를 주는 것은 좋지 않다. 특별한 산업만 키우면 잠재력 있는 부분을 소외시키고 성장에 불리해질 수도 있다. R&D에 대한 세금혜택을 이야기할 때 그냥 개괄적으로 해야지 '나노기술에 대한 R&D에 대해 뭘 하자'는 식으로 하면 잘 안 되는 경우가 많다. 정치적인 압력이나 로비가 활발해질 수 있다.

 **앤 크루거**

앤 크루거 교수는 여성 최초의 국제통화기금(IMF) 수석부총재를 지냈다. 2001년부터 2006년까지 IMF 수석부총재로 아르헨티나와 터키 등 IMF가 원조를 제공한 국가들과 협상을 주도하면서 명성을 쌓았다. 세계은행(WB) 경제조사부 부총재와 미국경제학회 회장 등을 역임한 그는 스탠퍼드대, 듀크대 등에서도 강의했다. '지대추구행위(rent-seeking behavior)'를 개념화한 크루거 교수는 지난해 노벨경제학상 후보에도 올랐다. 지대추구행위란 생산성에 도움이 되지 않는 방법으로 자원배분과 관련된 법적·제도적 환경을 바꿔 이익을 추구하는 행위를 말한다. 인·허가 등 정부의 각종 규제는 각 경제주체들의 지대추구행위를 유발, 경제적 자원을 낭비시킨다는 게 그의 주장이다.

03 글로벌 재정위기와 세계경제의 미래

세계 경제의 미래는 여전히 어둡다. 이런 가운데 글로벌 재정위기의 영향과 세계 경제의 미래에 대해 심도 있는 논의가 이뤄졌다. 인재포럼 세션에서는 이를 바탕으로 한국 등 아시아 국가들이 나아가야 할 방향을 제시하였다. 싱가포르은행 수석 이코노미스트를 맡고 있는 리처드 제럼 박사와 JP모건 아시아 수석 이코노미스트인 데이비드 페르난데스 박사가 각각 발표했다.

이코노미스트들은 한국 등 아시아 신흥국가들의 세계 경제 성장에 대한 역할이 굉장히 커졌다고 분석한다. 그러나 앞으로 아시아 신흥국가들도 상당 기간 저성장 국면에서 벗어날 수 없다고 전망하고 있다.

제럼 박사는 개발도상국이 선진국의 반열에 올라서기 전 중진국의 함정에 빠질 수 있는 위험에 대해 구체적으로 지적하고 있다. 특히 국민 1인당 소득이 1만7000달러 정도 되는 국가들이 선진국으로 진입한 경우가 많지 않다고 소개했다.

제럼 박사의 지적과 비슷한 상황에 있는 한국이 눈여겨 볼 문제다. 한국이 이를 극복하고 선진국으로 올라서기 위해서는 현재 안고 있는 많은 문제점들을 해결할 수 있는 구체적인 대책이 필요하다는 게 그의 생각이다.

페르난데스 박사는 향후 아시아 국가들이 과거보다 훨씬 낮은 성장률을 기록할 수밖에 없다고 예측한다. 선진국들이 위기 극복을 위해 할 수 있는 것은 대부분 다했다는 게 페르난데스 박사의 분석이다. 특히 미국 연방제도준비위원회(FRB)는 엄청난 양적 팽창 정책을 지속해 왔다. 일본도 마찬가지 상황이다.

페르난데스 박사는 중국은 보다 과감한 재정 또는 통화 확대 정책을 시행할 수 있음에도 불구하고 당면한 사회 문제나 글로벌 재정위기로 인한 위기를 피하기 위해 과감한 정책을 내놓기 힘들어 보인다고 했다. 때문에 아시아도 상당기간 낮은 성장을 지속할 것으로 예상했다.

이러한 문제들을 정리하기 위해서는 구조적인 개혁이 필요하다는 게 두 이코노미스트의 생각이다. 특히 정치권에서의 합의가 필요하다고 지적한다. 그러나 많은 국가들에서 정치권이 극단적으로 양분화하고 있기 때문에 합의가 쉽지 않은 상황이다.

제럼 박사는 아시아 국가들은 교육을 통한 인적자원 개발로 불평등을 줄여야 지속가능한 성장을 구가할 수 있을 것이라고 했다. 특히 아시아는 서구와 달리 금리 정책을 운용할 수 있는 폭이 여전히 남아

있어 충격의 완충이 가능하다는 시각을 보였다. 또 빈곤에서 탈출하기 위한 정책과 고소득을 달성하기 위한 정책은 다르다는 점을 강조하고 한국이 이에 대비해야 한다고 조언했다.

페르난데스 박사는 아시아의 역동적인 경제 성장은 앞으로 구조적인 변화를 수반해야 장기적으로 이어질 수 있을 것이라고 내다봤다. 단기 부양책은 자산 버블 등 역효과를 부를 가능성이 더 크다는 것이다. 한국은 교육, 보건, 금융 분야의 서비스가 아직 부족하다고 지적했다. 완전히 다른 패러다임을 마련하기보다는 취약점을 보완하는 게 우선이라고 조언했다.

한국은 단기적으로 조금 더 둔화된 성장세를 받아들여야 한다는 게 두 이코노미스트의 공통된 생각이다. 단기 부양을 위한 조치를 취하지 않은 것이 당장의 성장률을 떨어뜨릴 수 있지만 장기적으로는 호재로 작용할 것이라는 조언도 덧붙였다.

| 강연 | ❶

아시아, 새로운 균형점을 찾다

리차드 제럼(싱가포르은행 수석이코노미스트)

오래전 한 역사 선생님께서 전쟁으로 인해 진보가 둔화됐다고 말했다. 위기도 마찬가지다. 금융위기로 인해 지속가능성이 무너진 것을 볼 수 있다. 서구의 사회 민주주의 모델이 지속가능하지 않다는 점을

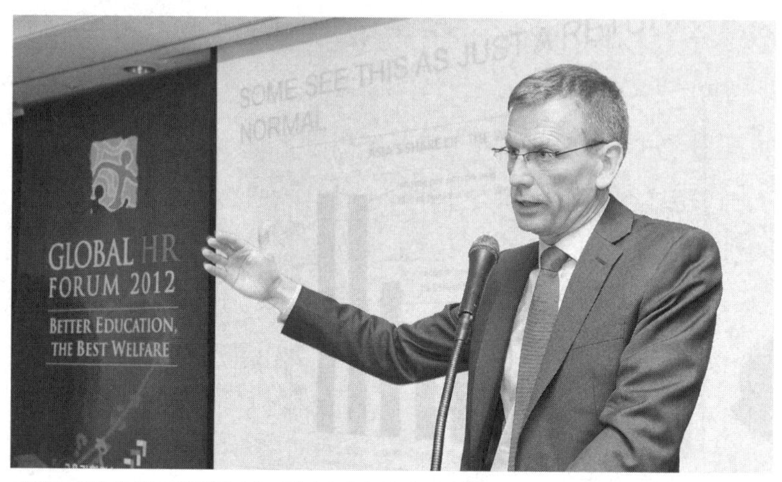

리처드 제럼 "이제 아시아에 사는 백만장자가 북미 지역만큼이나 많아졌다."

보여준 것이다. 다양한 복지를 줄여야 하는 서구의 부담이 생겨나게 됐다. 교육제도를 복지에 포함하는 것 또한 많은 어려움이 있다. 지난 4년간 볼 수 있었던 흥미로운 것은 바로 신흥경제 국가들이 이러한 어려움에도 불구하고 서구 국가에 비해 선전하고 있다는 점이다. 그 이유들을 살펴보자.

현재의 경제상황과 지난 4~5년 동안의 상황을 통해 내릴 수 있는 결론은 바로 '리스크'가 변했다는 것이다. 지난 40~50년 동안 경험했던 리스크의 균형이 바뀌었다. 서구 리스크는 더 높아졌다. 정책적으로 지원이 부족하기 때문이다. 그러나 신흥경제 국가들은 종전보다 리스크가 낮아졌다.

서구의 금리는 거의 0%에 가깝다. 밴 버냉키 미국 연방준비제도(Fed) 의장 등은 아직까지 중앙은행이 할 일이 많다고 얘기하지만 실질적으로 금리가 0%인 상황에서 정책 운용의 여지는 별로 없다. 서구의 재정 상태가 지난 10년간 급격히 악화된 것을 볼 수 있다.

선진국의 부채비율과 재정적자 비율을 보면 정책 운용의 여지가 적다. 인구 변화가 악조건으로 작용하고 있다. 이미 노동 가능 인구의 비율이 피크를 이뤘다. 앞으로 10~20년 간 급격히 하락할 것이다. 일부 연구에 의하면 인적자원의 가치는 40~50대에서 가장 피크를 이루고 이후 가치가 떨어지는데 고령화로 인해 인적자원의 가치가 떨어지고 있다.

30대 인구가 많아야 경제의 잠재력이 높아지는데 그런 시기는 이미 지났다는 것이다. 정치적인 문제도 있다. 정치가 양극화되고 있다는 점이다. 한쪽에 있는 당이 다른 당의 제안에 대해 승인 투표를 해주는 측면에서 보면 정당이 양극화돼서 정치적으로 뭔가를 하기가 굉장히 어려운 상황이다. 이에 따라 서구는 더 이상 발전하기 어렵고, 돌파구를 찾기도 어렵다. 현재의 사회적 모델은 사실상 유지가 불가능하다. 그동안 혜택을 누린 사람들은 앞으로도 계속 누리고 싶어 하지만 이에 대한 대가를 치러야 할 사람들은 아직 태어나지도 않았다.

아시아 신흥경제 국가들의 생산성은 금융위기 당시 잠시 하락했다가 그 이후에 50%씩 올라가고 있다. 이와 달리 다른 지역들은 여전히 생산성이 회복되지 않고 있다. 아시아 신흥국가들은 급격한 회복을 이뤘다. 서구 국가에서는 함께 이루지 못하고 있는 것이다.

많은 것들이 변화하고 있다. 1990년대만 하더라도 아시아 국가의 경제는 세계 전체 GDP의 14%에 불과했지만 굉장히 짧은 기간에 지금은 30% 이상을 차지하고 있다. 아시아 경제의 힘이 상당히 커진 것을 볼 수 있다. 이것을 보면서 균형을 찾고 있다는 분석이 나오고 있다.

아시아 경제는 1700년대 세계 경제에서 차지하는 비중이 전 세계의 71%에 달했다. 이후 내려갔지만 이제 다시 올라가고 있다. 언젠가는 다시 균형을 찾을 것이라는 이야기가 나오는 이유다. 그러나 모든 국가들이 비슷한 수준의 소득을 올려 균형을 이뤄야 한다고 것은 아니다. 그것은 한 국가 내 국민들의 소득 수준이 모두 비슷해야 한다고 생각하는 것과 마찬가지이기 때문이다.

1950년대 아시아 경제의 비중은 꽹장히 작았다. 이후 중국 때문에 오히려 비중이 조금 더 떨어졌다. 중국이 1950년대에 진일보하기 위해서라고 시행했던 정책들은 오히려 많은 사람들을 기아에 허덕이게 했다. 1970년대가 돼서야 조금씩 따라잡고 있다. 지난 20년간 대변혁이 있었다. 중국 국민 중 4억 명이 빈곤에서 탈출했고, 아시아 전체적으로 봤을 때도 상당히 많은 숫자의 사람들이 빈곤에서 탈출했다. 빈곤을 극복하는 과정에서 시장이 발전함에 따라 중산층과 부유층도 생겨났다.

이제 아시아에 사는 백만장자가 북미 지역만큼이나 많아졌다. 억만장자를 보더라도 4분의1 가량이 아시아인이다. 시장도 성장하고 있고, 시장 내에서 성공한 기업들도 많아지고 있다. 포춘 500대 기업의 3분의 1정도가 아시아 기업이다. 7년 전만 하더라도 4분의 1에 불과했다. 어마어마한 변화가 짧은 시간에 이뤄진 것이다. 2005년부터 2012년까지의 짧은 시간에 서구 세계는 이러한 성장을 이루지 못했다.

 **리차드 제럼**

싱가포르은행 수석 이코노미스트. 거시경제 전망과 싱가포르은행의 전체적인 투자 전략에 대한 책임을 지고 있다. 최근까지 맥쿼리의 아시아 헤드를 맡았다. 미국과 유럽을 기반으로 한 투자자들을 대상으로 하는 서베이에서 톱3에 꼽히는 이코노미스트다. 런던정경대(LSE)에서 공부했다.

 | 강연 | ❷

한국 경제의 방향을 제시하다

데이비드 페르난데스(JP모건 아시아 수석이코노미스트)

한국은 서양 국가들의 실패를 반복하지 않기 위해 그때 발생했던 문제들을 다시 자세히 살펴보고 교훈을 얻어야 한다. 새로운 패러다임을 얻으려하기보다는 미진했던 부분들부터 살펴봐야 한다.

한국의 서비스산업 부문은 아직은 채워야 할 부분이 많은 것 같다. 교육, 보건, 금융 부문의 서비스가 아직 부족하다. 이 분야에 있어 서양이 상당한 강점을 보유한 것은 맞다. 한국은 그러나 아예 완전히 다른 패러다임을 마련하는 것보다는 취약점을 보완하는 정도가 더 맞다. 이런 부분들을 개선하기 위해선 시간이 많이 걸린다. 불충분한 부분들에 대해 당분간 계속해서 문제를 해결하기 위해 노력해야 한다.

이 과정에서 '과거에 이런 것은 잘됐었는데' 라고 생각하며 다시 과

데이비드 페르난데스 "한국이 아시아의 금융 허브로 성장할 수 있는 가능성은 언제나 열려 있다."

거로 돌아가려는 유혹도 생길 것이다. 예를 들어 제조업 같은 경우 그동안 상당한 성공을 거뒀기 때문에 과거로 돌아가려는 유혹이 생긴다. 그렇다고 다시 제조업에만 몰두할 경우 서비스산업의 부족한 부분은 부족한 채로 남을 수밖에 없다.

많은 사람들이 왜 아시아에서 여러 가지 부양책을 마련, 시행했음에도 원하는 결과가 나오지 않았냐고 생각할 수도 있다. 그러나 이는 금융시장의 경우에도 구조적인 차이가 존재하기 때문이다. 선진시장이 이렇게 나쁜데도 그쪽으로 자금이 흘러들어가는 것은 아무래도 여전히 시스템의 격차가 있기 때문이다. 이런 상황은 어느 정도 이상 지속될 것이다.

아시아시장이 정부의 여러 부양책에 대해 적절하게 대응하지 않은 것이 아니냐는 지적도 있을 수 있다. 이것은 '실망감' 때문이다. 시장에서 생각하는 부분들이 있다. '한국에서는 부양책이 언제 마련될 것인가', '중국에선 얼마나 부양책이 제공될 것이냐' 하는 것들이다. 시장이 이런 생각들을 하고 있었으나 딱히 그에 대한 조치가 없자 실망한 것이다. 이로 인해 시장의 전반적인 성과 자체가 드러나지 않은 것이다.

일단 한국의 정책 입안자들은 단기적으로 봤을 때 조금 더 둔화된 성장세를 받아들여야 한다. 이것이 장기적으로는 호재로 작용할 것이다. 물론 단기적으로 조치를 취하지 않은 것이 성장률을 떨어뜨릴 수 있는 요인은 된다.

한국의 가계부채 문제에 대해서는 과거 한국에서 있었던 신용카드 대란을 생각해 볼 수 있다. 신용카드로 인해 불거진 문제는 오히려 결과적으로 잘된 일이라고 생각한다. 물론 그 당시에는 거의 통제를 벗어나서 안 좋은 상황까지 가긴 했지만 말이다.

기본적으로 아시아는 전체적인 차입률이 매우 낮았다. 이는 오히려 소비를 더 위축시켰다고 생각한다. 금융회사들이 조금 더 쉽게 대출을 할 수 있고, 또 금융소비자는 대출을 받아 이를 책임 있게 활용할 수 있다는 것 자체가 장기적으로 가계 경제에 도움이 될 수 있다.

한국은 종전의 매우 보수적인 모드에서 벗어나야 한다. 물론 신용카드 사태만큼 위기로 가서는 안 되겠지만 아시아 전반적으로 봤을 때 소비에 대해 좀 더 수용하는 자세가 필요하다고 생각한다.

한국 등 아시아는 조금씩 '부채'에 대한 생각이 달라지고 있다고 생각한다. 최근 중앙은행에서도 가계 부담을 줄이려는 움직임을 보이고 있지만 부채 비중이 올라가는 것을 너무 크게 우려하기보다는 어느 정도 받아들이려는 부분도 있다. 물론 여전히 신중하게 태도를 전환하려고 한다. 조금씩 더 편안하게 기존의 가계부채를 받아들이는 분위기가 형성되고 있다. 금리를 인하한다고 해도 크게 어려움이 없을 것이라는 분위기도 있는 것 같다.

아시아 각국은 정책관리가 상당히 잘됐다. 경제주기를 잘 관리했다는 의미다. 15년 전에 있었던 아시아 금융위기로 인해 근본적인 변화들이 일어났다. 정부의 부채비율이 줄어들었고 인플레이션도 잘 관리됐다. 외환보유고도 늘어나 외생적 쇼크에 대한 충격완화가 가능해졌다. 성장을 걱정할 땐 금리를 낮춘다. 한국도 그렇다. 그건 정책 운용 폭이 있기 때문이다. 그러나 서구는 이제 운용 폭이 없다.

금융제도도 상당히 강하다. 유럽 은행들은 이제 아시아에 대출을 못해준다. 자본이 부족하기 때문에 대출을 줄이는 것이다. 그런데 유럽 지역에서 그것을 줄이기보단 아시아에서 줄이는 게 정치적으로 쉽다. 사실 아시아 지역에서는 수익성 있는 대출 기회가 많은데 유럽 쪽이 그것을 줄였다. 때문에 아시아 각국 은행들이 아시아 지역 대출을 급격히 늘린 것이다. 좋은 기회를 포착한 것이라고 볼 수 있다.

그러나 빈곤을 탈출하기 위한 정책과 고소득을 달성하기 위한 정책은 굉장히 다르다. 소득이 높아질수록 경제 구조도 달라져야 하고, 정책도 달라져야 한다. 교육도 마찬가지다. 한국은 현재 많은 노력을 기울이고 있다. 창의력을 배양하기 위한 노력이다.

성장률이 떨어지기 시작할 때를 보면 투자가 너무 많이 이뤄지고, 자원의 배분이 잘 이뤄지지 않는 경우가 많다. 또 시장의 작용을 제대로 포용하지 못하고 창의적 파괴를 가로막기 때문에 그렇다. 소위 말하는 중간임금의 함정에 빠진 국가들의 모습이다. 1970~80년대 중남미가 대표적이다.

그들은 규모의 경제를 확보하지 못한 기업들도 계속 보호해서 더 성장하지 못했다. 구소련도 마찬가지다. 자원분배가 제대로 이뤄지지 않았기 때문에 중진국을 넘어설 수 없었다. 중국도 아직 적절한 구조가 마련되지 않아 중간임금의 함정을 벗어나기 어려울 것으로 보인다. 지난 25년간 급성장했지만 앞으로 같은 비율로 성장하기는 힘들 것이다.

불평등에 대해서도 흥미롭게 봐야한다. 불평등으로 인해 인센티브가 생기지만 불평등이 너무 많으면 성장을 저해한다는 점에 주목해야 한다. 교육을 통해 불평등에서 벗어날 수 있는 기회가 있어야 긍정적인 성장을 할 수가 있다. 그러나 어느 정도의 불평등이 적절한 불평등 수준인지를 찾기란 어렵다.

선진국들은 부채 문제와 인구 문제를 해결하기 어렵다. 그러나 신흥 경제국, 특히 아시아 국가들은 훨씬 더 밝은 미래가 있다고 생각한다. 여기서 고려해야하는 점은 지금 현재의 모델을 더욱 진화시켜야 한다는 것이다. 1년 전에 적합했던 모델이라도 지난 1년간 또 성장했기 때문에 올해는 적합하지 않을 수 있다.

한국이 아시아의 금융 허브로 성장할 수 있는 가능성은 언제나 열려있다. 도전을 하기에 적절한 시기다. 그러나 해결해야 할 문제도 많다. 무엇보다 규제의 완화가 필요하다. 외국 자본이 한국에 들어와 마음 놓고 활동할 수 있도록 해야 한다. 1997년 외환위기 이후 금융시장이 변혁과 조정을 겪기는 했지만 아직 부족하다.

한국 정부는 더욱 적극적으로 금융시장 규제 완화 노력을 기울여
야 한다. 선진적인 시장 구조를 구축하는 데에 초점을 맞추는 것이
중요하다. 전문적인 금융 인력의 양성도 필요하다. 인력의 체계적인
양성과 교육의 인프라가 갖춰져야 한다. 인재들에게 국내에서 활약
할 수 있는 무대를 설치해주는 게 중요하다.

 **데이비드 페르난데스**

JP모건 아시아 수석 이코노미스트. 1998년 JP모건에 합류하기 전까지 미국 존스홉
킨스대에서 5년간 국제경제학을 강의했다. 미국 조지 부시 정권에서 경제 부문 자
문위원으로 활동했다. 펜실베이니아대에서 공부했다. 프린스턴대에서 박사 학위를
받았다.

04 FTA 시대의 인재육성 전략

전 세계 국가들이 맺은 FTA는 297건. 국제연합(UN) 가입국은 물론 전 세계 국가수보다도 많다. 한국은 2002년 칠레를 시작으로 미국 아세안 싱가포르 등 45개국과 FTA를 체결했다. 터키, 콜롬비아와의 FTA는 발효를 앞두고 있다. 한국은 또 호주, 뉴질랜드, 캐나다, 멕시코 등과 FTA 협상을 진행 중이다. 동아시아 내에서는 중국, 일본 등과 FTA를 통해 동아시아지역 통합에 기여한다는 게 정부의 구상이다. 이제 세계 경제의 장벽은 허물어지고 통합은 빠르게 진전될 거라는 게 전문가들의 예상이다.

한국에는 기회라는 시각이 많다. 남한의 영토는 미국 버지니아주 크기에 조금 못 미친다. 인구는 중국 허난성 인구의 절반에 그친다. 하지만 FTA 체결로 한국은 전 세계 인구의 약 28억 명(39.1%)을 경제인구로 확보하게 됐다. 세계 경제 규모의 59.4%를 차지하는 시장을 확보하게 된 것은 물론이다.

동시에 우려의 목소리도 높다. FTA 확산으로 국가 간 물적·인적 교류가 활발해질수록 기회는 줄어들 것이라는 걱정이다. 경제 장벽이 허물어지면 경쟁이 더욱 치열해져 기존 일자리를 위협할 것이라고 주장하는 사람들도 있다. 특히 최근 전 세계적인 불황으로 각국의 실업률이 상승하면서 이 같은 위기감을 부추긴다. 고등교육을 받았지만 마땅한 직업을 갖지 못한 젊은 층이 느끼는 위기의식은 심각하다. 한국도 이러한 분위기에서 자유롭지 못하다.

전문가들은 그러나 경제 성장 과정에서 '노동 이동(labor turnover)'은 필연적이라고 말한다. 즉 성장할수록 부가가치가 낮은 산업은 높은 산업으로 대체된다는 설명이다. 오래된 산업에서 일자리가 감소했다면 새로운 산업에서 일자리가 창출된다는 것이다. 때문에 오히려 새로운 일자리에 더욱 생산적인 노동력을 투입할 수 있는 방법을 고민해야 한다는 지적이다.

전문가들은 한국이 교육에서 성공적인 성과를 내고 있는 데서 해법을 모색해야 한다고 입을 모은다. 경제개발협력기구(OECD)의 평가 등에서 알 수 있듯 한국의 초·중등 교육의 질은 상대적으로 높은 편이다. 이러한 교육열이 한국 경제를 이끄는 강점이라는 설명이다. 따라서 이제는 새로운 시대에 따른 새로운 인재상을 확립해야 할 때라는 것이다.

인재는 기회를 따라간다

필립 마틴(UC데이비스대 경제학 교수)

전 세계 국가가 인재 유치에 관심을 쏟고 있다. 인재란 무엇일까? 시험 점수나 대학진학률로 평가할 수 있을까? 교육 연수나 특허 개수 등으로 측정할 수 있을까? 인재라는 건 어떻게 규정할 수 있을까?

경제는 '트레이드오프(이율배반)'이다. 직접 인재를 개발하는 것과 인재를 외국에서 유치하는 것 간에 트레이드오프가 있다면 그것은 무엇일까? FTA(자유무역협정)를 얘기하지만, FTA는 노동자의 자유로운 이동까지 보장하진 않는다. 주로 전문가들의 이동으로 제한하고 있다. 북미자유무역협정(NAFTA)을 보자. 20년이 지났지만 10만 명 이하 노동자들만이 NAFTA를 통해 이동했다.

인재에 대한 정의를 내려보자. 보통은 교육을 받은 기간이나 자격증을 가지고 있는지 여부에 따라 인재를 평가한다. 그런데 인재의 정의는 상당히 다를 수 있다. 따라서 성별이나 인종, 국적에 차이를 두는 것이 위험할 수 있다.

인재는 기회를 따른다. 임금이 높은 곳으로 이동하고 복지가 좋은 곳으로 이동한다. 미국 기업들은 외국에서 인재를 많이 유치하고 있는데, 그 배경에는 스톡옵션 때문이다. 운이 좋다면 스톡옵션을 통해 빠르게 돈을 벌 수 있다. 일부 국가에서는 승진이나 성과급을 통해 빨리 부를 축적할 수 있다. 다시 말해 인재는 기회가 있는 곳으로 이

필립 마틴 "인재확보를 위한 세계 경쟁 속에서 우리는 살고 있다."

동하게 돼 있다.

과학기술과 수학 분야에서는 특히 자국민과 이민자에 대한 얘기가 많이 나온다. 이들 분야에 보조금을 지급해야 할까? 학위를 공부하고자 하는 학생들을 더 많이 받아줘야 할까? 이러한 학위를 갖고 국가를 떠난 사람들을 다시 유치해야 할까?

미국의 경우 외국 전문가들을 위한 H-1B 프로그램(전문직 취업비자)이 있다. 외국인들이 능력을 갖고 있다면 들어와서 일을 할 수 있다. H-1B는 OECD 국가 전문가들의 이동 가운데 절반을 차지하고 있는 시스템이다. 고용주들이 최고의 인재를 확보할 수 있는 시스템이기도 하다. 아마 임시직 프로그램 중 유일하게 대부분 미국 고용주들이 합법적으로 외국인을 미국으로 데려와서 현지 직원을 대체할 수 있는 제도일 것이다.

해외에서 인재를 확보하는 것에 대해 단점을 논하는 사람은 거의 없다. 최근 정보기술(IT)에 대한 수요가 빠르게 늘어나고 있기 때문에 인재 확보는 더욱 중요해졌다. 다양한 시각을 갖고 들어오기 때문에 생산성도 높아진다. 여러 각도에서 한 문제를 보면 혁신이 일어나기 마련이다.

하지만 일부 분야에서는 다르다. 과학기술 수학 등에서는 민감한 부분이 많이 있다. 예컨대 빌게이츠가 '당신은 자격 있는 엔지니어 다' 라고 하면 엔지니어가 될 수 있다. 하지만 의료분야에서 인재를 확보하기 위해서는 정부의 인증을 받아야 한다. 따라서 의료 분야에 서는 보조금을 지급해서라도 인증 받은 인재가 필요하다.

국내 인재와 해외 인재의 관계는 어떨까? 일부 국가에서는 이미 외국에서 인재로 성장한 사람들을 다시 본국으로 데려온다. 중국과 대만이 이런 프로그램을 잘 운영하고 있다. 예컨대 아프리카 국가들 은 이런 프로그램을 운영하기 쉽지 않을 것이다. 아시아는 경제 기회 가 많이 있기 때문에 인재를 확보하기가 쉽다. 많은 유학생들이 성장 한 뒤 본국으로 돌아와서 혜택을 누리려고 한다.

미국을 보자. 인재가 어떤 국가로 들어갈 때에는 정문, 옆문, 뒷문 으로 들어간다고 한다. 정문으로 들어가는 사람은 미국처럼 공식적 인 이민자로 받아들여지는 경우다. 미국과 같은 국가로 이민할 때는 이민자의 3분의 2가 이미 미국에서 살고 있는 사람들이다. 다른 형태 로 미국에서 살다가 이민자로 위상을 바꾸는 것이다. 마이크로소프 트가 전 세계를 돌아다니면서 사람들을 채용하는 것은 아니다. 해외 인재 가운데 취업비자를 받는 사람 중 90%는 이미 미국에서 사는 사람들이다. 따라서 취업 이민의 경우 많은 사람들이 사회 내에서 학생 등 다른 형태로 살다가 취업 이민자가 되는 것이다.

처음엔 어떻게 들어올까? 학생비자나 임시 방문비자를 통해 '옆문'으로 들어온다. 불법으로 '뒷문'으로 들어오는 경우도 있다. 아시아 사람들은 보통 합법적으로 들어온다.

앞서 얘기한 것처럼 취업 이민은 이미 그 나라에 있는 사람인 경우가 많다. 한국이나 다른 아시아 국가에서 취업 이민자를 늘리려고 할 때 그 나라에 있는 사람들을 취업시키려고 한다. 미국은 4만 개의 비자를 특출한 사람을 위해 제공하는데 5000건 이상 제공하는 경우가 거의 없다. 그것도 이미 미국에 있는 사람들에게 돌아간다. 기본적인 대학 학위만 필요한 비자인 EB-3은 6년 이상 기다려야 할 때도 있고 대학 학위가 필요 없는 경우는 더 오래 기다리기도 한다. 대학 학위는 전문가의 조건이다.

미국 이민자들 가운데 4분의 1은 아시아 계통이다. 미국에 이민 온 아시아인들은 인도나 중국에서 머무는 사람들보다 교육수준이 높다. 미국으로 들어오기가 어렵기 때문에 수준이 높은 사람들이 들어온다. 베트남 난민은 예외다. 전체 이민자의 55%를 차지하는 중남미 출신의 이민자들은 평균 9년 정도 교육을 받은 사람들이다.

FTA와 인재에 대해 얘기해보자. FTA는 서비스를 공급하기 위한 사람의 이동을 보장한다. 하지만 많은 개도국들이 세계무역기구(WTO)가 각 국의 이민 정책을 도와서 비자를 발급해주길 기대하고 있다. 개도국들이 협상에서 제기하는 이슈는 네 가지다. 한국에서의 규정을 생각해보자. 대부분 국가에서는 이민자들을 받아들이기 위해 경제 필요 시험이 있다. 예컨대 내가 이민자를 채용하기 위해선 그 자리에 들어갈 만한 현지인이 없다는 걸 보여줄 수 있어야 한다. 대부분 노동 관련 기관, 내무부 성격의 기관, 외교 담당 기관 등 세 개 이상의 정부기관이 참여하게 된다. 그런데 이 세 개 부처 간 조율이 잘 이뤄지지 않는다.

또 엔지니어 자격증이 있더라도 다른 국가에서 똑같은 자격으로 인증 받을 수 있는지 생각해봐야 한다. 이민자들이 사회복지나 의료 분야에서 임시적으로 있는데도 세금을 내야 하는지도 생각해봐야 한다.

아시아태평양경제연합체(APEC)를 예로 들어보겠다. APEC은 비즈니스 트래블 카드(Business Travel Card) 프로그램을 운영하고 있다. 공항에는 APEC 비즈니스 트래블 카드 줄이 따로 있다. 단기 체류에 의한 별도의 입국심사가 가능하다. 하지만 예를 들어 인도네시아 사람이 캐나다로 가면 이 카드가 있어도 비자가 필요하다. 비자 받는 절차는 좀 빠를 것이다. 그러나 출입 심사가 빠른 것일 뿐 비자면제는 아니다.

아세안은 자유무역을 추구한다. 전문 인력의 흐름을 자유롭게 하자고 하지만, 자유로운 이동이 이뤄진 것은 아니다. 아세안이야말로 FTA를 체결했지만 노동력 이동이 빠르게 이뤄지지 않고 있는 대표적 사례다.

유럽연합(EU)의 경우 재화와 자금, 노동자, 용역의 자유로운 흐름이 있었다. 이론적으로 봤을 때 프랑스 사람이 독일로 가서 독일 사람들과 동등한 경쟁을 하면서 취업할 수 있다는 것이다. 이러한 이동의 자유가 있음에도 실제 이동하는 사람은 많지 않다. EU 회원국 국민의 2.5%만이 다른 나라에 가서 산다. 왜 그럴까?

　정부는 자국민들에게만 일자리를 제한할 수 있다. 국가의 자주권과 관련된 일자리는 자국민에게만 줄 수 있다. 철도가 국영이라면 그건 자국민에게만 제공하는 것이다. 언어 및 자격제도가 다르기도 하다. 물론 상호인증을 해주겠다는 약속은 있지만 자격이 서로 인정되지 않고 있다.

　EU는 경제 상황을 평등하게 먼저 만들어서 이동하는 사람 숫자 줄이겠다는 목표도 있다. EU 회원국이 되면 이미 있는 EU 국가들이 신규 EU 국가들이 있는 국민들의 자유로운 흐름을 7년 간 제한할 수 있다. 2004년에는 중앙유럽 국가에 있는 사람들이 즉각적으로 이주할 수 있다면 바로 이주할 사람이 몇 명일지 조사했다. 폴란드에서 영국으로 올 사람은 1만5000명이었는데 실제로는 100만 명이 이주했다. 그렇다고 해서 영국이 큰 타격을 받은 건 아니지만 정치적으로는 많은 얘기가 있었다.

　유럽에서 이슈 중 하나는 서비스 이민이다. 예를 들어 노동자로 이민하는 것과 하나의 서비스를 공급하기 위한 이동은 다른 얘기다. 나무에서 사과 따는 것이 서비스인가, 노동인가를 생각해야 한다는 것이다. 서비스 이민이라는 단어를 통해서 대부분 일자리가 포함될 수 있다. 유럽 건설업의 경우 많은 하청 계약자들이 폴란드 사람을 데리고 독일이나 다른 국가로 이주했다. 그렇다면 폴란드 사람들은 어떻게 월급을 받아야 할까? 독일에 최저임금제도가 있는데 이들에게 최저임금제를 적용해야 할까? 이런 법적 문제가 있다. EU는 보다 많은 이민을 촉진하고자 하지만 성공할지 모르겠다. 기술 수준이 높은 사람을 유입하고자 하는데 아직까지 결과가 그렇게 좋지 않다.

　　NAFTA(북미자유무역협정)도 한국이 처한 상황과 유사하다. 기본적 아이디어는 무역과 투자를 자유롭게 해서 경제성장을 도모하고자 하는 것이다. 성장 많이 하게 된다면 일자리가 창출되고 불법이민 줄일 수 있다고 계산하는 것이다. 조항을 보면 새로운 비자가 대졸자들을 위해 새롭게 만들어졌다. 70개 이상 분야에 해당하는 대학졸업장이 있다면 갱신 가능한 비자를 받을 수 있게 된다. 첫 15년 동안 대부분 캐나다 사람이 미국으로 이민을 해왔던 형태가 됐다. 필리핀 사람들이 캐나다로 이민 가서 귀화하고 캐나다를 통해 미국으로 들어왔다. 20년이 지났는데 10만 명 정도가 이 비자를 가지고 미국으로 들어왔다. 자유로운 이동이었지만 숫자는 크지가 않다. 멕시코의 경우 NAFTA에 참여, 자유로운 교역과 투자를 이루고자 했지만 국경 사이에는 4~5m의 철망이 있다. 캘리포니아주에서 멕시코로 갈 때 '조심해라. 국경을 불법으로 건너 들어오는 사람이 있기 때문에 치지 않도록 조심하라' 는 표지판이 고속도로에 즐비하다. 기술 수준이 낮은 사람을 들여오는 것을 꺼려하는 건 분명히 있다. 한편으로는 이민자를 받아들일 수밖에 없지 않냐고 생각하지만 동시에 이런 철망을 짓고 있는 것이다.

　　한국이 맺은 대부분의 FTA는 NAFTA를 기반에 두고 있다. 대부분 투자가 늘어나면서 기업가들이 들어오는 형태다. 하지만 한국의 취업 제도는 FTA와 연결이 안 되는 걸로 알고 있다.

　　인재확보를 위한 세계 경쟁 속에서 우리는 살고 있다. 많은 국가들이 인재확보를 위해 힘쓰고 있는데 어떻게 하면 인재를 확보하는지도 정확하지 않다. 인재에 대한 정의가 자격증인지 뭔지 아직도 모른다.

확실한 건 인재는 기회를 따라간다는 거다. 기회를 만들면 인재는 온다. 중국으로, 인도로 돌아가는 사람들을 보자. 이들은 프로그램이 없어도 들어간다. 아프리카는 보조금이라도 줘야 돌아간다. 외국인 학생을 잡는 것도 중요하다고 생각한다. FTA는 대부분의 경우 이민을 제한한다. 전문 인력만 자유롭게 이동할 수 있다. 숫자가 적고 부작용도 적기 때문이다. 이민이 너무 적다는 두려움이 있어야만 장벽이 내려갈 수 있을 것이다.

 **필립 마틴**

1975년 위스콘신대에서 경제학과 농업경제학 박사학위를 취득했다. UC데이비스대에서 농업·자원 경제학을 가르치고 있다. 저서로는 '이민과 미국 지방의 변화', '21세기 노동 이주 관리' 등이 있다.

 |강연| ❷
교류를 통한 인적자원 개발이 필요하다
박성훈(고려대 국제대학원 원장)

내 발표 주제는 '글로벌 FTA 시대의 인재 육성과 유치' 다. 인적자원 개발과 인재 육성 유치 전략을 한국의 FTA라는 환경에서 풀어나가는 것은 어려운 부분이라고 생각한다. 그래서 나는 다른 각도를 취하고자 한다. 세계화에서 야기되는 글로벌 과제들과 정책에 대해 말하

박성훈 "지역주의의 혜택을 활용하기 위해서는 인적자원 개발정책이 필요하다."

고자 한다.

1990년대 중반부터 세계화는 세계 경제에서 떼려야 뗄 수 없는 것이 됐다. WTO 활동도 그랬고 전체적인 투자 금액, 금융 거래의 규모를 살펴보면 매년 국제적인 투자 규모가 30% 증가하는 것을 확인할 수 있다. 글로벌 금융위기와 유로존 위기가 아직 지속되고 있지만 세계화라는 추세 자체는 영향을 크게 받지 않을 것이다. 세계화는 계속해서 진화되고 있고 진행되고 있다.

지역주의 경향도 동시에 나타나고 있다. WTO 홈페이지에 가보면 FTA 체결 수가 급증하고 있다. 1990년대 이후로 FTA가 정말 많이 체결되고 있다. 어떻게 보면 지역주의로도 볼 수 있다. 지역주의와 세계화가 함께 공존하고 있는 사회에 살고 있는 것이다. 즉 다자주의와 지역주의가 공존하는 시대에 살고 있다.

전 세계 경제에서 이러한 지역주의가 점차적으로 강세를 보이고 있다. 선진국과 개도국 모두 마찬가지다. FTA가 빠르게 증가하고 있는 이유는 시장을 확장하고 국가에서 생산되는 재화, 용역을 확대하며 경제성장을 촉진하는 데 좋은 수단이기 때문이다. 일자리를 창출하는 데도 기여한다. 이와 같은 부분은 조명해볼 필요가 있다.

그 중에서도 인적자원 개발정책은 FTA에서 얻을 수 있는 혜택을 극대화시킬 수 있다고 생각한다. 지역주의의 여러 혜택을 활용하기 위해서는 적절한 인적자원 개발정책이 필요하다. 또 이 같은 추세에서 선진국과 개도국 모두가 다 수혜를 입어야한다고 생각한다. 만약 일부 국가만 결실을 맺게 될 경우 이 같은 추세는 사라질 것이라 생각한다. 적절한 정책을 만들 필요가 있는 것이다.

지역주의와 세계화 경향이 모두 강하게 나타나고 있기 때문에 이 같은 현상을 충족할만한 인재군이 필요하다. 앞으로 인재들 중에서도 글로벌 역량을 갖춘 인재들이 더 각광받을 것으로 생각한다. 다시 말해 이런 인재들은 국제경제학, 국제관계학 등에 대한 지식이 필요하다. 특히 다학제적인 교육이 제공될 필요가 있다. 더불어 조금 더 전문적인 지식도 함께 갖춰야 한다.

이 자리에 젊은 세대도 많은데 5년이나 10년 후 중요한 역할을 맡게 될 것이다. 세계를 이끄는 당사자로서 여러분께 당부 드리고자 하는 것은 다학제적인 지식과 함께 전문적인 지식을 함께 갖추라는 것이다. 노동 기준, 환경, 지적재산권 등과 관련된 전문 지식도 필요하다. 계속해서 세계화와 지역주의가 동시에 나타나고 있다는 것을 강조하고 있는데 이 같은 지식들을 모두 다 갖춰야 한다. 특별한 전문분야에 대해서 전문가 될 필요가 있다는 것을 얘기하고 싶다.

인재는 경제발전을 위해서도 매우 중요하다. 특정 기구와 여러 협의체들이 인재를 보다 잘 육성할 수 있게 다양한 프로그램 마련 중이다. 1989년 APEC은 아시아태평양국가의 협력을 도모하기 위해 창립됐는데 경제 기술 협력이라는 프로그램을 도입했다. 경제기술협력 사업을 통해 인재를 육성하는 다양한 방편을 마련했다.

지난 몇 년 동안 나는 한국 정부가 지원하는 다양한 국제 개발 관련 활동을 진행했다. 2004년부터 기획재정부에서 지원하고 있는 경제발전경험 공유사업(KSP) 등 개도국들을 돕기 위한 사업을 시작했다. 여러 학자들, 기자, 비정부단체(NGO) 관계자, 정치인들도 인재개발이 얼마나 중요한지에 대해서 인지하고 있다. 저개발국의 기자와 학자들이 한국의 사례를 바탕으로 탄탄한 직무교육을 실시하기 위해 노력하고 있다. 앞으로 이러한 한국의 공적 개발 원조 노력들은, 특히 개도국의 인재개발에 있어 크게 기여할 거라고 생각한다.

아시아개발은행과 세계은행도 다양한 역량강화 사업을 진행하고 있다. 특히 인적 개발 분야의 여러 사업이 있다. 몇 가지 사례를 말하겠다. 2001년부터 WTO 체제 아래에서 진행되고 있는 도하 개발 아젠다라는 툴이 마련이 됐는데 여러 방면에서 고전하고 있다. 일각에서는 도하 개발 아젠다가 종국에는 실패할 것이라고 말한다.

하지만 도하 개발 협상이 난항을 겪고 있는 상황에서도 최빈국들은 지원을 여전히 필요로 하고 있다. 다시 말해 극빈국들이 국제사회의 일원이 될 수 있도록 하는 노력이 필요하다. 무역을 통한 원조도 필요하다. 최근 몇 년간 한국 경제는 선전하고 있다. 과거 역사를 한 번 생각해봐라. 과거 역사를 살펴보면 국제 무역이 한국 경제를 발전시키는 데 핵심적 역할을 수행했다. 교역을 위한 원조라면 최빈국들이 경제를 발전시킬 수 있는 좋은 수단이 될 수 있다고 생각한다. 무역을 촉진함으로써 개별 국가들이 경제를 더욱 발전시킬 수 있도록 해야 한다.

2015년 마무리 될 '새천년 개발 목표'를 이어나갈 목표로 '지속가능 개발 목표'라는 게 수립됐다. 앞으로 역량강화를 위한 활동들, 특히 선진국에서 역량강화활동이 계속해서 진행될 필요가 있다고 생각한다. 무역 촉진, 통관관련 절차를 개선함으로써 투자 촉진 노력이 진행돼야 할 것이다.

인적 자원 필요에 대해 지역적 차원에서 조망해보겠다. 계속해서 지역 간 연계성이 강화되고 있다. 지역 차원에서도 접근해야 된다고 생각한다. 지난 10년 간 역내 네트워크는 강화되고 있다. 국제 사회의 일원이 되기 위해 여러 가지 노력들을 기울이고 있다는 것이다. 그 과정에서 역내에서의 연결성도 더욱 공고해지고 있다. 아시아 국가들은 유럽의 경험을 통해 많은 교훈을 얻을 수 있다. 상호 연결성이 심화되고 있고 보다 많은 이들이 이민·이주를 하고 있는 상황에서 이민자들 역시 적응을 위해 여러 문제를 해결해야 한다.

그 가운데 교육 문제를 해결해야 한다. 지역 간 교육 프로그램을 더 많이 마련해야 한다고 생각한다. EU가 성공적으로 했던 게 에라스무스(Erasmus) 프로그램이다. 기존에는 EU 회원국만을 위한 것이었지만 지금은 전 세계를 대상으로 하고 있다. 한국 대학들도 에라스무스에 동참할 수 있다.

아시아 국가에는 최근까지 이 같은 프로그램이 없었지만 최근 긍정적인 신호가 있다. 올해 '캠퍼스아시아' 사업이 발족이 됐기 때문이다. 한·중·일 교육부 장관이 모여서 대학생들을 위한 교류 프로그램을 함께 하자는 데 동의했다. 내가 현재 몸담고 있는 고려대 국제대학원도 이 프로그램으로 사업을 펼치고 있다. 어쨌든 캠퍼스아시아를 통해 대학 간 교류를 강화하고자 한다. 다양한 교환학생 프로그램뿐 아니라 복수학위 프로그램도 참여할 수 있다. 에라스무스가 갖고 있는 기본 정신과 맥을 같이 한다고 하겠다.

이 같은 프로그램들은 계속해서 확대해나갈 수 있다. 다른 분야까지도 아우를 수 있을 것이다. 그렇게 된다면 지역 간 상호 연결성도 강화될 수 있고 효율성을 제고할 수 있다. 세계화 과제를, 또한 지역사회가 제시하고 있는 이런 과제를 해결하고 생산성과 효율성 문제도 해결해야 한다. 이것을 제대로 하기 위해서는 인재를 육성해야 한다. 유럽의 에라스무스 프로그램과 아시아의 캠퍼스아시아 프로그램은 그런 의미에서 좋은 출발점이다.

 용어설명 |

에라스무스(Erasmus) 프로그램

네덜란드 인문학자 에라스무스의 이름을 딴 이 제도는 1987년부터 유럽연합(EU)에서 시작된 학생 교환 프로그램이다. 20여년이 지난 지금 교수, 대학 교원으로 교류가 확대돼 유럽 내 자유로운 인적 교류의 기틀을 마련했다는 평가다. 이 프로그램으로 220여만 명의 동문이 배출됐다. 올해 시작된 캠퍼스아시아는 동아시아판 에라스무스 프로그램이라고 평가받고 있다.

간략하게 어떤 정책이 필요한지 말하겠다. 첫 번째로 인적자원 개발은 정말로 중요한 사안이다. 그리고 개도국들의 인적자원을 더욱 더 개발할 필요가 있다. 그래야 경제성장을 저해하는 장애물을 슬기롭게 극복할 수 있다. 공적개발원조 활동을 진행할 때 인적 자원 개발에 집중하는 것이 필요하지 않을까 생각한다. 개도국들이 직무교육 프로그램 등 여러 인재양성 프로그램을 마련하는 데 도움을 줘야 한다.

국제 사회에 제안하고 싶다. 인적 자원 개발이 2015년 이후 여러 가지 프로그램에서 중심이 돼야 한다고 말하고 싶다. 또 지역정책 차원에서 서로 간 배울 수 있는 학습의 장을 마련해야 한다. 각국 모범 사례를 공유해야 한다. 앞서 언급했다시피 캠퍼스아시아를 비롯한 여러 교류사업 진행되고 있는데 그 범위를 확대해나가야 한다. 아직 한·중·일 3개국의 협력사업에 머물고 있다. 아시아 전역에 걸쳐 확대해야 한다고 생각한다.

박성훈

1997년부터 고려대 국제대학원에서 국제경제학을 가르치고 있다. 2011년에 이 대학원 원장으로 취임했다. 1993~1997년 대외경제정책연구원에서 연구위원으로 재직했다. 지난 10년간 한국 정부와 아시아태평양국가연합(APEC) 사무국에 정책자문을 제공하기도 했다.

05 고용제도, 이대로 괜찮은가?

많은 전문가들이 세계 경제가 장기침체에 접어들었다고 분석하고 있다. 높은 실업률과 일자리의 질 저하가 당장 발등에 떨어진 불이다. 과거 한국은 국가 주도의 수출 진흥 정책으로 완전고용에 가까운 '일자리 호황'을 누리기도 했다. 하지만 그와 같은 정책을 또 펼 수 있을 것이라고 기대하기는 어렵다. 현재 고용시장은 어떤 상황이며 앞으로는 어떤 정책을 펴야 할까.

가토 타카오 미국 콜게이트대 경제학과 교수는 미국 같은 유연한 고용제도를 만드는 게 고용시장의 양극화를 줄이는 방법이라고 말한다. 그는 미국과 일본의 지난 25년 동안 고용유지율을 비교분석해 "일본과 같은 고용제도에서는 경기가 나빠질 경우 고용시장 양극화가 심화된다"는 것을 입증했다. 가토 교수에 의하면 경기가 침체됐을 때 일본에서는 '경력직'의 고용유지율이 눈에 띄게 떨어졌다. 미국에서 경력직 고용유지율이 떨어지지 않은 것과 대비된다. 그가 사용하는 '경력직' 이라는 용어는 '같은 회사에서 5년 미만 일한 사람'을 뜻한다. 5년 이상 일한 '핵심인력'에 비해 상대적으로 고용시장 취약계층에 속한다. 일본에서는 경력직 외에도 청년층과 여성 노동자의 피해가 컸다.

핵심인력은 이와 정반대였다. 미국에서는 핵심인력 고용유지율이 크게 떨어진 반면 일본에서는 유지됐다. 일본과 같이 연공서열이 강하고 고용안정성을 제도적으로 보장하는 나라에서는 경기불황으로 경력직, 청년층, 여성 근로자가 피해를 입고 핵심인력은 타격을 입지 않는다는 설명이다. 일본식 고용제도가 노동시장의 양극화를 심화시킬 수 있다는 결론이 나온다.

음만체차 마로프 유네스코 디렉터는 현재 전 세계가 처한 고용문제 상황을 개괄적으로 설명했다. 마로프 디렉터는 "현재 2억 명이 실업상태에 있으며 그 중에서도 청년 일자리 문제가 가장 심각하다"고 말했다. 고용의 질도 나빠졌다. 그에 의하면 청년

15~24세 젊은이의 실업률 (단위: %)

	2005	2010	2011
호주	10.6	11.5	11.3
오스트리아	10.3	8.8	8.3
캐나다	12.4	14.8	14.1
덴마크	8.6	14.0	14.2
필란드	18.9	20.3	18.9
프랑스	20.6	22.9	22.1
독일	15.2	9.7	8.5
그리스	26.0	32.9	44.4
이탈리아	24.0	27.9	29.1
일본	8.6	9.2	8.0
한국	10.2	9.8	9.6
멕시코	6.6	9.4	9.8
네덜란드	9.4	8.7	7.7
뉴질랜드	9.7	17.1	17.3
폴란드	37.8	23.7	25.8
스페인	19.7	41.6	46.4
스위스	8.8	7.8	7.7
영국	12.2	19.3	20.0
미국	11.3	18.4	17.3
OECD 합계	13.4	16.7	16.2

2012년 6월 11일 자료

층 가운데 1억5200만여 명이 하루 1.25달러 미만의 보수를 받으면서 일하고 있다. 6억2000만여 명은 일을 하는 것도 아니고 교육을 받고 있는 것도 아니다. 그는 "2020년까지 최소한 6억 개의 일자리가 있어야 노동시장으로 나오는 청년 경제활동인구를 지속적으로 수용할 수 있다"며 "그렇데 많은 일자리를 만들 수 있을지 미지수"라고 말했다.

아프리카 출신인 만큼 그는 아프리카의 문제에 관심이 많았다. 마로프 디렉터는 "아프리카는 천연자원에 많이 의존하는 경제구조인데, 천연자원은 매장량에 한계가 있으므로 서둘러 지식기반 경제로 구조를 바꿔야 한다"며 "외국인 투자를 촉진하는 호의적 환경을 만들어 민간부문을 촉진해야 한다"고 말했다. 그러나 민간부문에만 맡겨놓아서는 안 되며, 국가가 정책적으로 개입해 거시경제의 안정성을 마련해줘야 한다는 게 그의 주장이다.

| 강연 | ❶

변화하는 고용제도를 보다

가토 타카오(콜게이트대 경제학과 교수)

일본과 미국은 세계 2대 경제대국이다. 그러면서도 각각 상이한 고용시장 모델을 대표하고 있다. 지난 15년 동안 경제 여건 변화에 따라서 일본과 미국의 고용제도가 서로 다른 반응을 보이고 있다. 두 나라의 고용제도가 지난 15년간 외생적 변화에 어떻게 대응했는지

가토 타카오 "불황이 와도 일본 핵심인력은 고용안정성에 큰 변화가 없었다."

살펴보는 게 필요하다.

먼저 일본과 미국의 고용제도가 어떻게 다른지 살펴보겠다. 고용안정성에 있어서는 일본이 미국보다 안정적이다. 연공서열에 있어서도 일본이 미국보다 강하다. 각종 직무능력 훈련 프로그램도 일본에서 더 잘 마련돼 있다. 인센티브의 경우 일본은 '집단별 보너스'로 제공을 하는 반면 미국은 개인별 성과급이 강하다. 일본의 인센티브에는 개인의 성과보다 특정 집단의 성과를 중요시하는 성향이 반영돼 있기 때문이다. 노동조합의 경우 일본이 보다 상호보완적이다. 일본은 부서이동이 보다 활발하다. 내부 임금 격차는 일본이 미국보다 크다.

이러한 상이한 제도는 서로 다른 결과를 만들었다. 1970~1980년대 일본 경제의 성공은 이런 고용제도 덕분이었다. 생산성 향상과 경쟁력 향상을 낳았다. 그러나 일본은 1980년대 말부터 긴 침체기를 걷게 됐다. 이를 계기로 일본의 고용제도에 대한 재평가가 시작됐다. 현재 많은 전문가들은 일본의 장기침체가 고용제도 때문이라고 생각하고 있다. 반면 일본이 긴 정체기를 걷는 동안 미국은 사상 최대의 경제호황 누렸다. 이를 계기로 미국식 고용제도가 더 낫다는 견해가 나오기 시작했다.

30~44세 직장인 중 같은 회사에서 5년 이상 일한 사람을 '핵심인력'이라고 정의하겠다. 핵심인력의 고용유지율을 1982~1992년 호황기, 1987~1997년 잃어버린 10년 전반부, 1992~2002년 잃어버린 10년 후반부, 1997~2007년 잃어버린 10년 이후 등 4개의 기간으로 나눠서 살펴보면 흥미로운 결과를 도출할 수 있다. 일본은 25년 동안 고용유지율 등락이 크지 않다. 핵심인력이라고 정의한 이 그룹의 고용안정성이 경제여건에 따라 달라졌다는 근거가 없다. 고용유지율 절대치도 크다. 최대 15년 동안 근무한 것으로 나온다. 그러나 미국은 다르다. 미국이 오히려 잃어버린 10년을 경험한 것처럼 낮은 고용유지율 절대치를 보인다. 기간에 따른 등락폭도 크다. '호황기'에서 '잃어버린 10년 후반부'에 이를 때까지 매 기간 동안 크게 하락했다. 1997~2007년에 이르렀을 때는 미국과 일본이 모두 1992~2002년에 비해 증가하는데 증가폭도 미국이 일본보다 크다. 여성 고용유지율만 따로 살펴보면 남성보다 등락이 더 크다.

다음으로는 '30~44세 직장인 중 회사에서 5년 미만으로 일한 사람'을 뜻하는 '경력직'의 고용유지율을 살펴보겠다. 경력직의 고용유지율 등락폭은 일본이 미국보다 훨씬 크다. 미국은 크게 오르거나 떨어지지 않고 유지되고 있다. 핵심인력의 양상과 정반대다. 일본 청년층의 고용유지율 변동이 특히 심했다. 일본 청년층은 잃어버린 10년의 가장 큰 피해자가 됐다. 일본 여성도 고용유지에 전반적으로 어려움을 겪는 것으로 나타났다.

요약하면 다음과 같다. 첫째, 불황이 와도 일본 핵심인력은 고용안정성에 큰 변화가 없었다. 오히려 미국에서 큰 변화를 보였다. 둘째, 불황이 오자 일본 경력직은 고용안정성이 많이 낮아졌다. 청년층에서 특히 많이 떨어졌다. 일본 노동시장의 양극화가 심화되는 것은 아닌지 생각해봐야 한다.

2008년 글로벌 금융위기가 일자리의 질에 어떤 영향을 미쳤을까? 안타깝게도 이를 분석한 논문이 많지 않다. 일자리의 구조조정으로 이어지지 않았겠냐는 얘기는 많지만 논문은 나오지 않았다. 10년 정도 지나야 일자리 질의 변화를 볼 수 있기 때문이다. 그런데 일본을 보면 어떻게 변할지 미뤄 짐작할 수 있다. 일본의 대규모 침체는 지금으로부터 20년 전에 이미 발생했기 때문에 일자리 질 변화를 살펴볼만한 충분한 데이터가 있다.

먼저 양질의 일자리가 뭔지를 정의해보면, 임금이 높고, 일하면서 배울 수 있는 기회가 많고, 자기가 하는 일을 스스로 통제할 수 있고, 고용안정성이 높은 일자리를 말한다. 일본에는 이런 양질의 일자리가 얼마나 있을까? 일본에는 두 부류의 근로자가 있다. 하나는 고용제도의 보호를 받는 사람들, 즉 양질의 일자리를 갖고 있는 사람이다. 다른 하나는 고용제도의 혜택을 받지 못하고 있는 사람들, 즉 질 나쁜 일자리를 갖고 있는 사람이다. 일본 근로자의 상당수는 이처럼 고용제도의 보호 밖에 있다.

이 두 부류의 근로자들이 지난 10년 동안 어떻게 바뀌었는지 살펴보자. 질 좋은 일자리를 가진 사람들을 '1차 노동시장'에 있다고 하자. 그 반대의 사람들이 있는 곳을 '2차 노동시장'이라고 정의하자. 고용계약 기간이 정해져 있지 않은 정규직 근로자는 1차 노동시장에, 고용계약 기간이 정해져 있는 기간제 근로자는 2차 노동시장에 포함된다. 이밖에 '커리어의 방향성'이라는 측면에 있어서 '표준 고용트랙'으로 고용된 사람은 1차, '비표준 고용트랙'으로 고용된 사람은 2차 고용시장으로 분류할 수 있다.

분석 결과를 살펴보자. 표준 고용트랙에 있는 사람 가운데서도 계약 기간이 정해져 있지 않은 사람들, 즉 가장 양질의 노동시장인 1차 노동시장에 있는 사람들은 크게 변화가 없다. 일본 남성의 일자리 질을 살펴보면 잃어버린 10년 기간에 나빠졌다고 볼 만한 근거가 없다. 그러나 여성의 경우 1차 노동시장의 일자리가 80년대에서 1992년까지 많이 늘었다가 잃어버린 10년을 거치며 적어지고 있다. 여성들은 잃어버린 10년의 피해를 많이 봤음을 알 수 있다. 대신 2차 노동시장의 비중이 상대적으로 높아졌다. 청년 노동시장도 잃어버린 10년 기간에 급격한 변화를 보였다. 청년층은 남성도 1차 노동시장 비중이 급격히 떨어졌다.

🌐 가토 타카오

1986년 캐나다 퀸스대에서 박사학위를 받았다. 노동경제학에 정통하며 특히 동아시아 사례 연구에서 전문성이 높다. 최근에는 종업원 경영참여제도와 혁신, 기업 지배구조 등에 대해서도 연구를 하고 있다.

저성장 시대에 어떻게 일자리를 창출할 것인가

음만체차 마로프(유네스코 디렉터)

글로벌 금융위기 전만 해도 고용추이가 긍정적이었다. 소득수준도 개선되고 있었고 일자리 수도 많아졌다. 개발도상국에서 특히 개선 추이가 뚜렷했다. 하지만 글로벌 금융위기가 부정적 영향을 많이 미쳤다. 현재 노동시장 상황을 살펴보면, 제대로 된 급여를 받는 근로자가 많지 않다. 특히 청년, 여성, 농촌 거주자의 일자리 상황이 열악하다. 농촌지역을 살펴보면, 취약한 일자리에서 장시간 일하는 경우가 많다. 그에 대한 보상은 턱없이 미미하다. 일자리의 총량도 필요에 비해 매우 적은 수준이다. 실업률이 심각하다. 현재 전 세계적으로 2억 명이 실업상태에 있는 것으로 알려져 있다. 정확히 집계되지 않는 것까지 추산하면 실제 실업자는 이보다 많을 것으로 보인다.

청년층을 살펴보자. 청년의 에너지를 활용할 수 있는가가 사회의 미래를 결정할 것이다. 그런데 상황이 매우 나쁘다. 15~24세에 해당하는 인구는 계속 늘어나고 있지만 이들을 수용할 수 있는 일자리가 생기지 않고 있다. 때문에 질이 떨어지는 일자리에 종사할 가능성이 높아지고 있다. 실제로 현재 1억5200만 명의 청년이 하루 1.25달러 미만의 수입을 얻고 있다. 2100만 명은 강제노역을 하는 것으로 알려져 있다. 6억2000만여 명 청년은 교육을 받고 있는 것도 실업상태

음만제차 마로프 "민간부문이야말로 고용창출의 동력이다."

에 있는 것도 아니다. 2020년까지 최소한 6억 개의 일자리가 있어야 새로 노동시장으로 진입하는 인구를 지속적으로 수용할 수 있다. 그런데 일자리 6억 개를 만들 수 있을지 미지수다. 아프리카를 보면, 2000~2008년에 약 7300만 개의 일자리만 생겼다. 일자리가 상당부분 부족했다는 뜻이다. 경제성장률은 선진국보다 높았지만 일자리는 부족했다. 인구의 특정 집단이 지속적인 실업상태에 있으면 엄청난 비용을 발생시킨다. 자존감이 떨어지고 빈곤도 팽배해진다. 부정적 영향은 해당 계층에 머물지 않고 전 사회로 확산된다. 그러면 국가적으로도 성장률에 영향을 받는다. 정치 불안정, 사회적 동요, 폭동의 가능성도 높아진다.

그렇다면 앞으로 어떻게 고용창출을 해야 할까? 외국인 투자를 촉진하는 호의적 환경을 만들어야 한다. 무엇보다 민간부문을 촉진하는 게 필요하다. 민간부문이야말로 고용창출의 동력이다. 양질의 일자리를 만들 수 있다. 특히 아프리카처럼 저소득 근로자가 많은 상황에서는 외국인 투자가 중요하다. 그러나 외국인 투자가 있다고 해서 일자리의 질이 마냥 높아지는 것은 아니다. 민간부문에서 만드는 일자리가 모두 양질은 아니다. 일자리 질을 일정수준 이상으로 유지하기 위해서는 정책적인 개입이 필요하다. 거시경제의 안정성을 유지하는 정책을 펴야 한다. 정책과 민간부문과의 탄탄한 연계가 만들어져야 한다.

현재 아프리카에는 저숙련 일자리가 많다. 기술 집약도가 떨어지는 산업이 개도국에 위치하는 경향이 있기 때문이다. 지식 집약적 산업은 고숙련 근로자가 많은 곳에서 발달할 수 있다. 이대로라면 아프리카의 미래가 어둡다. 성장만 촉진해서는 안 된다. 성장을 일자리의 질과 연계하는 정책이 필요하다. 고숙련 일자리를 유치할 수 있도록 정책적으로 기반을 만들어야 한다. 먼저 '비공식적 노동시장'에 대한 면밀한 검토가 필요하다. 이 노동시장에 보호받지 못하는 근로자, 장기노역자 등이 있다. 질 나쁜 일자리가 만들어진다. 이 노동시장 근로자는 문맹률이 많은데도 교육훈련을 해주는 기관도, 직무능력 인증기관도 없다. 직업훈련을 받는 사람이 더 줄어들고 있다. 국가가 전혀 규제를 못하고 있다. 이 노동시장의 질을 높이는 방법을 마련해야 한다. 교육과 훈련의 기회를 더 많이 만들어야 한다. 비공식 부문에서 근로자를 교육시키고 직무능력을 인증하는 방법을 만들면 이 부문의 일자리 질도 올라갈 것이다.

아프리카는 인적자원을 축적시키지 못하고 있다. 문맹률이 국가

별로 30~80% 정도다. 문예능력이 없는 인구가 많으면 인적자원 축적이 불가능하다. 교육에 대한 접근성이 낮다. 접근할 수 있는 교육도 내용이 부실하다. 성과도 저조하다. 효과적인 교육의 체계가 만들어지지 않고 있다. 특히 취약계층이 질 낮은 교육의 대상이 되고 있다. 이런 상황이 지속되면 교육을 통한 재분배가 불가능해진다. 빈곤을 끊을 수 없어진다.

질 좋은 교육에 대한 수요는 있다. 청년층은 교육을 받고 싶어 한다. 그러나 청년층을 대상으로 조사해보면 자신이 원하는 교육을 받지 못하는 사람이 많다. 교육과 노동시장의 연계가 약하다. 수요가 있지만 거기 부응하지 못하는 교육의 문제다. 구직활동은 활발하지만 일자리가 요구하는 능력이 없어서 취직을 못한다. 사람을 찾는 회사가 제법 있지만 거기 맞는 구직자가 별로 없다. 교육에 대한 전반적인 재검토가 필요하다. 교육의 질을 높여야 하고 평생교육의 기반을 마련해야 한다. 민간부문과의 파트너십도 중요하다. 민간부문이 현재 교육의 문제점에 대해 충분한 피드백을 주고, 이를 받아서 노동시장 수급과 공급의 격차를 해소해야 한다.

 **음만체차 마로프**

세계은행에서 10년 동안 교육진흥과 관련된 일을 했다. 교육자로서의 실무경력은 30년에 이른다. 교수법뿐만이 아니라 학교운영, 교육행정 등에 있어서도 정통하다.

| 토론 | ❶

종신고용은 성장이 있어야 가능하다

류재우(국민대 경제학과 교수)

종신고용은 경제와 기업의 성장이 전제돼야 가능하다. 성장이 멈추고 산업부문의 부침이 심해지면 유지하기 어렵다. 닛산 자동차는 경기 불황이 닥치자 인력의 3분의 1을 구조조정으로 내보냈다. 파나소닉의 전자산업, 철강산업, 조선업도 마찬가지였다. 한국은 조선업이 이에 해당한다.

한 가지 지적을 하자면 가토 교수의 분석에서 지표가 왜곡됐을 가능성이 있다. 어떤 계산방식을 사용하느냐, 어떤 표본을 선택하느냐에 따라 결과가 달라질 수 있다. 한국의 사례가 대표적이다. 한국의 평균 근속연수는 1980년대부터 꾸준히 증가하고 있다. 1998년 외환위기가 발생했을 때 고용안정성이 크게 떨어졌지만 평균 근속연수는 변하지 않았다. 이것은 고용유지율과 근속연수로는 고용안정성을 제대로 설명해낼 수 없다는 것을 보여준다. 40~50대의 근속연수를 봐도 외환위기 당시 고용안정성이 떨어졌다는 징후는 전혀 읽을 수 없다.

고통분담에서 행복분담으로 가자

권대봉(고려대 교육학과 교수)

저성장 시대로 접어들어 일자리 창출이 저조하다. 고성장시대에도 공장 자동화의 영향으로 일자리가 느는 데 한계가 있었다. 기업 영업이익은 '몇 조'라는데 일자리는 안 늘고 있다. 이 문제를 해결할 수 있는 방법은 뭘까? 일자리 나누기를 해야 한다. 고통분담이라기보다는 일자리를 새로 만들었기 때문에 행복나누기가 될 수 있지 않겠나. 패러다임을 바꿀 필요가 있다는 생각이 든다. 예를 들어 일본의 경우 경기침체기에 70%정도가 고용안정이 됐는데 미국은 40%대로 떨어졌다. 하지만 미국의 상황이 안좋아진 것만은 아니다. 바쁠 때만 나와서 일을 하는 '프라임 타임 워커(prime time worker)'가 늘어났다. 행복 분담을 하는 전형적인 사례다. 한국도 청년 실업이 심각한데 사람을 고용해서 일만 시킨다는 생각에서 벗어나야 한다. 기업이 필요한 것보다 더 많은 사람을 채용해서 교대로 교육을 받을 수 있도록 하자. 대기업이 중기업을 도와주고 중기업이 소기업을 도와주는 식으로 해보자. 그리고 도와준 기업에 인센티브를 주면 고통분담 패러다임에서 행복분담 패러다임으로 바꿀 수 있지 않을까?

제2부

창의적 인재가 기업을 바꾼다

01 새로운 인재가 온다

2008년 글로벌 금융위기 이후 유럽 재정위기가 악화되면서 세계 경제도 불투명해지고 있다. 불확실성의 시대에서 기업들은 어느 때보다 인재확보에 열을 올리고 있다. 창의적 인재만이 위기를 타개할 수 있는 대안이라는 판단에서다.

수지타 카르나드 테크마힌드라 인재개발본부장은 "현대사회가 원하는 인재는 논리적이면서 직관력도 갖고 있는 멀티인텔리전스형 인재"라고 강조한다. 테크마힌드라는 쌍용자동차를 인수한 마힌드라 그룹의 계열사로 인도 최대 소프트웨어 업체다. 카르나드 본부장은 "한국은 멀티인텔리전스형 인재를 길러내기 위해 주입식 교육에서 창의성을 키울 수 있는 교육 시스템으로 바꿔야 한다"고 제안한다.

아오키 도요히코 (주)아오키 사장은 "중소기업도 열정과 도전으로 인공위성을 만들 수 있는 혁신을 보여준다면 얼마든지 창의적인 인

재를 유치하고 키울 수 있을 것"이라고 말한다. 아오키 사장은 직원 30명의 작은 철공소로 시작해 인공위성(마이도1호)을 개발해 쏘아올린 일본의 중소기업 ㈜아오키의 창업자다. 아오키 사장은 "뛰어난 제품을 만드는 것(物造り·모노즈쿠리)은 뛰어난 인재를 만드는 것(人造り·히또즈쿠리)과 같다"며 "회사의 인재를 키우기 위해서는 끊임없이 혁신과 비전을 심어줘야 한다"고 강조한다.

멀티인텔리전스 인재 시대가 온다
수지타 카르나드(테크마힌드라 인재개발본부장)

글로벌 기업들은 예전엔 아시아, 남미, 아프리카 등에서 값싼 노동력만 찾았지만 이제는 신흥시장의 인재에 눈을 돌리고 있다. 신흥국가의 인재시장에 진입할 수 있느냐가 기업의 성패와 직결되는 시대가 온 것이다. 전 세계 글로벌 기업 최고경영자(CEO)들은 어떻게 이 시장에 진입할 수 있을지 고민하고 있다.

각국의 인재가 서로 같은 곳에서 일하게 되면서 세대의 혼합도 이뤄지고 있다. 회사 고민 중 하나가 여러 연령대의 직원이 섞여 있다는 것이다. 이 같은 다양성은 다양한 시각을 가질 수 있다는 점에서 장점이 있지만 서로 행동하고 일하는 방식이 전부 다르다는 단점도 있다. 일반적으로 한 조직에는 베이비부머 세대부터 X세대, Y세대 등 다양한 연령대의 사람들이 섞여 있다. 베이비부머 세대는 안정과 승진을 선호하고 회사에 대한 충성심이 높아 인생에서 일이 가장 중요하다고 여긴다. 같이 일하는 동료가 가족보다 중요하다. 반면 X세대는 덜 일 중심적이고 다소 냉소적이다. 가족 등 회사 외의 일도 중요하게 생각한다. Y세대는 두 성향이 섞여있다. 자신이 속한 환경을 적극적으로 바꾸길 원한다. 이제 기업들은 다양한 세대와 문화를 융합할 수 있는 조직을 구축해야 한다.

수지타 카르나드 "이제 기업들은 다양한 세대와 문화를 융합할 수 있는 조직을 구축해야 한다."

현대사회가 원하는 인재는 논리적이면서 직관력도 갖고 있는 '멀티인텔리전스' 형 인재다. 즉, 상상력이 넘치면서 꼼꼼한 사람이다. 자신이 이루고자 하는 바를 단계별로 체계를 세워 사고할 수 있는 사람이다. 멀티인텔리전스형 인재를 길러내기 위해서 한국은 주입식 교육에서 창의성을 키울 수 있는 교육 시스템으로 바꿔야 한다. 테크마힌드라는 대학과 함께 교육과정을 만들고 있다. 기업과 대학의 연계가 강할수록 회사의 인재교육 비용은 그만큼 줄어들 수 있다. 아울러 신흥시장의 인재들이 세계 시장에서 원활하게 활동할 수 있는 시스템 구축을 위해 국제사회가 노력해야 한다.

향후 정보통신(IT) 산업은 소프트웨어가 하드웨어를 압도하게 될 것이다. 인도 인재들이 소프트웨어 개발에 강한 것은 문제 해결 과정에 초점을 맞춘 교육이 뒷받침됐기 때문이다. 삼성, LG 등 한국의 글로벌 IT 기업도 여기에 대비하지 않으면 도태될 수 있다. 무엇보다 한국의 교육 시스템이 주입식에서 벗어나 학생들의 창의력을 키울 수 있는 방향으로 바뀌어야 한다.

 **수지타 카르나드**

인도 최대 소프트웨어 업체 테크마힌드라의 인재개발본부장이다. 1983년 인도 마드라스대학을 졸업한 뒤 지난해 인도 XLRI잠셰드푸르 대학 MBA를 졸업했다. 2003년 인도 IT업체 HCL테크놀로지스에서 소프트웨어 엔지니어링 부문장을 역임하고 2005년 지멘스에서 IT솔루션 및 서비스 부문장을 거쳐 2009년 테크마힌드라에서 HR 및 IT서비스 부문 부사장을 맡고 있다.

 |강연| ❷

도전과 열정을 보여주면 인재는 따라 온다

아오키 도요히코 [(주)아오키 사장]

미국 보잉사에 납품할 때 이야기다. 일본 간토(關東) 지역의 경쟁업체와 거의 비슷한 날에 심사를 받게 됐다. 나중에 경쟁사는 보류됐고 우리 회사는 통과했다. 왜 우리 회사가 통과했는지 궁금했다. 보잉사 직원이 이렇게 말했다. "아오키의 사원들은 눈이 반짝이더라." 보잉은 그 회사 직원의 긍지까지 보고 있었던 것이다. 긍지가 있다면 돈이나 출세는 중요한 가치가 아니다.

아오키 도요히코 "도전하지 않는 회사에는 인재가 모일 수 없다."

일본이 힘들다고 한다. 하지만 일본은 저력 있는 나라다. 역사가 100년 이상인 기업이 미국이나 유럽은 80개 정도지만 일본은 2만 개가 넘는다. 이걸 긍지라고 생각하지 않으면 무엇을 긍지라고 생각하겠는가?

인공위성 마이도 1호의 발사 성공은 일본의 긍지를 보여주고 있다. 위기를 타개하기 위해선 인재가 필요했고 유능한 인재를 모으기 위해선 혁신적인 제품이 필요했다. 인공위성을 만들어 보겠다고 결심한 것도 그 이유다. 철공소를 인공위성 업체로 성장시킨 비결은 역설적으로 '일본 경제의 침체'였다. 모두가 위기라고 할 때 중소기업도 뭔가를 이뤄낼 수 있다는 것을 보여주고 싶었다. 위기는 우리를 더욱 강하게 만들었다. 성취에 대한 열정과 당위성이 가장 큰 원동력이었다.

무엇인가 물건을 만들고 다른 사람을 위해 봉사하는 것이 정말 중요하고 성공의 밑거름이 된다. 현실적으로는 중소기업에 사람들이 가지 않는다. 젊은 사람이 대기업에 가고 싶다는 마음은 이해하지만 중소기업도 혁신을 선도하는 회사가 있다. 그런 회사에 취직해 자신의 역량을 발휘하려는 시도를 해봤으면 좋겠다.

기업은 창의적 인재를 뽑는 것뿐 아니라 인재가 이탈하지 않고 회사와 함께 지속 성장할 수 있는 방법을 고민해야 한다. 인재들에게 도전하고 꿈꿀 수 있는 기회를 끊임없이 심어주는 기업 환경을 만드는 것이 중요하다. 아오키가 인공위성을 만든 배경 역시 중소기업에도 희망과 가능성이 있다는 것을 젊은 청년 인재들에게 보여주기 위해서였다. 자신과 긍지를 갖고 일할 수 있는 환경을 만들어주면 창의적인 인재는 스스로 그 회사에 머문다. 최고경영자는 인재와 수시로 대화를 나누며 각자의 능력을 최대로 이끌 방법도 고민해야 한다. 현재 아오키는 수직이착륙 무인비행기를 개발하고 있다. 도전하지 않는 회사에는 인재가 모일 수 없다. 도전이 중요하다.

내가 쓴 책에서 인용한 내용을 읽어보겠다. "중기 건설업체에 다니는 24살의 3년차 직원 A군의 얘기다. 회사 근처에 멋진 술집이 생겼다. A군도 거기에 술을 먹으러 가지만 대기업의 젊은 사원들도 찾아오는 곳이다. 젊은 사원끼리는 서로 말을 주고받는다. 마음이 서로 맞으면 여자들도 전화번호를 알려준다. 가까워지면 여자가 남자에게 어느 회사에 다니냐고 물어본다. 대기업에 다니는 사람은 막 찍어낸 반짝반짝 빛나는 명함을 주변은 아랑곳하지 않고 꺼내서 나눠줄 것

인공위성 마이도 1호를 탑재한 로켓 발사 모습

이다. 중소기업에 다니는 남자의 경우 여자가 어느 회사를 다니냐고 묻게 되면 멋쩍은 듯이 이마에 손을 대고 '뭐 좀…' 이라고 답한다. '이 이상 묻지 말라' 는 얘기다. 중소기업 근무자 대부분은 그렇게 회사 이름을 말하지 않는다. 그런데 'xx건설회사 xx과에 다니는 A다' 라고 당당하게 말하면 주변 시선이 몰린다. 테이블은 잠잠해지지만 A군은 당당하다. 주변 여자들 눈을 보며 물어본다. 이 회사를 아냐고. 여자들이 미묘한 얼굴을 한다. 알면 거짓말, 모르면 미안하니까 답변하기 곤란한 것이다. A군은 이렇게 말한다. '모르지? 몰라도 돼. 내가 알고 있으니까 괜찮아. 내가 알고 있는 좋은 회사이기 때문에 너희들도 언젠가는 알게 될 거야.' 그 다음 뜻하지도 않았던 일이 벌어졌다. 대기업 신입사원이 A군의 눈을 가만히 보면서 박수를 크게 친 것이다. 여자들도 따라서 같이 박수를 쳤다. 대기업 사원은 '입사해 1년 정도 지났어도 별로 흥미로운 일을 한다고 생각하지 않는데 당신은 아닌 것 같다'고 말한다.”

회사에 A군 같은 사람이 많을수록 강한 회사가 된다. 여러분들은 긍지를 갖고 있는가? 자신의 회사에 자부심을 갖고 있는가? 자부심이 없다면 아무 일도 할 수 없다.

아오키 도요히코

㈜아오키 사장으로 직원 30여 명의 철공소를 인공위성 제작업체로 성장시켰다. 1945년 오사카 출생인 그는 고등학교 졸업 후 아버지 아오키 타다오가 경영하는 아오키철공소에 입사했다. 1995년 사명을 ㈜아오키로 바꾸고 항공기 부품 제작 등 사업영역을 확대했다. 1997년 기술력을 인정받아 미국 보잉사의 납품 인증을 받는다. 이후 아오키 사장은 인공위성을 개발하기로 하고 2002년 히가시오사카(東大阪) 우주개발연구회를 설립하고 회장에 취임한다. 2005년 일본항공우주연구개발기구(JAXA)와 공동 개발을 시작했고, 도쿄대와 산학협력도 함께 추진한 끝에 2009년 초소형 인공위성 '마이도1'을 발사시키는 데 성공했다.

| 토론 | ❶

협력적 관계가 기업 성공의 열쇠다

김효준(BMW그룹코리아 사장)

휴먼 비즈니스가 중요하다. 사람만이 상황을 바꿀 수 있다. 사람을 바꾸려면 교육과 훈련이 필요하다. 어떻게 지속가능하며 유능한 인재를 양성할 수 있을까? 아주 오래전부터 끊임없이 이런 질문을 하며 살아왔다. 35년간 자동차 분야에서 일을 해왔는데, 매니저와 리더

사이에는 차이가 있다고 생각한다.

매니저는 일상적 업무를 하는 기본적 스킬이 있다. 상사로부터 지시를 받으면 이것을 바탕으로 기대하는 결과물을 창출해내야 한다. 뒤쫓는 것은 매니저가 잘 할 수 있다. 그러나 리더는 지금이 아닌 내일을 보는 사람들이다. 미래를 준비하는 사람들이다. 1년 뒤, 5년 뒤를 내다보며 일하는 사람이 리더다. 리더는 항상 사람들이 못 보는 것을 보는 사람이다. 뭔가 다른 것을 찾아내는 사람들이다.

지금과 같이 불투명한 시대에선 최고경영자(CEO)가 다양한 인재를 양성시켜서 그 가운데 미래의 글로벌 리더를 길러내야 한다. 창의적 인재를 만들기 위해선 계약적 관계가 아닌 협력적 관계로 나아가야 한다. 이를테면 내가 어떤 회사의 CEO다. 그리고 한 사람에게 연봉 5000만 원을 주고 있다. 그런데 이 사람으로부터 5000만 원에 상응하는 가치와 결과물을 끌어낸다면 이것은 계약 중심적 관계다. 이 직원도 연봉 범위 안에서만 일하면 되겠다고 생각하면 이것 역시 계약 중심적 관계다.

회사의 성패를 가르기 위해선 어떻게 봐야 할까? 협력적 관계란 차별화된 가치와 철학을 함께 공유하고 이것을 제품, 서비스와 맞물려 발전시킬 수 있는 관계다. 어떤 회사가 만든 제품과 서비스를 회사의 문화, 철학과 접목시켜 제공한다면 그 회사는 시장에서 반드시 성공할 것이다. 시대가 지날수록 협력적인 관계가 중요해지고 있다. 직원들이나 팀 구성원들이 회사의 가치나 철학을 이해하면 한 목소리로 나아가 시장을 더 쉽게 설득하고 고객들에게 메시지를 잘 전달할 수 있어 궁극적으로 회사가 성공할 수 있다.

　BMW엔 직책이 없다. 부장, 차장, 과장이 없다. 이런 직함을 5년 전에 다 없앴다. 기존 회사의 구조는 항상 수직적으로 구성돼 있었는데 수직적 시스템이 있으면 권위적일 수밖에 없고 관료적 분위기를 갖게 된다. 직책을 없애면 수평적 시스템으로 갈 수 있기 때문에 각 개인이 자기가 하는 일에 대한 책임을 100% 져야 한다. 자기가 책임을 져야하기 때문에 결과를 내기 위해 노력한다. 훨씬 유연하고 효율적인 시스템이다.

　또한 직원들이 돈을 내야 하는 영수증이나 청구서에 대한 결재를 사장이 하지 않는다. 사인을 내가 안한다. 레벨별로 리더들이 자체적으로 해야 된다고 생각하기 때문이다. 조직뿐 아니라 딜러에게도 위임하는 일이 있다. 딜러 스스로 책임을 지고 일한다. 이렇게 하면 의사 결정도 훨씬 빠르고 고객과의 소통 면에서도 빠르게 소통하고 대응할 수 있다.

　관리라는 것은 무엇인가? 의사결정 과정이다. 진정한 리더나 매니저로 사람들을 키우기 위해선 이들이 스스로 좋은 결정을 내릴 수 있도록 자유를 줘야한다. 일단 고객이 누군지 정의를 내리고 그것을 기반으로 창의성에 대한 아이디어를 내야 한다. 스스로에게 물어보라. '내 고객은 누구인가? 난 누굴 위해 일하는가? 내가 어떤 결과를 내야 하는가? 고객이 나에 대해 기대하는 것은 무엇인가?' 스스로 물어보면 정확하게 내가 일하는 범위는 어디까지고 창의적인 아이디어가 생기게 된다.

다양한 세대 아우를 수 있는 조직이 필요하다

팻 게인스(보잉코리아 사장)

우주 항공에 대해 이야기하면서 항공산업이 중소기업에 유망한 사업이라는 아오키 도요히코 ㈜아오키 사장의 강연은 흥미롭다. 보잉은 17만 개의 공급업체와 협력하고 있다. 이 중 상당수가 중소기업이다. 중소기업은 아주 많은 창의력을 갖고 있는 조직이다. 전 세계 17만 명의 직원을 두고 있는 보잉사의 주요 도전과제는 직원을 유지하는 것, 이직하지 않도록 하는 것이다. 현재 보잉의 이직률은 50% 정도다. 3년 안에 이직하는 비율이 50%다. 3년 안에 직원의 절반이 사라진다는 것은 놀라운 일이다. 그것이 초래하는 비용, 훈련비용 등을 생각하면 안타까운 일이다.

어떻게 하면 직원을 붙잡아두는 시스템을 만들 수 있을까? 보잉은 여러 기업과의 인수합병(M&A)을 통해 변화했다. 변화하면서 한 가지 배운 것은 HR(Human Resource) 파트너를 갖는 것이 가장 중요하다는 점이다. 확실히 말할 수 있는 것은 좋은 HR 파트너만 갖추고 있으면 기타 문제는 쉽게 해결된다. 종업원들의 생애주기를 생각해봐야 한다. 수지타 카르나드 테크마힌드라 본부장이 세대 간 격차에 대해 얘기했는데 굉장히 중요한 부분이다. 오늘날 근로자들의 욕구를 보면 과거와 다르다. 나와 같은 베이비부머들이 인재를 유치할 땐 다른 것에 대해 생각해야 한다. 신축적 근로시간, 삶의 균형에 대해 얘기해야 한다. 내가 처음 일을 시작할 땐 평생 이곳에서 일할 거라 생각했고 하루 16시간 일하면서도 불평하지 않았다. 그런 점에서 우리 세대와 피고용자 세대와는 차이가 있다.

사람을 육성하고 인재를 유지하고 신입사원에게 도전을 던지는 것에 역점을 두지 않는 조직은 실패할 수밖에 없다. 사람들이 들어오는데 그들이 도전을 느끼지 않는다면 항상 이슈가 있기 마련이고 직원을 잃기 마련이다. 보잉은 6개월마다 부서를 바꿔 근무케 하는 프로그램이 있는데 사실 유능한 인재들이 회사를 떠날 때 대부분 도전을 느끼지 못해 떠난다고 말한다. 결국 모든 직원들이 책임감을 느끼고 좋은 인재로 남도록 도전을 던져줘야 한다.

어떤 조직을 보면 신입사원이 새로운 아이디어를 갖고 있는데 구성원들이 위협으로 보는 경우가 있다. 새로운 사원과 그의 아이디어가 나의 성공과도 직결된다는 태도를 가져야 한다. 구성원들이 서로 협력할 때 기업 전체가 승리하게 된다.

| 토론자 |
김효준(BMW그룹코리아 사장), 팻 게인스(보잉코리아 사장)

▶ **김효준 사장:** 카르나드 본부장에게 질문하겠다. 창의적인 인재가 있어야만 변화를 성공적으로 관리할 수 있다고 했다. 그럼에도 불구하고 앞으로 나가는 데에는 불확실한 부분이 많다고 생각한다. 새로운 트렌드나 상황에 대응하기 위해 어떻게 직원들을 교육시켜야 하는가? 어떻게 하면 직원들이 앞서가면서 스마트하게 생각하도록 도울 수 있을까? 회사 입장에서 실패를 너무 많이 하면 굉장히 치명적일 수 있는데, 어느 정도까지 실패를 허용할 수 있는지, 공식이 있는지 궁금하다.

▶ **카르나드 본부장:** 테크마힌드라는 직원들을 대상으로 '라이프사이클 프로그램'을 운영하고 있다. 전문분야 기술이 필요하면 교육하고 행동 스킬도 가르쳐 주고 있다. 끊임없이 1년 내내 의무적으로 교육시킨다. 매니저와 리더들은 레벨별로 의무적으로 교육받아야 한다. 젊은 직원은 좀 더 기술적이고 전문적인 담당 분야 교육을 시키고, 자동차 산업에 대한 업무를 보고 있으면 그 분야 훈련을 해준다.

▶ **김효준 사장:** 아오키 사장에게도 질문을 드리겠다. 사업 환경을 통해 긍정적 변화를 가져오는 것은 변화에 대한 사고방식을 통해 가능하다고 했는데 인격도 중요하다고 생각한다. 아오키 사장처럼 따뜻하고 비전 있는 사람이 이상적인 인재다. 인격과 능력을 어떻게 조합할 수 있나? 경험과도 어떻게 조화시킬 수 있는가? 어떤 방식으로 직원들을 일에 심취하도록 하고 있나?

▶ **아오키 사장:** 대구 근처에 있는 걸로 아는데 400여 년 정도 일본 기를 세우고 있

는 마을이었다. 임진왜란 때 귀순했던 왜장이었다. 왜 그런지 물어봤더니 도요토미 히데요시가 한국을 침략했을 때 이건 잘못된 전쟁이라고 해서 한국에 귀순했다는 것이다.

신념이라는 것은 기업이 절대 잊어선 안 될 이념이라 생각한다. 사원들에게 역사나 배경에 대해, 왜 일을 하는지 그 신념에 대해 서로 얘기를 나누면 보잉의 경우처럼 50%의 사원이 3년 안에 이직하는 일은 절대 없을 것이다. 기업 입장에선 정착률이 중요하다. 정착률을 높이기 위해선 수장이 항상 사원들에게 대화를 시도해야 한다. (주)아오키는 사장과 직원이 계속 말을 주고받을 수 있는 자리를 만들고 있다. 회사는 가족이라 생각한다.

▶ **청중 1:** 구직자로서 교육과 선정과정에 대해 관심이 많다. 선발과정에 있어 각 회사마다 창의적인 선발 과정이 있는지 궁금하다.

▶ **카르나드 본부장:** 테크마힌드라는 주로 대학 졸업생들을 채용하고 있다. 또 대학으로 바로 가서 대학의 교과과정을 회사가 필요로 하는 부분에 맞춰 같이 개발하는 데 주력하고 있다. 우리 회사가 채용하기 전에 대학이 우리가 필요로 하는 교육을 시키는 셈이다. 100% 준비된 인재는 변화하기 힘들다. 우리가 70% 준비된 사람들을 채용하는 이유다. 70% 준비가 되면 더 동기부여가 되서 열심히 하려고 한다.

▶ **청중 2:** 우리나라 기업 정서상 직원들을 실력으로 뽑기보단 기업에 맞는 사람을 뽑는다는 이미지가 강하다. 앞서 얘기한 BMW의 기업문화를 한국 기업에 적용할 수 있다고 생각하는지?

▶ **김효준 사장:** 한국은 국가뿐 아니라 모든 기업들도 글로벌 플레이어가 되려고 노력하고 있다. 우리가 채용하고 싶은 사람은 글로벌 플레이어다. 국내 시장에서만 성과를 올릴 수 있는 사람은 국내 플레이어다. 이런 유형은 더 이상 필요치 않다.

이는 모든 업계에 해당하는 얘기다. 문화적, 언어적 장벽을 넘어설 수 있고 특정 해외시장에 나가 설득력 있게 비즈니스 할 수 있고 잘 적응하는 것이 중요하다. 교육배경, 연령, 성별, 출신, 지역 다 상관없다. 여러분이 경력 개발에 도움이 된다고 생각한다면 과감히 지원하기 바란다.

▶ **청중 3:** 보잉의 3년 내 이직률이 50%라고 했는데 직원들에게 어떤 도전정신을 심어줬는지 구체적인 경험이 있으면 말해 달라.

▶ **게인스 사장:** 육군사관학교를 나온 뒤 보잉에는 처음에 교육 담당으로 입사했다. 50%의 이직률은 여러 가지 이유가 있다. 미국의 노동시장 환경도 한 요인이다. 현재 이직률이 많이 줄어들고 있지만 0%로는 내려갈 수 없다. 젊고 성취감이 높은 사람은 나가서 일하다 더 많은 경험을 쌓고 보잉으로 다시 돌아올 수 있다. 젊은이들은 배우는 게 중요하고 배우고 돌아오면 더 숙련된다. 그래서 이직률이 높아도 걱정하지 않는다.

 # 조직원이 강한 조직이 살아남는다

"사내 대학은 각 인재의 무한 경쟁을 강요하는 교육기관이 되어선 안 된다. 같은 가치를 공유하며 함께 성장할 수 있도록 협업-경쟁이 어우러진 교육을 실현해야 한다."

로리 베비어 GE크로톤빌 임원개발 리더(부사장)는 "지나친 경쟁 중심 교육은 기업의 핵심가치인 협업을 무너뜨릴 수 있다"며 사내 대학의 기본 정신을 되새겨야 한다고 말한다.

GE크로톤빌은 1956년 미국 뉴욕에 설립된 GE의 사내 대학으로, 임원으로 승진하기 위해선 반드시 거쳐야 하는 핵심 교육 기관이다. 인도, 브라질, 중국, 아부다비, 독일 등 5곳에 지사를 두고 리더십·기업 가치 교육 등을 실시하고 있다. 글로벌 기업의 사내 대학 중에서도 가장 우수한 인재 교육 프로그램을 갖추고 있어 전 세계 기업들이 늘 벤치마킹의 대상으로 삼는 곳이다. 국내에서도 이재용 삼성전자 사장, 어윤대 KB금융지주 회장, 최광철 SK건설 사장 등 기업 고위 임원들이 이곳의 특별 교육을 받았다.

로리 베비어 부사장은 "한국기업들도 GE크로톤빌처럼 사내 대학을 잘 활용하면 더 큰 글로벌 브랜드로 성장할 수 있다"고 말한다. 그는 좋은 사내 대학이 갖춰야 할 핵심 요소 3가지로 기업과 핵심가치와 목표를 공유할 수 있는 기본 콘텐츠 구축, 협업할 수 있는 기회 제공, 창의적인 수업 환경 제공 등을 소개했다.

이중 특히 우리나라 사내 대학에서 부족한 것이 협업의 기회와 창의적인 수업 환경이다. 크로톤빌의 경우, 수업 공간을 딱딱한 분위기로 만드는 대신 예술적인 분위기로 꾸며 창의적인 사고를 할 수 있게 했다. 자유로운 분위기의 공동 주방을 만들어놓고 팀원들이 요리를 함께 해보게 하는 등 협업 수업도 많다. 차고나 바로 쓰이던 공간도 카페 등 열린 공간으로 개조해 조직원들이 자연스럽게 아이디어를 공유한다.

이같이 협업과 어울림도 중요하지만, 각자 자기계발을 하고 선의의 경쟁을 할 수 있는 기회도 충분히 마련해야 한다고 베비어 부사장은 조언한다. 이를 위해 크로톤빌은 상사와 부하직원, 동기 등 모두가 참여하는 360도 전면평가와 세션C(상위 20% 인재에 대한 특별교육) 등을 꾸준히 실시해왔다. 그는 "스스로 자신의 목표를 세우고 구성원들끼리 목표 달성 과정을 도와주되 결과는 스스로 책임을 지는 시스템"이라며 "타인과 각자의 성과를 비교하며 건전한 경쟁을 하면 조직원과 함께 전체 기업이 성장할 것"이라고 강조했다.

GE 리더십 개발의 철학을 말하다

로리 베비어(GE크로톤빌 임원개발 부사장)

GE는 리더십 개발이야말로 회사의 미래를 위해 가장 중요한 일이라고 생각한다. 좋은 리더들은 보다 나은 세상을 위한 열망을 갖고 있고, 이를 실현시킬 힘이 있다. GE는 이런 리더십을 키우려는 의지를 담아 사내 대학인 '크로톤빌'을 설립했고, 이를 원동력으로 130년간 끊임없는 혁신을 거듭할 수 있었다.

이는 GE의 사내문화와도 연결 된다. 우리의 문화는 협업·성과 중심으로 이뤄져 있고, 리더가 조직원들의 성과를 최대한 끌어내는 식이다. 우리는 '한 사람이 잘하면 모두가 나아진다'는 철학을 가지고 있고, 그를 통한 공동 발전이 가능하다는 믿음이 있기 때문이다.

GE의 리더십 개발은 3가지 요소로 이뤄진다. 먼저 조직원에게 그 사람에 대한 조직의 기대가 무엇인지 전달한 후, 그 목표를 달성하는 과정을 도와준다. 마지막으로 그에 대한 책임을 본인에게 묻는다. 기대를 알려주기 위해선 정확한 목표와 기업의 가치를 끊임없이 알려주는 게 중요하다. 이를 달성하는 데 핵심이 바로 '크로톤빌' 교육이다.

크로톤빌은 리더십 개발을 위해 1956년 세워진 GE의 핵심 기관이자 미국의 첫 사내 대학으로, 뉴욕에 본사를 두고 있다. 이곳에서 리더십 교육과 직원 훈련이 이뤄진다. 최근에는 중요한 회의나 대 고객

로리 베비어 "정확한 목표와 기업의 가치를 끊임없이 알려주는 게 중요하다."

이벤트를 진행하는 장소로도 쓰고 있다. 매년 1000건 이상의 고객 관련 행사를 이곳에서 연다. 아이디어를 교환할 수 있는 열린 환경을 조성해 조직원들이 새로운 영감을 얻고 더 나은 리더로 발전할 수 있게 하고 있다. 고객 이벤트를 통해 시장에 대한 통찰력을 얻고 생각을 나눌 수도 있다.

그만큼 크로톤빌은 단순한 교육 기관이 아니라 그룹 내에서 큰 위상을 갖는 기관으로, 다른 기업과 우리의 가장 큰 차별점 중 하나다. 직원 모두를 위한 리더십 프로그램을 이곳에서 개발하지만, 이곳에 와서 교육을 받을 수 있는 것은 그중에서도 선택된 20%뿐이다. 고위급 인원의 90%가 이곳을 거쳤다. 최근에는 크로톤빌의 교육을 온라인으로도 확장하고 있고, 인도, 브라질, 중국, 아부다비, 독일 등 전 세계 5곳에 지사를 두고 지역 교육도 강화하고 있다.

교육의 핵심은 '세션C'라 불리는 임직원 평가 프로그램이다. 평가를 통해 구체적인 인재 육성 계획을 수립하고, 연중 평가를 거쳐 승진과 연계시키는 것이다. 자기계발, 조직의 효율성, 회사의 장기적인 성장 등을 감안해 종합 평가를 한다. 이를 위해 'EMS'(Employee Management System · 직원 관리 시스템)를 두고 모든 조직원에 대한 모니터링을 한다. 회사의 상사나 임원만 참여하는 하향식 평가가 아니라 위와 아래의 모든 직원이 평가에 참여하는 360도 평가다. 개인의 목표 대비 성과와 커리어에 대한 열망, 자기계발 계획 등을 모두 심층 평가할 수 있다. 이 평가를 토대로 적절한 장소에 적절한 인재를 배정한다. 이같은 프로그램들을 통해 GE의 리더십 개발에 대한 철학을 엿볼 수 있다.

현재도 잘 운영되고 있지만 진화를 멈출 수는 없다. 기업은 내일의 새로운 도전과제에 늘 직면하기 때문이다. 우리는 미래의 새 리더십과 함께 어떻게 하면 최고의 리더를 양성할 수 있을지 고민을 멈추지 않는다. GE의 새로운 여정이 시작된 것도 글로벌 금융위기 직후였던 2009년이었다. 제프리 이멜트 회장을 비롯한 고위급 임원들은 가장 어려운 시기에 오히려 리더십에 대한 투자를 키워야한다고 판단했다. 그래서 전 세계의 학자와 기업 등 오피니언 리더 층으로부터 의견을 듣기 시작했다. 그리고 그를 바탕으로 1950년대부터 시행돼왔던 크로톤빌의 교육을 전면 재검토하게 됐다. '21세기 리더는 어떤 것일까' 라는 고민을 안고 교육 과정을 검토하는 데만 18개월이 걸렸다. 의사 결정이 빠른 것으로 유명한 GE에서 어떤 일을 결정하는 데 18개월이 걸렸다는 것은 굉장한 일이었다. 그렇게 오랫동안 청취하고 신중하게 검토한 외부 의견들을 내부 리더십 개발 분야에 적용하기 시작한 것이다.

크로톤빌을 재구성하는 데 핵심은 콘텐츠, 경험, 교육 환경 등 3가지였다. 우선 '상상력'을 자극하는 콘텐츠가 필요했다. 그래서 교수진들의 도움을 받아 개별 및 그룹 학습을 포함하는 혁신적인 교과과정을 만들었다. 이 콘텐츠는 이 순간에도 변화하고 있다. 하지만 우선 언급한 GE 리더십 개발 과정의 핵심 3단계(목표를 정하고, 지도를 받으며, 스스로 완성하고 책임지는 과정)는 반드시 포함된다.

새로운 교육 콘텐츠도 계속 만들어지고 있다. 조직 내 역할에 따라 새로운 교육이 필요해지기도 하고, 신규 채용이나 기업 인수·합병(M&A) 등으로 오는 새로운 직원을 위한 교육도 필요하기 때문이다. 또 매니저나 임원으로 승진했을 경우에 새로운 직책에 맞는 교육 프로그램도 만든다. 이 과정을 공통 과정으로 만들어 뉴욕과 5대 지역 캠퍼스뿐 아니라 전 세계 임직원들에게 동일하게 가르치는 것이 우리의 목표다.

둘째는 '경험'에 대한 새로운 구성이다. 비공식적인 협업을 통해 서로 다른 사람들이 만나고 대화하며 GE의 미래를 함께 만들어나가도록 하는 것이다.

마지막이 '교육 환경'에 대한 재조명이었다. 크로톤빌의 뉴욕 캠퍼스는 올해 전체 리노베이션을 진행 중이라 완성된 모습을 보여줄 수는 없지만 새로운 교육, 수업환경, 비전통적인 학습 공간을 만드는 데 주력하고 있다. 모두 차세대 기술을 활용해 참여자들이 사고와 행동을 새로운 방법으로 발전시킬 수 있는 공간을 만들고 있다.

몇 가지 시설을 소개하자면, 첫 번째가 '외양간(the barn)'이라고 부르는 공간이다. 1960년대에 만들어져 버려져 있던 건물을 리모델링해 만들었는데, 예술 기반 학습을 통해 우뇌와 상상력을 자극하는 공간이다. 조직원들은 창의적인 환경 속에서 개인의 개성을 담아 사고할 수 있고 팀 프로젝트의 효과를 높일 수 있다. 두 번째가 1956년 차고로 쓰이던 장소를 개조해 만든 '캐리지하우스(carriage house)'다. 이곳에는 최신 주방 시설을 들여 팀원들이 함께 요리를 하며 협업에 기반을 둔 학습을 할 수 있게 했다. 또 임원들이 주로 사용하던 바(bar)는 '카페 56'이라 불리는 첨단 커피하우스로 바꿨다. 임직원 누구나 24시간 내내 와서 마음껏 이용할 수 있고, 대화를 나누며 생각을 공유할 수 있는 곳이다. 바뀐 기업 환경에 맞춰 재탄생시킨 것이다.

GE는 이 같은 노력을 통해 글로벌리더를 양성하는 것을 최종 목표로 하고 있다. 조직원이 창의성과 대담함을 갖춘 리더가 되도록 육성하고자 한다.

 **로리 베비어**

로리 베비어는 GE의 사내대학인 크로톤빌의 부사장으로서 임직원 리더십 교육을 총괄하고 있다. 미국 듀크대 공공정책 학사과정을 수료하고 노스웨스턴대 켈로그스쿨에서 경영학 석사를 받았다. 1992년 GE에너지 인재개발프로그램에 참여한 것을 시작으로 글로벌 인재교육·리더십 관련 경력을 다수 쌓아 2011년부터 부사장을 역임하며 전 세계에서 크로톤빌 관련 강의를 하고 있다.

삼성은 어떻게 인재를 키우는가

공정택(삼성전자 공과대학교 전무)

삼성전자는 기업의 모든 철학이 '인재'에 포커스가 맞춰져 있다. 설립철학(사람이 먼저다 · People First), 경영철학(인재를 통해 최고의 제품과 서비스를 창출하자), 핵심가치(인재제일 등) 모두 '인재'를 바탕으로 하고 있다.

30년전 신입사원으로 입사한 사람들도 '나의 발전이 삼성의 발전, 삼성의 발전이 나의 발전'이라는 생각으로 배우며 일했고, 이 같은 인재들이 모여 현재 글로벌 마켓을 이끄는 삼성전자가 만들어졌다. 이제 양과 속도 경쟁을 벌이는 기업에서 질적인 성장과 글로벌 리더의 고민을 하는 회사로 발전한 것이다. 기업 모토도 '독하게 일하자(work hard)'에서 '똑똑하게 일하고, 독하게 생각하자(work smart, think hard)'로 바뀌었다. 그러면서 '학위 중심'으로 이뤄졌던 삼성의 사내대학 교육도 변화하고 있다. 1980년대 삼성인력개발원은 GE크로톤빌과 같은 역할을 위해 세워졌지만 기존에는 기술과 마케팅 분야에서만 초점을 맞춰왔다. 최근에는 소프트웨어, 디자인, 브랜딩, UX(User Experience · 사용자경험) 등 소프트한 분야의 인력을 양성하는 데 집중하고 있다. 또 기업 가치 공유(value sharing), 리더십, 글로벌 역량 등 리더가 되기 위한 필수 교육 프로그램도 운영 중이다. 몇년 전에는 오래된 시설을 리노베이션해서 더 나은 환경에서 교육을 받을 수 있도록 하고 있다.

삼성만의 독특한 교육 연수 프로그램도 개발했다. 우수 인재들에게 1년간 해외에서 연수할 수 있는 기회를 주는데 업무를 전혀 하지 않게 하는 것이 특징이다. 가기 전 가려는 국가와 교육 계획도 본인이 스스로 수립한다. 그리고 그 계획에 따라 해당 국가의 문화와 언어를 배우며 주체적인 연수를 받게 하는 것이다. 현재까지 약 4000명이 80개 국가에서 이 같은 연수를 받고, 글로벌 회사로의 발전에 많은 도움을 주고 있다.

SPC는 이렇게 GE크로톤빌을 벤치마킹했다

피재만(SPC 식품과학대학 전무)

SPC는 67년간 제과·제빵 분야만 집중해온 전문 기업이다. 2000년대 들어 해외시장에 진출해 '2015년 20개국 1000개 매장'을 목표로 글로벌 기업으로 가기 위한 시동을 걸고 있다. 이를 위한 핵심 과제가 인재 양성이기 때문에 어떤 기업보다도 사내 대학에 공을 들여 인재를 교육하고 있다.

이를 위해 GE크로톤빌의 사례를 집중 연구했다. 우선 크로톤빌은 인재선발과 육성이 '세션C'를 통해 이뤄지는데, 핵심은 상위 20%의 핵심인재만을 뽑아 교육 기회를 주는 것이다. 이 과정에서 선정된 데 대한 자부심을 갖게 되고, 교육에선 결과에 책임지고 미래를 결정하는 리더의 길을 배우게 된다고 생각한다.

SPC의 사내 대학도 이를 벤치마킹해 사내 대학의 핵심인재를 집중 관리하고 있다. 제과·제빵 기업의 핵심은 맛과 품질이므로 이 분야의 핵심연구원이다. 이들 중 능력 있는 인재들을 '핵심인력(CHR·core human resource)' 군으로 따로 분류해 교육·관리하고, 이들 중 20%를 다시 최핵심 인재로 구분한다. 이렇게 확정된 핵심인재는 2주마다 평가해 신제품을 만드는 과정을 독려하고, 6개월마다 해외 연수와 인센티브 등 보상을 줘 더 큰 동기를 부여한다.

향후에도 이런 핵심 인재 양성 과정을 더욱 강화할 방침이다. 예컨대 '핵심인재육성반'을 편성해 따로 운영하고, 좀 더 전문적인 기술을 배울 수 있는 '베이커리학과'와 관련 고급과정 등을 신설할 예정이다.

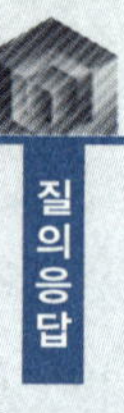

| 토론자 |
유관희(고려대 교수), 피재만(SPC 식품과학대학 전무)

▶ **유관희 교수:** GE에서는 상위 20% 핵심인재에 대한 교육을 강조해왔다. 하지만 이는 기업의 중요 가치인 협업에 영향을 줄 수 있다. 최근 협업과 경쟁을 결합한 개념인 코피티션(copetition)이 중시되고 있는데, 이 과제를 어떻게 해결할 수 있나?

▶ **로리 베리어 부사장:** 우리가 지향하는 경쟁은 출혈 경쟁이 아니다. 협업과 기업의 가치 공유를 바탕으로 한 선의의 경쟁에 기반을 두고 있기 때문이다. 모든 교육 과정에서 조직원은 서로 도우며 각자의 목표를 실현하기 위한 선의의 경쟁을 벌인다. 결국 자신과의 싸움을 거듭하며 모두가 함께 성장하게 되는 구조다. 다만 우리도 지나친 경쟁과 그로 인한 부작용을 막기 위해 최근 교육과정을 조금 바꿨다. 과거 '세션C'에서는 상위 20%와 중간 70%, 하위 10% 절대 비율로 구분하고 관리하게 했었다. 하지만 이 같은 상대평가 방식은 버렸다. 상위 20% 인재라고 해서 무조건 핵심 인력으로 성장하는 것은 아니기 때문이다. 최근에는 '우수한 직원', '노력 대비 성과가 떨어지는 직원' 등으로 절대평가하고 있다. 물론 잠재력 높은 직원을 따로 분류하고 이들에 대한 특별 교육은 그대로 진행하고 있다. 하지만 더 이상 숫자로 떨어지는 대로 인재를 평가하고 가르치지는 않는다는 점이 최근 가장 달라진 부분이다.

▶ **피재만 전무:** GE가 일관성 있는 교육 과정을 중시하긴 하지만 덩치가 큰 글로벌 기업이다. 조직 내 문화적인 충돌은 어떻게 해결하는가?"

112

베비어 부사장(오른쪽 두번째)과 토론 참석자들

▶ **로리 베비어 부사장:** 우리는 하나의 문화(single culture)를 유지하는 데 많은 공을 쏟아 붓고 있다. 이는 교육 과정 내내 기업의 핵심가치를 교육하는 것과 함께 포용할 수 있는 리더를 키우는 데서 나온다. 사람들을 잘 관리하고 육성하는 것뿐 아니라, 다양한 문화를 이해하고 문화에 따라 다른 리더십을 발휘할 수 있는 사람을 키우는 것이다. 하나된 기업 문화는 공통된 가치 교육과 함께 이같이 포용력 있는 리더 육성을 통해 실현할 수 있다.

 **용어설명 |** ··

코피티션(copetition)

협력(Cooperation)과 경쟁(Competition)의 합성어. 경쟁관계에 있는 기업 혹은 사람들이 경쟁의 이점이 없거나 공동 비용을 나눌 수 있는 부문에서 공통의 관심과 이익을 위해 협력하는 경영 방식.

세션C

임직원 평가로 인재를 발굴하고, 구체적인 육성 계획을 수립해 승진과 보상을 결정하는 GE만의 인사평가시스템. 대개 평가는 1년에 한 번 평가 시즌 때 하지만 세션C는 연중 내내 진행된다. 상사나 임원뿐 아니라 동료나 하급 직원으로부터도 평가 받는 '360도 평가' 시스템이다.

03 지식재산으로 스티브 잡스에 도전한다

21세기는 지식재산이 기업의 시장가치를 좌우하는 창조경제 시대다. 현재와 같이 지식주도형 경제체제에서는 창의적 핵심인재를 조기에 발굴해 양성하는 것이 국가와 기업의 발전을 결정하는 핵심요소로 꼽힌다.

이런 시대적 흐름에 맞춰 지식재산위원회는 올해 1월 31일 대통령 및 총리 주재 하에 '지식재산 강국 원년'을 선포했다. 정부는 지식재산을 강화하기 위해 연내 1조7000억 원을 투자키로 했다. 향후 5년간 10조2000억 원을 투입하는 대규모 프로젝트를 시작한 것이다.

이 프로젝트의 핵심은 창의적 영재를 육성하는 데 있다. 정부는 '2012년도 국가지식재산 시행계획'을 확정해 창의력을 지닌 청년들이 자신의 꿈과 아이디어를 가치 있는 지식재산으로 실현시킬 수 있는 발판을 마련하는 데 주력하기로 했다. 지식재산을 창출할 수 있는 인재를 키우는 게 가장 큰 과제라고 여겼기 때문이다.

또 특허청과 한국발명진흥회는 카이스트, 포스텍 등 2개 대학에 영재기업인교육원을 설치했다. 이들 대학이 위탁 운영하는 영재기업인 교육원은 마이크로소프트의 빌 게이츠, 구글의 세르게이 브린과 래리 페이지 등과 같은 창의적 기업가를 육성하기 위해 세워졌다. 이 교육원은 영재교육의 차원을 한 단계 뛰어넘어 지식재산에 기반을 둔 창의적인 기업가로 키우기 위해 다양한 프로그램을 마련하고 있다. 애플의 창업자인 스티브 잡스와 같이 성장할 잠재력이 풍부한 학생을 선발한다.

글로벌 인재포럼에서 마련한 특별 세션에서는 차세대영재기업인 육성사업을 포함해 지식재산 인력양성의 체제, 도전정신을 기반으로 한 청년 창업의 지원방향 등을 주제로 전문가들의 발표가 이뤄졌다. 실제 지식재산기반으로 창업한 사례를 공유함으로써 도전과 창의를 바탕으로 한 인재 양성 방안 및 전략을 살펴볼 수 있는 시간이었다.

교육과 창의력을 생각한다
보니 크레몬드(조지아대 토랜스창의성연구소장)

학생들이 학교를 떠나고 있다. 전 세계적으로 자퇴율이 점차 높아지고 있는 추세다. 학생들이 학업을 쫓아갈 수 없기 때문이 아니라 학

보니 크레몬드 "혁신은 통합교육을 통해 이뤄진다."

교가 학생을 따라잡지 못하기 때문이다.

과거의 학습은 문제해결이 정해진 방법을 통해 정해진 답을 정하는 것이었다. 이런 방법들은 창의적인 사고를 장려하지 못한다. 학생들의 참여를 유도하지도 못한다. 우리는 존경하는 발명가나 혁신가들이 학교를 떠나는 경우가 많았다는 점을 기억해야 한다. 애플의 스티브 잡스와 마이크로소프트의 빌 게이츠는 모두 대학중퇴자다. 월트 디즈니와 토마스 에디슨은 학교를 거의 다니지 않았다. 한 교육학자는 교육과 창의력 사이에서 U자 곡선을 발견했다. 지나치게 많은 교육이 오히려 창의력을 키우는 데 방해가 된다는 의미다. 학교에 오래 있을수록 기존 패러다임과 방법을 강요하게 된다. 새로운 생각으로 사고하도록 장려하지 못한다.

하지만 학교 밖에서 학생들이 제대로 된 교육을 받을 수 있는 것은 아니다. 사회가 복잡해질수록 학생들은 맥락 안에서 콘텐츠를 이해할 수 있는 능력이 필요하다. 창의적인 사람들이 학교를 떠나서 혁신을 이루기는 매우 어렵다. 복잡해진 사회에선 기존보다 더 많은 지식이 있어야 혁신이 가능해졌기 때문이다. 학생들은 학교 밖에서가 아니라 학교 안에서 배우면서 창의력이 유지되도록 해야 한다. 학생들을 가르치는 것을 버리는 것이 아니라 창의적인 사고를 할 수 있는 기회와 균형을 줘야 한다는 의미다.

그렇다면 젊은 인재들에게 창의적인 사고를 할 수 있도록 지원할 수 있는 길은 무엇일까? 학생들은 콘텐츠를 암기하고 배우는 것에서 벗어나 창의적으로 응용할 수 있는 능력을 길러야 한다. 학교에선 이런 프로그램을 제공해야 한다. 예를 들어, 학생들이 수학과 과학능력을 얻는 것에 그치는 것이 아니라 동시에 감성적인 특성도 배양할 수 있는 프로그램을 말이다. 자율성, 팀워크, 성실성, 동기부여 등 감성적인 것을 배워야 수학과 과학능력을 통합적으로 활용할 수 있다.

혁신은 통합교육을 통해 이뤄진다. 미국 같은 경우는 과학, 기술, 예술 등을 통합하는 것을 강조하고 있다. 과거엔 수학, 과학만 필요했다면 요즘엔 예술이 중요한 과목으로 포함된다. 다양한 콘텐츠를 통합해서 응용할 수 있는 능력을 길러주는 게 학교의 역할이다. 스티브 잡스와 같은 창의적인 인재들은 이런 학교 프로그램을 통해서 나올 수 있다.

정답이 없는 문제를 다루는 훈련을 해야 한다. 실질적인 문제에 관한 해결책을 찾기 위한 공부를 해야 한다. 학생들은 종이에 있는 문제를 해결하는 것을 좋아하지 않는다. 세상에 변화를 반영할 수 있는 것을 해야 한다. 또 개인적인 기회뿐만 아니라 팀에서 할 수 있는 기회도 줘야 한다.

 **보니 크레몬드**

보니 크레몬드 소장은 세계적인 창의력 교육전문기관인 미국 조지아대 토랜스 창의성연구소를 이끌고 있다. 이 연구소는 매년 세계올림피아드가 열리는 창의력 테스트 '미래문제해결프로그램(FPSP)', 아동용 창의력 교육프로그램인 '행위중심 문제해결(AbPS)' 등을 만들었다.
크레몬드 소장은 미국 뉴올리언스 대학에서 초등교육을 전공한 후 10년 간 일선 학교에서 학생들을 가르쳤다. 1982년 미국 조지아대에서 교육심리학 박사학위를 딴 후 사우스이스턴루이지애나대, 웨스턴일리노이대, 조지아대 등에서 교수직을 맡았다. 1995년부터 현재까지 토랜스 창의성연구소에서 일하고 있다. 주요 저서로는 '청소년 창의성연구'가 있다.

| 강연 | ❷

창의적인 CEO의 부재, 어떻게 뛰어넘을 수 있을까?

이석우 (카카오 공동대표)

최근 들어 카카오톡 게임 '애니팡'을 하루에 한 번 이상 하는 사람이 1000만 명에 이른다. 게임을 다운로드한 사람만 2000만 명에 이른다. 일부에선 부작용을 언급한다. 게임중독에 대한 이야기가 나오고 청소년에게 모바일 게임을 못하게 해야 한다고 일부 전문가들은 조언한다.

이석우 "밑바닥부터 시작하는 게 두렵지 않은 인재를 키워야 한다."

이런 태도는 학생들을 바보로 보는 것이다. 안타깝다. 어제 한 학부모가 '애니팡' 덕분에 자녀를 이해할 수 있게 됐다고 고맙다고 말하더라. 학부모 자신은 한 번도 모바일게임을 해본 적이 없는데 중학생 아들에게 공부하라고만 다그치다가 '애니팡'을 하다 보니 아들의 심정이 이해가 됐다고 말했다. 모바일게임 덕분에 아들과 진심 어린 소통을 하게 됐다는 사연이었다.

대한민국에서는 왜 스티브 잡스 같은 사람이 나오지 못하는 걸까? 이런 궁금증이 들어서 스티브 잡스의 이력서를 찾아봤다. 스티브 잡스라는 사람은 스펙을 중시하는 한국사회에선 나올 수 없는 인재다. 1955년생인 스티브 잡스는 고아였다. 어린 시절 입양돼 자랐다. 고등학교 때 낙제를 한 고집불통 학생이었다. 대학도 1학년 때 중퇴해서 히피처럼 머리 기르고 도강을 일삼았다. 이후 '아타리'라는 게임

회사에 취직했다. 한국 기준으로는 형편없는 스펙이다.

하지만 스티브 잡스의 창의적 발상 덕분에 카카오톡 서비스가 세상에 나올 수 있었다. 잡스가 아이폰을 만들고 앱스토어 장터를 열어준 덕분에 전 세계에서 아무나 우리 서비스를 다운받을 수 있게 됐다. 이제까지는 없었던 모바일의 세상이 열린 것이다. 이런 창의적 사고를 할 수 있는 사람이 있었기 때문에 카카오톡도 가능했다.

한국에는 일명 엄친아(엄마친구 아들)라는 완벽한 존재가 있다. 전교 1등에 명문대학 입학, 의사인 사람들이다. 현실적으로는 퇴직 후 치킨집을 차리는 게 전부다. 스티브 잡스가 한국에서 태어났고, 한국에서 자랐다면 '엄친아'의 압박에서 벗어날 수 없었을 것이다.

스티브 잡스 같은 인재를 알아보고 기회를 주고, 성공한 사업가로 키워낼 수 있는 인프라가 구축돼야 한다. 벽을 부수고 다리를 놓고 불을 내는 용기 있는 인재가 필요하다. 밑바닥부터 시작하는 게 두렵지 않은 인재를 키워야 한다. 포도나무에 물을 잘 주면 와인이 맛없어 진다. 혹독한 기후에 있는 포도나무들이 맛있는 와인을 만든다. 와인의 교훈을 잊지 말고 좋은 와인을 만들 수 있는 인재를 키워야 한다.

 **이석우**

이석우 카카오 공동대표는 카카오톡, 애니팡 등 모바일 서비스를 개발 및 운영하는 (주)카카오의 대표직을 맡고 있다. 이 대표는 언론인으로 출발해 한국IBM 사내변호사를 거쳐 NHN 경영정책 담당 부사장, NHN 미국법인 대표이사 등을 역임했다. 이 대표는 서울대 동양사학과를 졸업하고 하와이주립대학원에서 사학과 석사 학위를 받았다. 이후 루이스앤드클라크대학원 로스쿨을 수료하고 미국 변호사로 활동했다. 사학과 법학, 정보기술(IT) 등 여러 분야에 능통한 융합형 지식인이라는 평가를 듣는다.

| 토론자 |
최성애(HD가족클리닉 소장), 김현진(레인디 사장), 김광수(포스텍 영재기업인교육원 원장)

▶ **최성애 소장:** 한국에선 대부분 두뇌 발달을 기반으로 하는 교육(brain based education)을 하고 있다. 교육의 초점이 두뇌 발달 쪽에 치우쳐 있는 것은 안타까운 일이다.

인간이 창의적인 일을 실행하는 능력은 두뇌보다 심장에서 비롯되는 게 더 크다. 심장과학 연구에 의하면 심장을 활용할 때의 창의력이 일반적인 두뇌를 활용한 창의력보다 5만 배 정도 뛰어나다고 한다. 10~20배 정도의 차이가 아니라 5만 배에 이르는 엄청난 차이를 만들어내는 것이다. 우리도 교육 분야에서 심장을 활용할 수 있는 능력을 길러줬으면 좋겠다.

놀랍게도 감사하는 마음(appreciation)이 깊을 때, 특히 다른 사람을 위해 자신의 능력을 나눠주려는 마음(caring heart)이 있을 때, 창의성이 더욱 발전한다는 연구가 있다. 일명 '엄친아'들의 부모님들도 그런 점을 염두에 두어야 한다.

▶ **김현진 사장:** 한국에서 어린 학생이 창의적인 인재로 성장하려면 누구의 노력이 가장 필요할까? 젊은 학생보단 부모들의 노력이 필요한 것 같다.

애플의 창업자인 스티브 잡스 같이 창의적인 인재로 아들을 키우고 싶다면 제일 먼저 자식에게 관심을 줄여야 한다. 스티브 잡스가 한국에서 태어났다면 부모님 성화에 못 이겨 삼성전자에 들어갔을 것이다. 벤처인들은 투자자를 설득하는 시간보다 부모님에게 허락받는 시간이 더 필요했다고 입을 모은다. 나도 부모님께 벤처회사를 차려야 하는 이유를 설명해야 하는 것이 기업설명회(IR)보다 더 힘들었다. 한 엔젤투자자에게 어떤 벤처회사에 투자하냐고 물었더니 부모님과 사이가 안 좋은 사장에게 투자한다고 하더라. 부모님과 등을 돌리는 아들이 현재 한국 벤처의 현 주소다.

마크 주커버그가 페이스북을 창업했을 때 과연 부모님을 설득하는 과정이 있었을까? 아마 부모님을 설득할 필요가 없었을 것이다. 에너지 낭비가 없었을 것이다. 이미 한국의 벤처환경은 많이 개선돼 있다. 이런 환경을 이해하고 부모들이 먼저 생각을 바꿔야 한다. 자기 자식이 스스로 행복하면 된다. 남하고 비교하는 태도를 바꿔야 한다.

▶ **보니 크레몬드:** 과도한 보살핌은 존재하지 않는다. 자녀를 많이 사랑하는 건 문제 아니다. 하지만 과도한 통제는 과도한 사랑과 차이가 있다. 어느 나라, 어느 도시에 사는 아이들이든 부모가 많은 사랑을 주는 것은 문제로 발전하지 않는다. 하지만 부모가 사랑을 빌미로 아이들의 일을 대신해서 해주려는 것이 진짜 문제다.

예를 들어, 스케이트장에 아이들을 데려다 준다고 가정해보자. 어떤 부모는 스케이트장에 아이를 데려다주고, 입장료를 내주고 사이즈에 맞는 스케이트를 빌려준다. 아이가 스케이트를 잘 신도록 도와주기까지 한다. 다른 부모는 돈만 내주고 아이가 스스로 가서 스케이트 빌리도록 한다. 아이가 스스로 배울 수 있는 기회를 줘야 한다. 부모가 아이들을 위해 너무 많은 것을 해주고 있다는 생각이 들었다. 아이들이 독립할 수 있도록 돕는 게 필요하다. 우리가 대신 삶을 살아 줄 수가 없다. 충분히 사랑을 주고 지원을 해주지만, 점진적으로 독립하도록 돕는 게 부모의 몫이다.

▶ **김현진 사장:** 부모들이 왜 자식들을 과도하게 돌보는지 이해하기 어렵다. 나는 올해 34세인데 15살 때부터 부모님께 100원도 안 받았다. 한국에서 이런 경우는 10명도 채 안 될 것이다. 한국에서 벤처하는 사람 중에 가장 특이한 케이스라고 생각한다.

미래의 후배들이 창의력과 실행력을 어른들에게 보여줘야 한다. 안정적인 공무원이나 대기업 회사원의 길을 선택하는 게 아니라 미국처럼 학교 그만두고 마크 주커버그처럼 살아가는 젊은 사람들이 없다.

세상이 기회를 줘야 한다. 영재들이 20대가 되고 30대가 됐을 때 다른 환경에 가서도 얼마만큼 훌륭한 인재가 되는지 보여줘야 한다.

▶ **보니 크레몬드:** 성공한 사람들은 자신의 일에 열정과 애정을 갖는다. 그런 사람들이 성공하는 것 같다. 교사의 입장에서 생각해보면 아이들을 의사, 변호사로 만드는 것이 아니라 스스로 어떤 사람들인지, 어디에 열정을 갖고 있는지 발견하도록 도와야한다. 스티브 잡스도 본인이 좋아하는 것을 하다가 성공한 것이다.

▶ **청중 1:** 부산과학고 2학년 차세대 영재기업인 1기 학생이다. 우리 학교도 하고 싶은 일을 하라고 하는 편이다. 과학고에서 경제공부하고 여행도 다녔다. 다른 학생들은 일반적인 강의를 듣고 있는데 내가 하고 싶은 일을 하다가 실패하면 누가 보장해주냐, 대학에 안가면 어떻게 되는 건가? 빌 게이츠도 명문대에 가서 퇴학을 했다. 한국에선 하고 싶은 것을 하면 명문대에 입학할 수 없다. 하고 싶은 것을 하면서 꿈을 실현하기엔 힘든 구조다. 어느 정도 교육을 받아야만 창업할 수 있는 것인가? 그런 교육이 진짜 궁금하다.

▶ **보니 크레몬드:** 창의력을 나누는 대학을 찾아야 한다. 창의력을 장려하는 대학이 세상엔 많다. 예를 들어, 공대 출신들도 예술과 관련된 창의교육을 받을 수 있는 적절한 대학이 있다. 창의력을 발휘할 수 있는 대학을 찾아야 한다.

▶ **김현진 사장:** 서울대를 자퇴하고 넥슨이라는 회사에서 뿌까 게임을 만들었다. 현재 나는 고졸이다. 한심하다고 생각한 적은 없다. 사람마다 성공하는 시기가 다르다. 어떤 사람은 39세, 어떤 사람은 50세에 성공한다. 결국 언젠가 성공한다는 마음이 중요하다. 얼마만큼 버티느냐가 중요하다. 자꾸 남들이 가는 길과 비교하니까 대학 간 친구들이 눈에 보이는 것이다. 마크 주커버그가 하버드대를 자퇴해서 성공한 게 아니다. 다른 사람과 달리 호흡을 크게 가지고 다른 길을 선택했기 때문

에 성공한 거다.

▶ **이우일 교수:** 얼마 전 잡지에서 봤는데, 미국의 성공한 창업자를 상대로 조사했더니 제일 많은 연령대가 40대였다. 그들이 40대에 창업했을까? 시작은 20대에 했을 것이다. 실패에 실패를 거듭하다 성공은 40대에 한 것이다. 한국은 수차례 실패를 해도 용인하는 사회적인 시스템을 갖췄는가? 부모들이 대학은 어디, 직장은 어디, 월급 얼마 등 요구조건을 갖고 있다. 그렇게 만드는 사회의 전반적 인식이 굉장히 큰 문제다. 김현진 사장의 말을 들으니 앞으로 우리 사회가 많이 바뀔 것이라는 희망을 갖게 된다.

▶ **청중 2:** 서울대 경제학과를 졸업하고 미국에서 경영대학원(MBA) 학위를 땄다. 현재 투자회사에서 일하고 있는 직장인이다. 연사들의 발표 내용이 매우 유익했다. 보니 크레몬드 소장의 말씀 중에 창의력은 떨어지는 게 아니라 단절돼서 못 찾는 것이라는 말이 인상 깊었다.

투자분야에서도 성공한 사람 중에 경제경영이 아니라 철학공부한 사람이 많다. 스티브 잡스도 철학을 공부했고 이석우 카카오 사장도 역사 공부를 했다. 워렌 버핏은 펠로우 필로소퍼라고 부른다. 이왕 대학을 마쳐야 한다면 처음부터 공학이나 경영학, 경제학 등을 배우는 것보다는 순수학문인 역사, 철학, 문학을 공부해 기초 인문학을 기반으로 자신의 길을 찾아나가는 게 좋지 않을까?

▶ **최성애 소장:** 공감한다. 학부는 영문학을 이수했다. 문학을 통해서 사람에 대해서 알고 싶었다. 그러다가 심리학을 공부하게 된 것이다. 어떤 학문을 하든지 3000년 가까이 누적된 기본적인 고전학은 모든 교육 안에 녹아있다. 대학에서 그런 기본적인 교육을 가르치는 것은 바람직하다.

▶ **이석우 대표:** 문학, 역사, 철학 등 일반적으로 말하는 '문사철'은 교양과목 취급을 받는다. 나는 고등학생 때부터 내가 왜 존재하고 어디에서 왔고, 어디로 가는지

등 근원적인 질문을 많이 해야 한다고 생각한다. 그래야 하나의 인격체로 완성이 될 수 있다.

▶ **보니 크레몬드:** 결국 학제적인 접근이 필요하다. 스티브 잡스는 기술뿐만 아니라 미학과 서체를 공부했다. 애플이 성공했던 이유는 바로 기술 자체보다 디자인 쪽 때문이다. 창의적으로 사고할 수 있다면 새로운 각도에서 뭔가 볼 수 있다면 그게 창의적인 것이다.

▶ **청중 3:** 대기업에 근무하는 직장인이다. 지금까지는 학생들의 창의성 교육을 중심으로 토론이 오갔다. 기업의 입장에서도 창의성이 점점 중요해지고 있다. 내부적으로도 창의성 교육이라는 미명하에 교육프로그램이 있다. 성인들의 창의성 관점에서 본다면 어떤 점에 포커스를 맞출 수 있을까?

▶ **김현진 사장:** 삼성전자 LG전자 등에서 창의성 강연을 종종 했다. 직장인들과 대화를 나누며 느낀 점은 자신보다 성공한 사람이 아니면 얘기를 듣지 않는다는 것이다. 얼마나 자신의 생각를 열고 창의적인 시각을 가질 수 있느냐가 중요하다. 아이들은 그런 점에서 어른들보다 이미 열려있다.

▶ **청중 4:** 차세대 영재기업인 과정을 듣는 학생이다. 자신에 대한 고민이 필요했다. 이런 고민을 할 수 있는 기회를 잡았다. 내가 어떤 사람이고 무엇을 하고 싶은지 발견했다. 대학 입시를 위해 10대를 바치는 사람들이 대부분이다. 교육정책이 자신에 대한 기회를 주지 않으면 부모나 스스로가 고민을 시작해야 한다. 학부모나 학생 자신이 결정해야 할 일은 무엇인가? 어떻게 해야 자신에 대한 고민을 시작할 수 있나?

▶ **이석우 대표:** 자기 자신과 사귄다고 생각하고 자신의 흥미가 무엇인지 궁금해 하는 게 시작이다. 어떤 음식을 좋아할까 생각하다보면 어떤 사람이고 뭘 하고 싶

다는 답들이 보일 것이다. 그것을 하나씩 알아간다면 이런 일을 잘 하겠다는 생각이 든다.

▶ **최성애 소장:** 미국과 한국에 반반씩 살아봤다. 서양은 나를 염두에 두고 살았다. 동양은 우리를 두고 사는데 우리 안에서 나를 잃어버린다. 서양에서는 나를 찾다가 관계를 잃어버린다. 내면의 세계를 아는 것도 굉장히 중요하지만 동시에 관계 속에서 자아를 빨리 찾을 수도 있다.

어떤 창의적인 것은 구체적인 문제 속에서, 구체적인 해결 속에서 나온다. 친구와의 관계, 나랑 나이가 같지만 지구반대편에서 그런 사람에게 어떤 도움을 줄 수 있을까? 혼자 방안에서 도를 닦는다고 10년을 있어봤자 자기 자신을 아는 데 도움이 안 된다. 다 잃어버린다. 관계 속에서 자기 정체성을 훨씬 잘 알아간다. 개인성도 중요하지만 팀워크도 중요하다. 특히 자기와 아주 다른 관심이라든지 경험과 배경을 가진 사람들과 접하는 게 자신을 찾는 가장 빠른 길이다.

04 과학기술 인재, 미래변화의 힘

아주 흥미로운 내용이 담긴 자료가 하나 있다. 2006년 세계 19개국의 과학기술 연구개발 예산을 담은 자료다. 미국이 1137억 달러로 독보적인 1위를 기록하고 있다. 반면 대한민국은 76억 달러로 7위에 불과했다. 물론 76억 달러라는 금액을 큰 규모로 볼 수 있지만 이 정도 예산을 쓰고도 한국의 과학기술 성과는 그리 대단하지 않다. 아직 우리나라는 의학 및 과학 분야에서 노벨상 수상자를 배출하지 못했다. 반면 이웃나라 일본은 우리나라의 4배가 넘는 325억 달러를 과학기술 분야에 쏟아 붓고 있다. 노벨 물리학상을 비롯해 화학상, 생리의학상 등 18명의 수상자를 배출했다. 이 같은 이유는 한국이 다른 나라보다 기초 과학기술 연구에 대한 중요성을 뒤늦게 파악했기 때문이다.

인재포럼은 갈수록 중요해지고 있는 기초과학 연구의 활성화를 위한 여러 가지 방안과 함께 기초과학 인재 양성을 위한 여러 전문가들의 제언을 듣는 자리를 마련했다.

　첫 번째 발표를 맡은 오세정 기초과학연구원장은 1982년 미국 스탠포드에서 물리학 박사 학위를 받은 뒤 현재 서울대학교에서 교수로 재직하고 있다. 오 원장이 이야기한 부분 중 대부분은 지식기반 사회에서 필요한 기초과학의 인재와 관련된 것이다. 그는 지식기반 사회에서 유능한 인재가 얼마나 중요한지를 설명했다. 또한 한국 정부가 당면하고 있는 과학 인재 양성을 위한 과제를 제시했다. 이와 함께 과학 분야 발전을 위해 기초과학연구원이 어떤 노력을 하고 있는지에 대해 설명했다. 실제로 한국 정부는 기초과학 분야에 많은 예산을 책정하고 운영하고 있다.

　두 번째 발표를 맡은 오에다 겐지 리켄 부소장은 일본 이화학연구소인 리켄의 현황과 세계적 연구 활동에 대해 설명했다. 그 속에서 일본 정부를 중심으로 많은 노력과 비용이 투입됐음을 확인할 수 있다. 무엇보다 연구원들에게 좋은 연구 환경을 만들어주기 위해 리켄이 벌이고 있는 다양한 노력에 대해서도 설명했다.

　김용민 포항공대 총장은 기초과학연구와 관련한 대학교육의 방향과 더불어 연어를 예로 들며 인재가 가져야 할 바람직한 마음가짐에 대해 이야기했다. 특히 우슬라프 데트라프 고려대 교수는 한국 기초과학 교육과 관련한 대학교육의 문제점에 대해 냉철하고 날카로운 비판을 제기했다. 한국의 과학교육 시스템 자체가 선진 해외 대학과 큰 차이를 보이고 있다는 점이 논의의 핵심이다. 세계적인 기초과학 분야 전문가들의 제안과 비판을 통해 우리 기초과학 인재 양성 방안이 어떤 방향으로 흘러가야 할지에 대해 알아본다.

정부의 기초과학 지원이 미래 과학의 큰 자산이다

오세정(기초과학연구원 원장)

21세기는 지식기반 사회로 빠르게 진입하고 있다. 지식기반사회에서 비즈니스의 경쟁력은 노동이나 자본과 같은 유형자산이 아닌 무형자산이다. 애플의 시가총액은 2000억 달러에 육박한다. 그런데 90%는 무형자산인 브랜드의 이름, 지적재산권에서 오는 것이다. 무형자산 안에서 지적재산(IP)이 차지하는 비중이 크게 증가했다. 이제 50% 정도에 육박한다. S&P 500에 들어가 있는 회사만 봐도 2005년에 무형자산은 전체 자산의 80%를 차지했다. 이와 함께 특허분쟁도 강화되고 있다. 특히 특허괴물이라 불리는 특허전문관리회사(NPE)들이 벌이는 소송도 대부분 무형자산과 연관돼 있다. 또한 모두들 알다시피 삼성과 애플이 10억 달러에 달하는 비용을 가지고 법정에서 치열하게 싸우고 있는 것도 특허와 관련된 것들이다. 앞으로도 이런 지적재산권을 둘러싼 분쟁은 점점 더 심화될 것이다.

그렇다면 가치 있는 지적재산은 어떻게 얻을 수 있을까? 바로 스마트한 인재를 통해 얻는다. 세상을 바꾼 놀라운 기술들은 이런 인재들의 기초 연구를 통해서 탄생한 것이다. 현재 많은 기업들은 높은 지능을 영입하기 위한 전쟁을 치르고 있다. 마이크로소프트는 "전쟁에서 이길 사람들은 최고의 사람들뿐"이라고 말했다. 그만큼 인재의 중요성을 강조한 것이다.

오세정 "가치 있는 지적재산은 어떻게 얻을 수 있을까? 바로 스마트한 인재를 통해 얻는다."

한국 연구소들은 국책연구소나 국립연구소와 손을 잡아 젊은 연구원들을 안정적인 환경에서 양성해야 한다. 기초과학연구원이 탄생하게 된 배경도 여기 있다. 실제로 노벨상 수상자들 중 48%는 30대일 때 연구를 시작해 10~20년 후에 상을 받았다. 한마디로 젊은 전문가들이 자금 지원도 받고 일하는 환경을 원활히 준비해 준 것이다. 젊은 사람들이 실패에도 다시 일어설 수 있는 환경이 기초과학연구에 필수적 요소다.

한국은 정부가 나서서 연구개발(R&D) 패러다임을 뒤쫓아 가는 캐치업(Catch-up) 전략에서 선두를 달려가는 퍼스트 무브(First move) 전략으로 전환하고 있다. 한국의 현재 상황은 별로 좋아 보이지 않는다. 정부나 민간에서 하는 R&D 투자를 보면 전 세계 7위지만 그 중 17~18%만이 기초연구에 들어가고 있다. 민간 부문 역시 R&D 지출 중 70% 이상을 응용과학기술에 투자한다. 민간 기업이 투자하지 않는 기초과학분야를 정부가 나서서 장기적으로 투자해줘야 한다. 정부의 R&D 예산 중 기초과학에 투자되는 예산은 4년 전만 해도 18%였다. 이제는 29%까지 올라갔지만 아직 30% 미만이다. 영국이나 미국은 50%를 기초과학에 투자한다. 정부가 안정적인 기초과학 연구에 조금 더 많은 투자를 위해 자본조달 시스템을 업그레이드 해줘야 한다. 벌크 펀딩이라든지 일시불로 자금조달을 해주는 것도 좋겠지만 아직은 국내에 이런 시스템이 갖춰지지 않았다. 때문에 정부가 나서서 기초연구에 투자하는 금액을 확대해야 한다.

오세정

스탠포드대 대학원에서 물리학 박사 학위를 받았다. 기초과학연구원 원장, 제2대 한국연구재단 이사장을 지냈다. 현재 포스코 청암재단 과학상 심사위원장, 교육과학기술부 기초기술연구회 이사로 있다.

| 강연 | ❷

리켄은 이렇게 인력자원을 양성했다

오에다 겐지(리켄 연구소 상임이사)

이화학연구소 리켄(RIKEN)은 일본 과학기술 연구의 핵심 기관이자 일본 과학 인재 양성을 위한 요람이다. 화학, 생물학, 물리학, 공학 등 기초과학부터 응용과학까지 모든 분야를 연구하고 있다. 리켄은 20세기에 들어서면서 빠른 속도로 성장했다. 설립 20년 뒤인 1939년, 리켄은 하나의 과학 산업그룹을 형성해 일본의 산업발전을 주도했다. 당시 63개의 유관기업과 121개 공장을 보유했었다. 하지만 2차대전 이후 리켄은 연구소로 재설립됐다. 나고야와 센다이에 연구공장을 보유한 리켄은 현재 3200여 명의 연구원들이 일하고 있다.

오에다 겐지 "리켄의 힘은 젊은 연구원 양성에서 만들어진다."

지속적인 성과를 내기 위해 도쿄에 3개 캠퍼스를 마련했고 요코하마에 6개의 생물학 연구소도 운영 중이다.

리켄은 사실 정부에 의해 움직이는 기관이다. 전체 예산 중 58%를 일본 정부로부터 제공받고 있다. 리켄은 '새로운 연구 분야를 개척한다'라는 사명을 가지고 최고의 과학 연구 인프라를 구축했다. 여기에 그치지 않고 연구 결과를 사회에 환원한다. 고성능 슈퍼컴퓨터와 각종 분자가속기를 보유한 리켄은 기존 산업과의 연계도 놓치지 않고 있다. 이를 바탕으로 리켄은 기술이전에 큰 강점을 갖게 됐다. 리켄은 연구를 통해 학문적 가치를 창출하고 그 새로운 기술은 곧바로 산업과 기업에게 이전되고 있는 것이다.

리켄은 독특한 인력자원 양성화 방안을 가지고 있다. 리켄은 연구자들을 위한 커리어 경로를 다양화해주고 있다. 연구자들은 연구원 말고도 다른 영역으로 진출할 수 있다. 오히려 리켄은 경력의 영역을 넓힐 것을 권장하고 있다. 이 때문에 연구원들은 자율적이고 독립적으로 움직인다. 이런 가운데 리켄은 연구 윤리와 준법에 대한 원칙을 확고하게 규정하고 있다. 몇 년 전 리켄은 한 연구자가 공공자금을 유용했던 문제가 불거진 적이 있다. 이후 리켄은 윤리교육 프로그램을 통해 연구와 관련한 부정행위를 막고 있다. 특히 핵심 책임연구원 (PI)에 대한 윤리 프로그램을 새롭게 시작했다. 이는 연구에 있어서 연구원의 성실성과 도덕성을 유지하는 능력을 강화해준다. 그 외에도 주요 책을 핵심 관리자에게 전파하고 이 러닝(e-learning)도 실시하고 있다.

리켄의 힘은 젊은 연구원 양성에서 만들어진다. 리켄은 대학기관이 아니다. 기업과 연계된 연구원을 키워내고 있다. 젊은 사람들이 하루 종일 연구실에 있기 힘들다는 점을 착안해 서머스쿨도 운영한다. 리켄 연구원의 80%는 외국인이다. 때문에 서머스쿨을 통해 이질감을 가졌던 연구원들이 서로의 장벽을 알고 제거하기 위해 의사소통을 한다. 젊은 외국인 연구원이 보기 편한 웹을 만들기도 했다. 이 밖에도 대학 캠퍼스에 하루씩 오픈데이를 개최하는 등 대외 홍보활동도 벌이고 있다. 연구성과를 사회에 환원하는 것만큼 과학이 얼마나 중요하고 흥미로운지 일반 대중에게 알리는 것 역시 중요하다. 젊은 연구원들이 항상 독립적이고 자율적으로 움직일 수 있도록 리켄은 적극적으로 돕고 있다.

 **오에다 겐지**

일본 이화학연구소 국제담당 상임이사. 이화학연구소는 과학기술 관련 및 대중 확산을 목적으로 설립된 일본의 문무과학성 산하 과학기술 연구소이다.

젊은 인재들이여, 연어처럼 용감하게 뛰어들어라

김용민(포스텍 총장)

많은 대학의 역할 중 연구대학의 사명은 무엇일까? 첫 번째 사명은 미래의 글로벌 리더를 양성해야한다는 점이다. 두 번째 사명은 앞서가는 연구를 통해 우리 연구 내용을 업계에 전달하는 것이다. 세 번째는 궁극적으로 국가와 인류에 기여하는 것이다. 한국이 앞으로 과학 선진국이 되고 기초과학에서 우위를 점하기 위해서는 이러한 사명을 기억해야 한다.

때문에 연구와 교육 사이에는 적절한 균형이 필요하다. 포스텍 총장으로서 한국에 와 일을 하며 배운 것은 한국은 학제적인 연구를 하기에 어려운 환경이라는 것이다. 학제적인 연구를 이야기할 때 협업을 많이 언급하지만 한국 대학에선 협업이 이뤄지고 있지 않다. 개방적인 협업을 통한 연구에 걸림돌이 많기 때문이다. 아직도 연구소 안에서만 일 하려는 문화가 팽배해 있다.

학제적인 과학교육과 연구 사이에서 포스텍은 어떻게 움직여야 할까? 우리는 대학 과학교육의 목적인 글로벌 과학 리더를 양성하는 데 초점을 맞춰야 한다는 결론을 도출했다. 20년 뒤를 이끌어 갈 글로벌 리더는 아는 것도 중요하지만 그만큼 인격도 훌륭해야 하고 정직한 사람이 돼야 한다. 이를 위해 교수진도 생각을 바꿔야 된다. 그냥 강의실에서 강의하는 사람이 아니라 잠재적 글로벌 리더들의 멘토, 조언가, 감독, 조력자 역할도 함께 해야 한다. 무엇보다 창의성을 더욱 강조하고 위험을 감수하는 일도 해야 한다. 소통 능력과 국제적인 감각도 글로벌 리더에게 필요한 덕목이다. 21세기에는 큰 문제를 해결하는 데 있어서 한 분야 지식으로만 해결할 수 없다. 교육에 대한 투자는 다양하고 장기적인 투자가 돼야 한다. 그 투자의 효과가 당장 나타나는 것이 아니라 20~30년 후에 나타나기 때문이다.

김용민 "위험을 감수하고 어려운 길을 걸어가는 리더만이 결국 새로운 지평을 열 수 있다."

그렇다면 어떻게 해야 혁신을 바탕으로 한 과학 선구자(리더)가 될 수 있을까? 연어가 되어야 한다. 연어는 물의 흐름에 역행해 앞으로 나아간다. 굉장히 위험하고 힘든 행동이다. 다른 물고기들은 물의 흐름을 따라 가지만 연어는 반대로 행동한다. 연어는 물과 부딪히면 이를 넘어서려고 한다. 연어처럼 자신에게 닥친 위험을 감수하는 자세가 필요하다. 리더로서 실패할까봐 무서워하거나 두려워하면 안 된다. 위험을 감수하고 어려운 길을 걸어가는 리더만이 결국 새로운 지평을 열 수 있다. 젊은 리더는 '내 무대는 세계다' 라는 생각을 바탕으로 열정을 다해 현실과 맞닥뜨려야 한다. 리더라면 연어처럼 현 상황이 다른 사람과 조금 달라도 용감하고 다르게 살아야 한다는 것이다.

또한 리더는 후회하지 않고 실패를 받아들일 줄 알아야 한다. 요즘 젊은 사람들을 보면 실패에 크게 좌절한다. 실패를 지나간 과거로 여기고 과거로부터 항상 배우겠다는 자세가 필요하다. 역사로부터, 책으로부터, 영화로부터 배울 필요가 있다. 후회는 리더에게 필요 없는 덕목이다. 10년 혹은 20년 뒤에 글로벌 리더가 되고 30년 후에 노벨상을 수상할 만한 리더를 양성하기 위해 후회를 타산지석으로 삼고 장기적인 교육투자를 해야 한다. 새로운 정보기술(IT)과 의료 신기술은 장기적이고 꾸준한 기초과학의 토대 속에서 나온 것이다. 오늘 기초 과학에 투자한다면 결실은 오늘이 아니라 10년, 20년 뒤에 나타난다. 기초과학에 대한 투자를 한 뒤 결과물이 좋지 않다고 후회해선 안 된다. 인내심을 가지고 기다릴 줄 알아야 한다. 창의력을 발휘한다면 우리가 당면한 과제를 우리가 기술로 풀 수 있는 날도 머지않아 올 것이다.

젊은 연구인들에게 필요한 것은 혁신이다

이희국(LG 기술협의회 의장)

앞선 발표들의 요지는 '교육이 최고의 복지다'라는 기본 맥락에 모두 수렴하고 있다. 그 점은 산업계에 속한 사람의 관점에서 봤을 때도 동의하는 부분이다. 연구소든 산업계든 좋은 교육이 바탕이 되어야 성공할 수 있다. 좋은 교육은 무엇인가? 이 질문에 대한 답으로 많은 이들은 '학생의 성공을 보장하는 교육이 진짜 좋은 교육이다'라는 아주 기본적인 명제에 동의하고 있다. 이런 점에서 기업의 활발한 인재 선택과 일자리 제공은 매우 중요하다. 좋은 일자리는 많은 이들에게 최고의 성공으로 여겨지기 때문이다. 기업의 활발한 인재 찾기는 대학 졸업생이나 연구자들에게 기업이 새 인재를 채용할 때 무엇을 요구하는지도 분명히 가르쳐준다. 이런 요구가 활발해지면서 국가는 과학자 엔지니어들을 양성하기 위한 기관들을 더 많이 키우고 있다.

이희국 "훌륭한 과학자와 과학기술만큼 훌륭한 혁신도 필요하다."

문제는 좋은 대학과 연구소를 많이 갖고 있다는 게 최고의 산업 인재를 보장해 줄 수 있냐는 점이다. 과연 한국 최고의 기업을 만들어내기 위해 단순히 연구 인력만 공급하는 수준으로 충분할까? 지난 10년을 이끌어온 기업들 중 하루아침에 실패로 돌아서 수만 개의 일자리를 없애는 곳이 무수히 많다. 그 속에서 과학자와 엔지니어들은 사라졌을까? 아니다. 계속 일한다. 훌륭한 엔지니어와 과학자를 가졌던 기업들이 갑자기 쇠락한 이유는 단순히 과학자들의 수가 아니라 이들이 혁신 능력을 잃었기 때문이다.

혁신은 모두가 다 아는 개념이지만 그 뜻을 분명히 이해하는 사람은 많지 않다. 혁신은 상품과 서비스를 통해 유익하고 실용적인 가치를 창출하는 과정이다. 고객은 이런 과정을 통해 만들어진 상품과 서비스를 최종 선택한다. 혁신의 핵심 개념은 바로 '가치창출' 이다. 이런 통찰력이 현실 속에서 이뤄지도록 많은 지원이 수반돼야 한다. 앞서 김용민 총장이 열정과 팀워크, 참여와 땀을 강조했던 것도 그것들이 혁신에 필요한 것이기 때문이다. 이러한 것들은 전부 단순히 개념에 불과한 것들을 제품과 서비스라는 실체로 바꾸는 데 요구되는 요소들이다.

훌륭한 과학자와 과학기술만큼 훌륭한 혁신도 필요하다. 이런 주요 컨셉의 상당부분은 상식에서 비롯된다. 우리가 어떤 입장과 위치에 서있든 시장에서 다양한 당면과제를 맞이하게 될 것이다. 이런 도전을 극복하기 위해 무엇을 해야 할지 스스로에게 물어봐야 한다. 혁신은 시장에서 오랫동안 살아남고 번창하기 위해 반드시 필요한 과정이다. 지금 이 순간에도 많은 기업들이 다음엔 무엇을 만들어야 할지에 대해 끊임없이 고민하고 있다. 대학에 있는 학생들과 연구원들역시 이런 혁신이란 개념에 대해 항상 고민하고 대비해야 한다. 그래야 사회에 나와 진정한 성공을 맛볼 수 있을 것이다.

| 토론 | ❸

대학교육, 의사소통과 신뢰가 필수다

우르슬라 데트라프(고려대 교수)

한국 대학이 국제적인 과학 인재를 키워내기 위해 필요한 요소가 몇가지 있다. 커뮤니케이션(의사소통), 협업, 신뢰다. 지난 여러 해 동안한국에서 젊은 학생들과 과학자들을 지켜보며 이들이 대학교육의 기본인 토론교육이 잘 돼있지 않다는 것을 알게 됐다. 왜일까? 이들이 모두 의사소통에 겁을 내고 있기 때문이다. 기본적으로 한국 학생들의 영어 능력은 부족한 편이다. 영어는 과학 언어이기 때문에 과학교육에서 중요한 역할을 한다.

우르슬라 데트라프 "양질의 학생을 양성하기 위해서는 교육방식을 양에서 질로 옮겨야 한다."

문제는 비단 영어실력에만 국한돼 있지 않다. 학생들은 파란 눈의 교수에게 겁을 내며 질문하지 않는다. 일부 학생은 "바보 같은 질문일 거 같아서"라고 변명한다. 교육에 있어 바보 같은 질문은 있을 수 없다. 바보 같은 답변만 있을 뿐이다. 학생은 모르기 때문에 질문하는 것이다. 오히려 교수가 정확한 지식을 바탕으로 제대로 된 답변을 해줘야 한다. 한국 대학만이 가지고 있는 본질적인 문제다. 이와 달리 다른 아시아계 학생들, 특히 중국 학생들은 적극적으로 수업에 참여하고 다양한 질문을 던진다.

이런 의사소통에 대한 두려움은 어쩌면 굳어진 한국 문화 때문일지도 모른다. '예의범절'을 중시하는 한국 문화 속에서 교수는 학생들에게 존경과 경외의 대상이다. 한국 학생들은 절대로 대학교수들을 비판하지 않는다. 서양에 있는 대학교수는 대학 안에서 학생들과 함께해야 할 파트너로 인식된다. 언제나 상호 논쟁과 비판이 공존한다.

교수는 왕이나 여왕이 아니다. 학생들은 '교수가 우리와 같은 위치에 있는 사람'이라는 생각을 해야 한다. 한국에선 교수와 학생 사이 거리가 매우 크다. 해외 다른 대학기관이나 연구소를 거쳐 오며 그 차이를 더욱 실감했다.

협력이 부족하다는 점도 한국대학의 과학교육이 가진 문제다. 학생들은 실험이나 공부에 있어서 팀워크(협력)를 할 줄 모른다. 심지어 학생들끼리 이야기도 하지 않는다. 때문에 정보교류도 없다. 오로지 경쟁만 한다. 모든 학생들은 다른 학생을 자신의 경쟁상대로 여길 뿐이다. 이는 교수법, 강의법의 효율성을 떨어뜨린다. 시험을 볼 때 학생들은 문장별로 공식을 다 외워버린다. 문단 전체를 통째로 외우는 학생도 있다. 오직 시험만을 위해서다. 인생을 더 잘 살아가기 위해 공부하는 것이 아니라 그때그때 좋은 점수를 받기 위해서 하고 있다. 양질의 학생을 양성하기 위해서는 교육방식을 양에서 질로 옮겨야 한다. 한국의 경쟁구조는 과학교육에 있어 큰 도움이 안 된다. '빨리 가고 싶으면 혼자가라. 하지만 성공하고 싶으면, 같이 가라'는 말이 있다. 한국 학생들이 이걸 반드시 알아야 한다.

경쟁은 비단 학생들만의 문제는 아니다. 교수들 간 경쟁 심리도 심각하다. 한국 교수들과 컨소시엄을 구성해 일을 자주 했지만 교수들 역시 협력을 안 한다. 예를 들어 독일에서는 두 명의 서양 교수들이 커피 한 잔을 마신 뒤 항상 연구에 대한 이야기를 하지만 한국에선 교수들끼리 연구기밀이라며 연구에 대한 이야기는 절대 주고받지 않는다. 또 한국 교수들은 국제적인 연구 프로젝트를 잘 안하려고 한다. 이는 국제적인 실무 네트워크를 만드는 데 마이너스가 된다. 과거 한국 교수들과 협력해 해외에 있는 연구소와 같이 좀 더 생산적인 연구결과를 도출하려고 노력했지만 실패했다. 교육이 어떤 단계에 있건 이 같은 불통과 경쟁이 자리 잡고 있으면 결과적으로 연구 성과에 어려움을 줄 수밖에 없다.

과학자들에게 부여되는 과도한 행정업무도 문제로 지적된다. 대학 내 행정 부처는 한국의 과학자들을 자주 통제한다. 독일의 막스플랑크 연구소는 한국 대학처럼 관료적인 조직이 아니다. 오직 연구만 한다. 반면 한국에서는 교수들의 행정 업무량이 매우 많다. 많은 시간을 행정업무에 써야하기 때문에 기초과학연구를 제대로 진행하기 힘든 상태다. 제대로 된 연구 없이 수업에 임하다보니 수업을 듣는 학생들이 교수에 대해 신뢰할 수 없게 되는 것이다.

창의성을 해치는 지나친 강압적 교육문화도 창의적 과학인재 배출의 걸림돌이다. 최근 많은 공과대학에서는 기업에서 교수들을 데려온다. 이들 중 일부 교수들은 군대식으로 엄격하게 학생들을 대한다. 이들이 민간 기업에서 왔기 때문에 기술에 대한 경험은 많지만 지식을 전달하는 방법에 있어서는 서툴기 때문이다. 교수의 강압적인 태도가 학생을 주눅 들게 만들어 버린다. 앞서 이야기한 교수와 학생 간 소통의 부재 역시 여기서 나타난다고 볼 수 있다. 그 속에서 새로운 과학적 아이디어는 절대로 만들어지지 않는다. 우리는 새로운 아이디어를 강압적인 상황에서 절대로 만들 수 없다. 상호 신뢰를 바탕으로 양질의 교육을 주고받는 것을 대학 구성원들이 목표로 했으면 한다.

| 제3부 |

대학과 기업의
인재 교류

01 지식 창조의 허브, 대학이 기업과 국가를 바꾼다

21세기의 대학교육은 어떻게 변해야할까? 페리둔 함둘라푸르 워털루대 총장과 이효수 영남대 총장, 정상철 충남대 총장은 빠르게 변하는 세상에 적응할 수 있는 인재를 키우는 것이 대학교육의 목표가 돼야한다고 입을 모았다.

세상이 변할수록 대학의 중요성은 커진다는 데도 공감했다. 기후변화, 고령화 등 사회 전반적 문제에 대한 해결책을 찾을 수 있는 곳은 대학뿐이기 때문이다. 함둘라푸르 총장은 "변화하지 않는 기업과 국가는 새로운 시대에 적응하지 못하고 몰락한 코닥과 같이 될 것"이라며 대학에도 새로운 교육 방식을 제안했다.

함둘라푸르 총장은 사회에 필요한 인재를 키우기 위한 조건으로 체험학습, 새로운 지식 창출을 위한 교육 프로그램을 도입해야 한다고 주장했다. 그는 "워털루대의 학생들은 한 학기는 학교에서 수업을 들고 4~8개월은 현장에서 일하면서 현장과 교실을 오가는 양방향 학습을 한다”며 “공과대 졸업생들의 취업률이 99.8%에 달할 정도로 성공적인 프로그램”이라고 설명했다.

워털루대는 학교 내에서 이뤄진 연구를 통해 얻은 결과라도 개인에게 지식재산권을 준다. 우수한 인재들은 연구 성과를 가질 수 있는 워털루대로 모여든다. 동시에 대학 내에서 활발한 연구를 하는 유인책이 된다.

학생들의 창업을 돕기 위해 캠퍼스 내에 ‘벨로시티’라는 창업인큐베이터도 만들었다. 학생들은 학교에서 제공하는 사무실과 거주시설에서 함께 일하고 생활하며 다양한 분야의 창업을 시도한다. 함둘라푸르 총장은 “학생들이 발전할 수 있는 다양한 기회를 제공하고 있다”며 “이것이 그들이 사회에 나가자마자 성공적인 사회인이 될 수 있게 한다”고 말했다.

이효수 총장은 토론을 통해 “대학의 경쟁력이 실질적으로 국가의 경쟁력을 결정하는 시대에 진입했다”며 “한국 대학들은 대부분 연구와 인재육성에서 산업사회의 패러다임에 갇혀 있어 하루 빨리 지식사회로 이동해야 한다”고 강조했다. 이 총장은 “패러다임 변화에 따르지 않으면 국가 경쟁력이 떨어질 것”이라고 덧붙였다.

이 총장은 “산업사회에서의 교육은 이전의 지식을 복사하듯 외우는 X(Xerox · 제록스)형 인재를 높이 평가했지만 지식사회에서는 새로운 지식을 생산하는 Y(Yield · 생산)형 인재가 필요하다”며 “이런 인재를 바탕으로 대학이 새로운 산업을 만들고 일자리도 창출해야 한다”고 말했다.

두 번째 토론자로 나선 정상철 총장은 "지속가능한 인재를 육성하기 위해 사회적 수요에 대응하는 대학 교육을 해야 한다"며 "업무에 필요한 실무적 소양뿐 아니라 인간적 소양을 함께 키워야 한다"고 했다.

그는 "지역대학 육성이 균형발전을 위한 계층적, 지역적, 경제적 불균형 해소에 도움이 될 것"이라며 "지역 인재를 지역이 품을 수 있도록 지역 기업과 산업, 대학, 연구소 등 다양한 주체들이 협력해야 한다"고 강조했다.

| 강연 |

교육과 현장경험을 접목하라

페리둔 함둘라푸르(워털루대 총장)

대학은 지식의 요람으로 지식을 만드는 곳이란 생각이 지배적이었다. 이런 생각에 변화가 시작된 것은 냉전시대부터였다. 대학은 사회에 순수한 지식뿐 아니라 사회에 도움이 되는 기술을 창출하는 곳이라는 생각이 나타나기 시작한 것이다. 미국은 군축을 통해 힘을 발휘하려 했는데 군축에 대한 기술과 지식 역시 대학에서 탄생했다.

최근 이 생각에도 변화가 나타나고 있다. 가장 큰 이유는 지식이 보편화되고 있어서다. 지식을 만드는 것이 소수의 사람, 지역, 나라만 소유하는 것이 아니라 모든 사람들이 접근할 수 있게 보편화됐다.

페리둔 함둘라푸르 "체험 학습과 새로운 지식을 생산하는 창의적 환경을 생각했다."

15~20년 전만해도 북미와 유럽 외에는 새로운 지식을 창출하는 것이 어려웠지만 지금은 중국을 비롯한 신흥국가들이 연구개발 능력을 갖추고 있다. 이런 변화는 교육뿐 아니라 장기간병제도, 의료시스템, 금융시스템, 농수산식품 산업 등 사회 전반에 큰 영향을 미칠 것이다.

교육은 앞으로 더 많은 사람들에게 영향을 미칠 것이다. 현재 전 세계 대학생은 1억 명 정도지만 2013년 말이면 2배로 늘어날 것이고 선진국보다는 개발도상국에서 더 빠르게 늘어날 것이기 때문이다. 정보에 대한 접근성이 향상되고 대학교육이 대중화되는 것은 막을 수 없다. 다만 공급보다 수요가 늘어나는 상황에서 고등교육을 단순히 대중화할지 고민해야 한다. 미래리더를 양성하기 위해 전문성을 가지면서 광범한 시각을 가지고 문제해결을 할 수 있는 방법도 함께 생각해야 하기 때문이다.

비용은 적게 들이면서 교육의 경쟁력을 찾을 수 있는 방안도 고민
해야 한다. 예를 들어 온라인 교육은 컴퓨터 앞에서 많은 학생들을
교육시킬 수 있어 교수채용 비용을 절감할 수 있다. 스탠포드대 총장
이 워털루대에 방문해 온라인 커뮤니케이션에 대한 강연을 부탁하고
정치인들도 온라인 교육에 자금 지원을 하겠다고 하는 등 관심이 커
지고 있다.

교육이 중요한 것은 대학이 사회 문제를 해결하는 주요 행위자여
서다. 대학만이 고령화에 따른 문제, 금융제도 문제, 수자원 문제 등
당면한 많은 사회문제들을 해결할 수 있는 방안을 마련할 수 있다.

교육과 함께 과학기술에 투자하는 것도 중요하다. 혁신과 쇄신을
하지 못하는 기업들은 사라질 수밖에 없다. 그만큼 연구개발 지출을
늘리는 것이 중요하다. 최근 연구개발 비용을 지출 기준으로 살펴보
면 중국과 인도가 가장 많은 비용을 쓴다. 효과도 뚜렷하게 나타난
다. 바이오 기술에 있어 10년 전만 해도 중국에서 과학적인 논문이
나오지 않았지만 지금은 영국, 미국보다 더 많은 논문을 내고 있다.

워털루대가 설립된 이유는 대학 근처에 있던 제조업체들이 유능
한 엔지니어를 필요로 했기 때문이다. 다른 곳에서 엔지니어를 데려
오는 것이 아니라 필요한 엔지니어를 직접 키우기 위해 지역사회의
리더들이 학교를 만든 것이다. 이 때문에 학교를 만들면서 체험 학습
과 새로운 지식을 생산하는 창의적 환경을 중요하게 생각했다.

워털루대의 코업프로그램(Co-operative Education program)도 이런
중요성에서 비롯됐다. 코업프로그램은 일반적인 인턴십 프로그램이
아니다. 교육과 현장경험을 접목하는 것이다. 학생은 학교에서 한 학

기를 공부하고 4~8개월은 현장에서 일한다. 현장에서 교실에서 배운 것을 실습하고 현장에서 배운 것을 다시 학교로 가져와 공부한다. 이렇게 하면 1년 더 학교를 다녀야 하지만 현장실습 경험으로 2년의 경력을 얻은 것과 같아 학생들도 선호한다. 공과대의 경우 취업률이 99.8%에 달할 정도로 대학 졸업 후 일자리를 찾기도 쉽다.

워털루대의 지식재산권 정책도 다른 대학, 연구소 등과는 다르다. 학교 내 연구를 통해 나온 결과라도 개인에게 권리를 준다. 우수한 교수진들은 이 정책 때문에 워털루대로 오는 것을 선호한다. 궁극적으로는 대학에도 도움이 된다. 최근 지어진 양자 컴퓨팅 나노기술 센터는 한 학생이 사업가로 변신한 후 기부한 1억6000만 달러로 완성된 것이다.

캠퍼스에 '엑셀러레이터'라는 센터를 둬 학생들이 연구할 수 있는 공간도 마련했다. 이곳은 대학원생들이나 교수들이 아닌 학부생들을 위한 공간이다. 멘토링 등 여러 지원책이 제공된다. 여기서 학생이 설립한 벤처회사만 34개다. 이 회사들은 학생 한두 명이 모인 곳이 아니라 10명 이상의 종업원을 가진 회사다. 마이크로소프트사가 워털루대 학생들을 선호하고 많이 채용하는 것도 자랑스럽지만 이보다는 자기 자신만의 벤처회사를 만드는 것이 더 뿌듯하다.

워털루의 지역 생태계 안의 인구는 55만3000명밖에 안 되지만 기술 산업에서 300억 달러 이상의 연매출을 창출하고 1000개가 넘는 기술전문회사가 있다. 또 400개 이상의 벤처회사와 3억 달러의 민간 투자가 운영되고 있다. 기술자문회사에서 일하는 사람이 3만 명이 넘고 올해 1000여 명을 더 채용할 계획이다.

대학이 전략을 잘 세우고 주변 환경을 직시하면 학생들의 경쟁력
은 올라가고 어디든 채용될 수 있다는 걸 알 수 있다.

 **페리둔 함둘라푸르**

터키 출신인 페리둔 함둘라푸르 총장은 기계항공공학과 2차전지 등 대체에너지 분야
의 세계적 석학이다. 1954년 터키 이스탄불에서 출생해 1976년 이스탄불공과대 기계
공학 학사학위를 취득했다. 1985년 노바스코샤공과대학에서 화학공학 박사학위를 받
았으며 1997년에서 2009년까지 캐나다 칼튼대에서 기계항공공학과 교수로 재직했다.
2009년부터 지금까지 캐나다 워털루대 기계공학과 교수로 일하고 있고 2010년 워털
루대 총장으로 취임했다. 주요 저서로는 《지구온난화, 녹색에너지와 기술》(2009), 《미
니 마이크로 연료전지》(2008) 등이 있다.

 **| 토론 | ❶**

X형 인재에서 Y형 인재로 바뀌어야 한다

이효수(영남대 총장)

인류 역사에 있어서 대학이 오늘날만큼 중요한 시기는 없었다. 대학
의 경쟁력이 국가의 경쟁력을 결정하는 시대에 진입했다. 산업사회
에서 지식사회에서 빠르게 이행하고 있는 세상에 발맞춰 대한민국도
변해야 한다. 국내 시장 위주로 모든 전략을 수립하는 것도 이제는
통하지 않는다. 작은 슈퍼마켓이라도 그렇게 해서는 성공할 수 없다.
이것이 20세기와 21세기를 구분짓는 가장 큰 특징이다.

대부분의 한국 대학들은 여전히 산업사회의 패러다임에 갇혀 있

다. 연구와 인재 육성 모두 그렇다. 산업경제에서 지식경제로 이동해야 한다는 것은 사실 언어적 유희일 수 있다. 지식이 중요하지 않았던 때는 없었기 때문이다. 그러나 실제로 농업시대에는 지식이 부가가치를 창출하는 데 기여하는 바가 크지 않았다.

최근 스마트폰 시장을 보면 새로운 모델이 계속 나오는 것을 볼 수 있다. 지식의 수명이 엄청나게 짧아졌다는 것을 의미한다. 종업원을 새로 고용하거나 공장을 짓지 않아도 수천억 원의 시장이 창출되는 것이다. 이런 상황에서 한국이 산업사회 패러다임에서 지식사회 패러다임으로 옮겨가지 않으면 국가 경쟁력을 잃을 수밖에 없다.

그럼 가치를 창출할 수 있고 살아있는 지식을 어떻게 만들 수 있을까? 이를 위해서는 실용적, 경험적, 이론적 지식을 결합시켜야 한다.

먼저, 오늘날 대학은 지식의 생산자인가 전달자인가 하는 것을 고민해야 한다. 한국은 후발산업국가로서 선진국의 지식과 기술을 도입해 발전해왔기 때문에 대학의 중요한 기능도 선진국의 지식을 전달하는 것이었다.

과거의 경험을 그대로 유지한 채 교수가 알고 있는 지식과 생각을 수강생 전원에게 '복사' 하듯 주입하는 것은 문제다. 교수가 말하면 학생들이 받아써서 그대로 외워 시험을 보는 식의 지식은 부가가치를 창출할 수 없고 결국 아무런 가치도 없다. 학생들은 스스로 부가가치를 창출할 수 있는 지식을 습득해야 한다.

영남대는 과거 제록스 복사기같이 지식을 복사하는 X(Xerox · 제록스)형 인재에서 스스로 지식을 생산하는 Y(Yield · 생산)형 인재로 인재 육성 패러다임을 바꾸려고 했다. 이를 위한 첫 출발은 문제를 잡는 것이다. 기존엔 답을 잘 구하는 학생들이 칭찬 받았지만 이제는 스스로 '왜' 라는 질문으로 문제를 찾아야 한다. 문제를 잘 잡은 후에 푸는 능력을 배양시키는 것이 두 번째다. 이를 위해 지식과 정보를 수집, 분석, 가공할 줄 아는 능력을 기르도록 학교가 도와줘야 한다.

정부가 지역 권역별로 대학과 산업 간의 연구개발 체제를 만들어 주는 것도 중요하다. 이를 통해 학부 학생도 창업을 할 수 있게 도와야 한다. 대학이 산업을 만들고 일자리를 창출해야 하는 것이다. 대학이 새로운 지식 산업을 만드는 것이 바로 지식경제의 가장 중요한 인프라다.

이를 쉽게 진행하기 위해 온라인과 오프라인이 결합된 학습법도 유행할 것이다. 온라인에서 교수의 강의를 바탕으로 오프라인에서 토론하고 발표하는 기법이 확산될 것이다.

학생들이 실용적 지식과 경험적 지식을 갖고 학교에 다시 들어와서 어떤 이론적 배경이 있는지 파악할 수 있어야 한다. 이와 반대로 학교의 이론을 바탕으로 실용적 경험을 쌓는 것도 가능해야 한다. 지식의 수명은 짧기 때문에 실무를 배워간 학생이 사회로 나가면 이미 그 지식은 가치가 떨어져 있다. 새로운 지식을 선도하는 게 가장 좋지만 새로운 지식을 빨리 습득하고 자기 것으로 소화할 수 있는 적응력을 높이는 것도 중요하다. 그래야 실무적, 경험적, 이론적 지식이 결합할 수 있다.

미래 인재에 대한 교육에 있어 키워드는 지속가능성이라고 생각한다. 이때의 지속가능성은 두 가지 의미를 갖는다. 여러 분야에서 지속가능성을 지지할 수 있는 인재를 만들어야 하고, 인재양성 그 자체도 지속가능해야 한다는 뜻이다. 지속가능한 인재를 육성하기 위해서는 사회적 수요에 대응하는 대학 교육을 해야 한다. 기업 외 다양한 조직, 사회, 국가에서 요구하는 두 가지 소양인 실무적 소양과 인간적 소양을 같이 키워내야 한다. 이를 위해서는 융복합 지식을 가르쳐야 한다. 여기엔 인문학, 사회과학을 포함한 기초학문 발전이 필요하다. 두 번째로 민주시민으로서의 소양을 배양해야 한다. 민주적 시민의 소양이 부족해 사회적으로 많은 비용이 발생하고 있기 때문이다.

지역대학에 대한 중요성도 강조하고 싶다. 균형발전을 위해서는 계층적, 지역적, 경제적 불균형이 해소돼야 한다. 지역 균형 발전을 위해서는 하드웨어로부터 인재 중심의 소프트웨어를 강조하는 것으로 옮겨가야 한다. 인재가 많이 나오는 땅이 따로 있는 것이 아니다. 지역 인재를 지역이 품게 해야 한다. 특정 지역에서 인재가 교육되고 머무르는 것이 지역 불균형 해소의 핵심이라고 생각한다.

이를 위해서는 지역 기업 및 산업, 대학, 연구소 등 다양한 주체들이 상호협력을 해야 한다. 이런 주체들의 중심에 과거에는 기업이나 정부가 있었지만 이제는 대학이 있어야 하고 그 중에서도 교수, 연구원이 중심이 돼야 한다. 독일의 도르트문트 대학은 주정부 및 시정부와 협력해 산업구조를 바꾸는 견인 역할을 했다. 지역 대학의 연구실은 연구개발로 끝나서는 안 된다. 대학의 사회적 책임을 수행하는 핵심이 돼야 한다.

정상철 "사회적 수요에 대응하는 대학 교육을 해야 한다."

대학의 국제화도 나가고 들어오는 학생들의 질과 양, 두 가지 차원에서 생각해볼 수 있다. 선진국에서는 주로 후진국 학생들을 받아들이는데 무조건 받아들이는 것이 아니라 교류를 통해서 얻을 수 있는 핵심적인 효용이 무엇인지에 대해 미리 생각하고 교류를 해야 한다.

한국으로 오는 유학생들은 아직도 적은 편이다. 국내 대학의 위상도 높아지고 있는 만큼 더 많은 학생들을 불러들일 수 있게 노력해야 한다. 동시에 유학생들의 수준을 높이는 것도 지역 대학에서 고민하는 부분이다. 무분별하게 유학을 가는 것은 특정 부분에 있어서는 통제를 해 볼 여지도 있다.

유학을 나가는 것과 오는 것이 모두 취업 및 창업과 연결돼야 한다. 취업과 창업이 유학에 다시 영향을 미치는 사이클이 순환돼야 한다. 그런데 학위 수료와 이수 이후에는 학교가 무관심한 편이다. 유학을 갔을 때 그곳에서 취업과 창업을 하는 것이 중요하다. 한국에서 학위를 받은 학생들을 다시 본국으로 돌아가게 두는 것도 좋지 않다.

02 학습과 일자리의 연계 방안

실업은 모든 국가가 골머리를 썩는 문제다. 유럽발 재정위기로 전 세계 경제가 흔들리면서 실업률은 갈수록 높아지고 있다. 유로존(유로화 사용 17개국)의 평균 실업률은 10%가 넘는다. 스페인, 그리스 등 일부 국가들의 젊은 층 실업률은 50%를 상회한다. 두 명 중 한 명은 일을 안 하고 있다는 얘기다.

한국도 이런 고민에서 자유롭지 못하다. 실업률 자체가 높지는 않지만 이는 아예 취업을 포기한 젊은이들이 많기 때문에 발생한 통계적 '착시' 다. 게다가 고용 안정성은 낮고 직업에서 받는 스트레스는 높다.

기업과 노동자간의 '미스매치' 도 문제다. 대기업에 들어가는 기준은 점점 높아지고 있는데 중소기업은 웃돈을 주고도 인재를 구하지 못해 안달이다. 대기업은 '고급인재' 를 뽑아도 실무에선 써먹을 수가 없다고 하소연한다. 기껏 교육시켜서 쓸 만하면 다른 회사로 도망가 버린다.

문제는 대학교육과도 연계된다. 한국에선 너무 많은 사람들이 대학에 간다. 부모들은 등록금 부담에 아우성치고 정치권은 반값 등록금을 외친다. 하지만 막상 대학에 가도 배우는 게 없다. 휴대폰 등 IT 기술은 빠르게 진보하지만 대학교육은 이를 책임지지 못한다. '졸업장' 이라는 종이 한 장을 위해 엄청난 돈을 희생하고 있다. 협상력, 문제해결 능력, 창의력, 함께 일하는 법 등 '암묵지(暗默知, Tacit Knowledge)' 에 대한 교육이 없음은 물론이다.

어떤 해결책이 있을까? 스위스의 시스템은 힌트를 제공한다. 유럽의 오랜 전통인 '도제제도' 는 여전히 스위스에서 유효하다. 일단 사회 전반적으로 학력이 아닌 기술을 인정하는 풍토가 자리하고 있다. 직업교육 시스템도 잘 갖춰져 있다. 고등학교를 졸업하면 대부분의 사람들은 도제제도에 편입된다. 기업과 학교가 연계해 기업에선 기술을 배우고 국가가 제공하는 직업학교에선 관련 지식을 배운다. 기업들은 자발적으로 도제를 뽑는다. 처음엔 교육비용이 좀 들지만 장기적으로는 산업에 꼭 필요한 능력을 갖춘 인재를 키운다는 점에서 오히려 이익이라고 한다. 도제에겐 돈도 준다. 가난한 사람들이 사회에 진출할 수 있는 복지 시스템이 기업에 의해 운영되는 셈이다. 정부도 복지비용 등을 아낄 수 있다. 일석삼조인 것이다. 물론 사회 문화적 환경이 다른 한국이나 아시아 국가에 바로 적용하긴 힘들 것이다. 하지만 미국식 방법과는 다른 선진국의 인재양성 방식은 우리에게 새로운 시각을 준다.

아시아의 강국인 일본은 우리와 비슷한 고민에 빠져 있다. 3차 지식산업이 발전하고 있지만 대학은 이에 걸맞는 교육을 제공하지 못한다. 기업은 경제위기로 인재양성에 힘을 쏟지 못한다. 고령화가 진행되면서 재교육 문제도 대두되고 있다. 이들은 이런 문제에 어떻게 대처할까. 2012 글로벌 인재포럼에서는 스위스와 일본의 직업교육 연구자가 나름의 해법을 제시했다.

도제제도는 모두에게 이익이다

유르크 슈베리(스위스연방 직업교육연구소 연구실장)

교육과 고용을 연계하는 방법에 대해 고민해보자. 스위스에서는 도제제도가 대표적이다. 이 시스템은 현장에서 교육과 실무를 어떻게 접목하느냐에 역점을 둔다. 결과는 흥미롭다. 스위스는 청년 실업률이 낮다. 경제협력개발기구(OECD) 국가 중 가장 실업률이 낮은 국가 중 하나다. 스위스가 노동시장에서 젊은이를 잘 준비시킨다는 뜻이다.

스위스는 혁신 중심의 경쟁력 있는 경제구조다. 이를 위해서는 훌륭한 인재가 필요하다. 인재를 교육하는 곳으로 일반적으로는 대학을 생각할 것이다. 하지만 스위스에서 전통적인 대학에 가는 건 전체의 20%에 불과하다. 그렇다면 경제를 위해 어떻게 인재를 교육할까?

유르크 슈베리 "학교에서의 교육과 기업의 교육을 접목시키는 게 중요하다."

직업훈련이 고등학교에서 차지하는 비중을 보면 답이 나온다. 스위스는 90%에 달한다. 또 고등학교 졸업장을 받는 사람 중 3분의 2가 직업훈련 기관에서 교육받는다. 또 거의 모든 학생들이 도제제도를 통해 학교와 기업에서 학습을 한다. 미국 쪽 시스템과는 다르다.

도제제도가 뭔지, 스위스에서 어떻게 젊은이들을 교육시키는지 보자. 도제제도는 16~17세기에 시작됐다. 의무교육을 마치면 젊은이들은 도제 시장에 간다. 기업들이 광고해서 사람을 뽑는다. 의무는 아니지만 자발적으로 한다. 계약도 개인과 기업이 1대 1로 한다. 기업이 어떤 사람을 도제로 들이면 보통 2~4년 계약을 한다. 그 뒤 일주일에 2~3일은 기업에서 교육받고 나머지는 학교에서 교육받는다. 현재 스위스에서 이런 시스템을 도입한 업종은 250개에 이른다. 최종 시험에 합격하면 연방정부에서 학위를 준다. 업종은 옛날 업종뿐만 아니라, 정보기술(IT) 등 최신 업종도 포함된다.

전통적인 개념의 대학을 가는 사람은 적다. 대다수는 직업훈련으로 간다. 대학교육은 나중에라도 받을 수 있다. 도제제도를 거쳐도 막다른 골목이 아니다. 도제를 통해 학위를 받으면 그 다음 대학에서 석사와 박사 학위를 받을 수 있다. 실무적으로 3~4년 경험 있는 것이 오히려 좋다.

이런 시스템이 성공할 수 있는 요인은 파트너들이 적극적으로 동참하기 때문이다. 전문 업종협회, 정부, 학교다. 세 파트 간의 컨센서스가 잘 된다. 결국 도제제도는 노동시장 안에서 자체적으로 유지된다.

세 파트너는 조례를 만들거나 시험 기준 같은 것을 정한다. 전문 업종협회에서 위원장을 맡아 교육 패러다임 등을 정하는 위원회도 운영한다. 예를 들어 목수 직종의 교육을 변화시킬 필요가 있으면 협회 주도로 목수 커미션을 만들어 관련 문제를 논의한다.

학교에서의 교육과 기업의 교육을 접목시키는 게 중요하다. 예를 들어 목수를 보자. 목수는 톱을 다룰 수 있어야 한다. 기업에서 이걸 가르쳐준다. 학교에서는 톱의 기계적 구조와 기능 등 이론에 대해 배운다. 직장에서 다루는 기구의 이론을 배우게 되는 것이다. 그러면 기업에 가서 그 기구를 더 잘 쓰게 된다. 기업은 실제 생산 작업에 투입시켜 기구를 다루고 수리하는 법을 추가로 가르친다. 결국 직종별로 요구하는 역량을 갖출 수 있게 된다.

그러면 기업은 왜 도제제도를 도입하느냐? 기업들이 실제로 이익을 받기 때문이다. 도제들도 일자리 구할 수 있어서 좋다. 정부도 기업이 교육을 담당해주고 고용을 하기 때문에 세금을 아낄 수 있다.

비용을 보면, 평균 첫 2년은 기업도 손해를 본다. 훈련센터 운영비용 등이다. 다만 훈련한 연수생을 정식 고용하면 꼭 필요한 인재를 유치할 수 있고 이직률도 낮출 수 있다. 기업 입장에서 도제제도를 도입하는 것은 상당히 좋은 투자다. 도제와 기업이 윈-윈 할 수 있다.

물론 지속적인 개혁과 업데이트가 필요하다. 최근엔 도제제도를 거친 사람들을 위해 대학에 새로운 시스템을 도입했다. 취약 계층이 도제제도에 참여할 수 있는 시스템도 도입했다.

아무튼 지난 10년간 200여 개 직종에 도제시스템을 도입했다. 앞서 말한 대로 최신 직종에도 도입했다. 고숙련 근로자가 꾸준히 양성되고 있다.

도제제도는 실물 경제에 초점을 맞춘다. 직접 기계를 만져보고 어떻게 다루는지 배우면 이론적인 지식이 아니라 살아있는 지식을 얻게 된다. 특히 이 제도는 가난한 사람들에게 좋다. 도제 과정에서도 돈을 받기 때문이다. 기업의 생산성에도 기여한다. 앞서 말한 대로 국가도 국가가 해야 할 채용 촉진 등을 기업이 대신 해주는 격이다. 모두에게 좋은 일이다.

 **유르크 슈베리**

스위스연방 직업교육연구소(SFIVET) 연구실장. 제네바대에서 정치공학을 전공했고 스위스 번 대학에서 같은 과목으로 박사학위를 취득했다. 번 대학 경제학과 교수, 네덜란드 암스테르담 대학 경제학과 겸임교수를 지냈다. SFIVET에선 경제연구소 소장으로 있다가 2010년부터 연구실장을 맡고 있다. 노동시장에 대한 연구를 통해 다수의 저서와 논문을 남겼다.

시장이 원하는 것을 교육에 담아야 한다

사사이 히로미(일본국립교육정책연구소 선임연구원)

금세기의 사회적 트렌드가 있다. 지식기반사회가 계속 발전하고 있다. 서비스 중심의 경제 패러다임으로 전환되고 있다. 또 세계적으로 경쟁이 치열해졌다. 일본에서도 전통적인 채용 관련 구조나 관습이 점점 변하고 있다. 새로운 교육이나 고용 관련 노동 이슈가 대두했다. 일본의 전통적 채용구조나 관습은 바뀔 필요가 있었다. 첫째는 젊은 노동자의 상황이다. 많은 노동자가 1, 2차 산업에서 3차 산업으로 이동하고 있다. 일본은 지금 3차 산업 종사자가 많다. 68.3%에 달한다. 대기업과 중소기업의 비율을 보면 대부분 중소기업이다. 일하는 사람들도 많고 기업 수도 많다.

이건 뭘 의미할까? 많은 사람들이 3차 산업의 일자리를 찾아야 한다는 것이다. 또 주로 중소기업에서 일한다는 것이다. 이런 상황에서 어떤 스킬이 필요하고 어떤 행동이 필요할까? 3차 산업에서 일하려면 어떻게 해야 할까? 중소기업에서 일하려면 어떻게 해야 할까?

두 번째 당면한 과제는 학교에서 사회로 원활하게 이전하는 것이다. 일본의 젊은이는 어려운 상황이다. 실업률이 높다. 9%에 이른다. 전체 평균보다 젊은이 실업률이 높다. 직업도 없고 학교도 안 다니고 결혼도 안한 사람이 63만 명이다.

세 번째 과제는 현장실습과 교육이 한계에 부딪치고 있다는 것이

사사이 히로미 "시장이 필요로 하는 것을 파악해서 교육 프로그램 안에 집어넣어야 한다."

다. 예전엔 회사에서 기술적 지식이나 스킬을 배울 수 있다고 생각했다. 그런데 경제가 어려워지면서 회사 가운데 70%는 교육을 줄이고 있다. 일을 할 사람은 있는데 준비가 안 된다는 것이다. 학생들의 의식도 문제다. 고등학생의 20%는 졸업할 때 진로에 대해 아무 생각도 안하고 대학에 입학한다고 한다.

다음 이슈는 순환 교육과 관련된 것이다. 재교육, 특히 대학을 통한 재교육 시스템이 성숙되지 못했다. 회사 현장에서 교육을 받는 것이 쉽지 않은 상황에서, 일을 하기 위해서는 여전히 복잡하고 다양한 기술과 지식이 필요하기 때문에 근로자들은 평생학습이나 재교육을 통해 더 많은 걸 배울 필요가 있다. 하지만 직업전문학교나 대학의 재교육이 활성화 되고 있지 않다.

이런 문제를 해결하는 데는 4가지 방법이 있다. 첫째, 학교에서 직업교육을 잘 해줘야 한다. 둘째, 자율성을 키워줘야 한다. 셋째, 재교육 시스템을 확대해줘야 한다. 넷째, 커리어를 업그레이드 할 때 필요한 사회적 평가를 해 줘야 한다.

전문화를 통해 학사학위 자체를 강화하는 작업도 필요하다. 일본 교육부는 글로벌 지식기반 사회에 대응하기 위해 학위 소지자가 능력을 키워야 한다고 강조했다. 학사 학위의 능력을 키우기 위한 프로그램에는 4가지 축이 있다. 지식과 이해, 개괄적인 스킬(소통, 숫자, 정보 등), 행동과 방향성(윤리적 시각, 사회적 책임, 평생학습), 학습 경험과 창의적 사고 통합이다.

일본의 경제통상산업성은 기본능력이라는 개념이 매우 중요하다고 발표했다. 사회 구성원의 기본 능력 향상이 중요하다는 의미다. 이건 무슨 뜻인가? 무역통상성 발표에 따르면 3가지로 요약할 수 있다. 첫째는 실행력 등 행동으로 옮길 수 있는 능력이다. 둘째는 창의성, 기획력, 이슈발견능력 등 사고의 능력이다. 셋째는 팀을 위한 능력(정보전달, 경청, 정보파악 등)이다. 고등학교나 대학에서 비즈니스를 가르치면서 이런 능력들을 어떻게 계발시킬지가 과제다.

노동시장이 필요로 하는 기술을 어떻게 파악하고 응용할 것인가? 시장이 필요로 하는 것을 파악해서 교육 프로그램 안에 집어넣어야 한다. 또 고용의 미스매치나 젊은 노동자가 조기에 일자리를 그만 두는 것을 어떻게 막을까? 쉽지 않는 문제다.

서비스 산업 안에서 커리어는 유지됨과 동시에 개발돼야 한다. 이를 제대로 하기 위해서는 직장에서도 학습 결과를 측정할 수 있어야 한다. 작업시스템과 연계해야 하는데 정부가 하긴 쉽지 않은 문제다.

창업교육도 중요하다. 최근 일본에선 기업가 정신이 사라지고 있다. 교육을 통해 인큐베이션 시스템을 개선해 줘야 한다.

 **사사이 히로미**

일본국립교육정책연구소(NIER) 선임연구원. 홋카이도 대학에서 법학을 전공했다. 1998년 교육정책연구소에 입사해 지금까지 일하고 있다. 홋카이도대, 타마가와대, 게이오대 등의 겸임교수로도 활동했다. 평생교육과 관련된 연구로 다수의 책을 썼다.

| 토론 | ❶

왜 한국은 도제제도를 할 수 없는가?

김주선(노동연구원 박사)

일본과 한국의 사정이 비슷하다. 스위스의 경우 시스템이 이렇게 잘 굴러가는 게 놀랍다. 스위스식 도제제도가 운영되려면 노동시장의 보상 체계가 뒷받침돼야 한다고 생각한다. 한국이 직장에서 훈련이 안 되는 이유를 꼽자면, 기술이 노동시장에서 인정받지 못하기 때문이다. 그래서 학력에 목매게 된다.

스위스에선 어떻게 이런 게 조절되는지 궁금하다. 또 한국에서는 일하면서 공부하는 게 쉽지 않다. 작업장의 여건이 학습을 오랫동안 받을 수 있는 환경이 아니다. 스위스는 학습 보장 측면에서 어떻게 하고 있는지도 궁금하다. 특히 스위스 도제제도의 핵심은 기업의 참여인 것 같다. 한국에서도 업종별 협회를 통해 스킬에 대한 기업의 수요를 파악하려 했지만 잘 안됐다. 한국은 업종별이 아닌 기업별로 발전해서 그렇다. 스위스는 어떻게 다른지 궁금하다.

| 토론 | ❷

노동 환경이 변하고 있다

김광조(유네스코 아태지역 본부장)

아태지역에서 교육과 학습이 어떻게 이뤄지고 있는지를 짚어보겠다. 유네스코 방콕 오피스는 47개국을 커버하는 교육관련 오피스다. 요즘 트렌드를 보면, 먼저 인구적 변화가 있다. 출산율이 떨어지고 있다. 인도는 젊은 인구가 여전히 많지만 전반적으로 출산율은 떨어지고 있다. 한국과 일본은 고령화 사회에 진입했다.

인구 특성의 변화에 대해 노동시장이나 교육이 어떻게 대응할지를 고민해야 한다. 뿐만 아니라 점점 더 많은 사람들이 자유롭게 이동하고 있다. 해외이주는 물론, 한 나라 안에서도 자주 이동한다. 중국, 베트남 등 신흥국에서는 농촌에서 도시로 이동하고 있다. 아태지역에서는 아직도 많은 사람이 농촌에 살고 있지만 도시로 옮겨가는 추세다. 그러면 노동시장이 교육제도를 제대로 세워 이 사람들이 생산적 활동을 할 수 있도록 도움을 줘야 한다.

경제도 변하고 있다. 아태지역은 다른 곳에 비해 성장을 더 빨리하고 있다. 경기 침체 시에도 아시아 국가는 다른 지역보다 성적이 좋다. 또 다른 특징은 청년실업이 높다. 젊은이들이 변화에 대처하지 못하고 있다. 교육이 어떻게 이를 해결할 수 있을까? 더 생산적으로 도움을 줄 수 있을까? 스위스의 도제제도 역시 방법이다. 여건상 그대로 도입할 수는 없기에 우리에 맞는 전략을 세워야 한다.

산업 환경도 변하고 있다. 선진국은 국내총생산(GDP)의 3분의 2가 서비스산업에서 나온다. 중국 등 많은 아시아 국가들은 아직도 제조업이 큰 비중을 차지한다. 특히 중국이 그렇다. 중국은 농업 근로자도 여전히 많다. 많은 사람이 저임금, 저숙련 일자리에서 일하고 있다. 이런 상황에서 도제제도를 직접 도입하는 것은 바람직하지 않다. 그렇다면 어떻게 일자리를 업그레이드 할 수 있을까?

고숙련 노동자에 대한 수요는 늘어나고 있다. 많은 OECD 국가들의 고용 안정성은 불안하다. 많은 사람들이 비정규직에 종사하고 있고 일자리를 바꾸고 있다.

평생고용은 일본에서도 더 이상 유효하지 않다. 직장을 5~6번 옮기면서 어떻게 교육을 시킬 수 있을까? 슈베리 실장께 질문하고 싶다. 대학에는 20%만 가고 나머지는 도제제도에 참여한다는데 한국은 그 반대다. 슈베리 실장은 스위스의 도제 시스템이 계속 존속할 수 있다고 생각하나? 그렇다면 한국은 어떻게 시스템을 흡수할 수 있을까?

답변

스위스 시스템에 대한 회의도 있다. 물론 스위스 제도를 그대로 다른 나라에 적용하기는 어렵다. 역사적으로 오랜 세월을 두고 생긴 시스템이다. 모든 기업이 이 시스템에 대해 알고 있고 그 시스템의 퀄리티에 대해 알고 있다. 갑자기 도입하면 사람들이 의아해 할 것이다. 활성화하기가 매우 어렵다. 그러나 일단 활성화하면 신뢰를 얻기가 훨씬 쉬워진다. 도제제도는 단순직에만 적합한 게 아니다. 높은 급여를 받고 좋은 직장에 가거나, 대학진학의 기회도 있다. 단순직이 아니라 하이테크 기업으로서 고숙련 기술자를 고용하고 있다. 첨단 공정에 투입하는 인재다.

기업의 문제를 고교가 해결하는 것도 좋지만, 기업 자체로 들어가서 그 일부가 되는 게 더 좋다. 프랑스는 이 제도의 규모가 작다. 여기 들어가면 패자로 간주된다. 대학 떨어져서 갔다고 말이다. 그런 시각이 있으면 아무도 도제제도를 택하려 하지 않을 것이다. 그러나 스위스는 패자로 생각지 않으며 고용기회도 좋다.

용어설명 |

도제제도(徒弟制度 , apprenticeship system)

유럽의 기술교육 방식을 뜻한다. 중세 유럽의 동업자조합인 '길드'의 구성원은 도장인(都匠人)·장인(匠人)·도제로 구분되었다. 중세 유럽의 산업은 기술자가 집에서 직접 물건을 만드는 가내수공업 중심이었다. 따라서 기술을 전수받기 위해서는 기술을 가진 사람의 밑으로 들어가 배우는 수밖에 없었다. 기술자의 제자가 되어 숙식을 함께 하면서 기술을 익히는 사람을 '도제'라고 한다. 도제 시스템에서는 기술교육과 함께 인성교육이 이루어지며, 제자의 지위가 스승의 영향력으로 정해지게 된다. 즉, 도제제도에서 스승은 제자에게 절대적 존재가 된다. 이러한 도제제도는 중세 말기에 이르러 쇠퇴했다가 스위스, 독일 등에 의해 현대적 방식으로 재구성되어 적용되고 있다.

03 산학협력 기반의 실용교육

페리둔 함둘라푸르 워털루대 총장과 박상철 한국산업기술대 교수는 대학 진학률과 실업률의 불균형을 해결하기 위해 실용교육이 필요하다고 입을 모았다.

"학생들은 졸업 이후 어떤 직업을 선택하든 성공할 수 있게 준비해야 합니다. 워털루대가 산학협력시스템을 개발한 이유죠. 대학 생활과 함께 회사를 경험한 학생들은 산업의 관점에서 그들의 전공을 판단할 수 있습니다."

'캐나다의 MIT'로 불리는 워털루대의 페리둔 함둘라푸르 총장은 "실용교육이 워털루대의 특징이며 협력적이고 경험적인 교육프로그램은 전 세계적인 모델이 되고 있다"며 이같이 말했다.

1957년 설립된 워털루대는 독특한 산학협력과 높은 취업률로 유명하다. 세계 최대 소프트웨어 회사인 마이크로소프트의 창업자 빌

게이츠가 신입사원으로 워털루대 졸업생을 가장 많이 뽑는다고 언급하면서 이 학교의 산학협력시스템 '코업 프로그램'은 유명세를 탔다. 코업 프로그램은 현재 캐나다 전역에서 49개 대학과 38개 전문대학이 적용하고 있으며 전 세계 2000여 개 대기업과 중소기업이 참여할 정도로 성공적이란 평가를 받는다.

워털루대 재학생들은 1년에 4개월 이상 학교 대신 회사를 간다. 처음 입학해 8개월간 수업을 받고 4개월은 전공에 따라 정보기술(IT) 기업, 정부기관, 학교, 병원 등 관련 기업체에서 일한다. 4개월간의 실습이 끝나면 다시 학교로 돌아왔다 때가 되면 다시 실습을 나가는 식이다. 코업 프로그램에 참여하면 일반적인 대학 4년보다 1년 정도 졸업이 늦어지지만 재학 중 다니는 회사에서 정규직과 같은 월급을 받고, 다양한 직업군에 대해 이해할 수 있다는 점이 장점으로 꼽힌다.

함둘라푸르 총장은 "학생들은 회사에서 일을 배우고 실용적인 경험을 쌓은 채 강의실이나 실험실로 돌아와 교수 및 동료 학생들과 그들의 지식을 나눈다"며 "이런 경험이 반복되면 학교와 기업은 자연스러운 소통을 할 수 있다"고 설명했다.

한국산업기술대도 지역 산업단지와 함께하는 산학협력 프로그램을 진행 중이다. 박상철 교수는 "한국의 대학진학률은 80%에 달할 정도로 높지만 산업에 필요한 인력을 창출하지 못하고 있다"며 "산학협력을 통해 학생들은 전문성을 높일 수 있고 기업은 매력적인 인재를 찾을 수 있다"고 말했다.

박 교수는 산학협력 프로그램을 통해 중소기업에 대한 지원도 할 수 있다고 강조했다. 그는 "한국의 산업구조는 대기업이 점하고 있는 특이한 구조로 대외 변수에 취약하다"며 "대학 차원의 실용교육을 하는 동시에 중소기업에 기술이전과 기술자문을 제공해 중소기업의 역량을 높일 수 있다"고 설명했다.

| 강연 | ❶

세계 최고의 산학협력 대학을 말하다

페리둔 함둘라푸르(워털루대 총장)

대학중심의 실용교육은 전문대학이나 직업훈련소를 통한 교육과는 다르다. 전기공, 배관공 등을 하기 위해서도 실용교육이 필요하지만 박사학위 등 전문성을 가진 사람도 필요하다는 뜻이다.

대학 중심의 실용교육의 가장 큰 특징은 심도 있는 지식을 가질 수 있다는 것이다. 대학은 학생들에게 최대한 깊이 있는 교육을 제공해야 한다. 그런 점에서 '가르친다' 라기보다는 '배운다' 라는 것이 중요하다. 개개인이 스스로 학습을 해야 하고 교수들은 깊이 있는 학습을 할 수 있게 호기심을 일으키는 역할을 해야 한다. 실용이라는 단어를 사용하지만 실험적, 직접적으로 깊이 있는 교육을 받는 것이 실용교육이다. 학생들은 한 분야에서 최고의 지식을 습득해 다른 분야와도 연결할 수 있는 학습법을 익혀야 한다.

두 번째로 지역사회와 세상을 연결하는 교육이 중요하다. 세상이

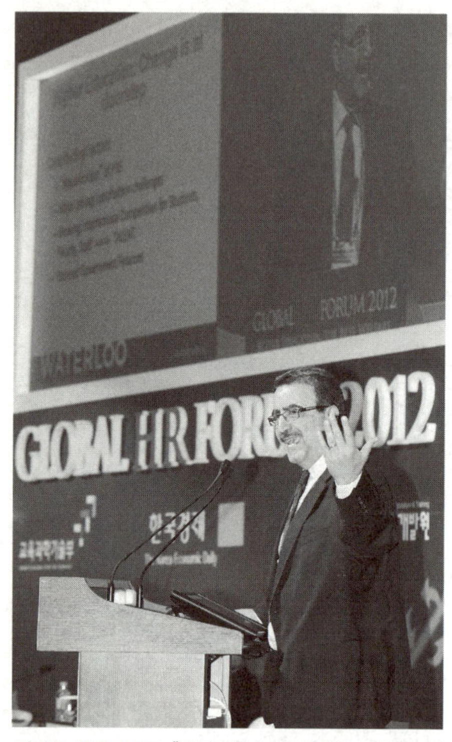

페리둔 함둘라푸르 "호기심을 느껴 새로운 가치를 창출하는 방법을 알게 되는 것이 교육의 질을 높이는 것이다."

필요로 하는 연구를 하는 것이 중요하다는 뜻이다. 워털루대 근처에 있는 산업단지에는 대학이 처음 세워졌던 1950년대 산업 중 남은 것이 하나도 없다. 당시에는 냉장고, 자동차 타이어 등이 주된 산업이었지만 이제는 항공기, 로봇 등 하이테크 산업이 주를 이룬다. 이렇게 시대에 따라 변하는 기업과 대학을 연결해 필요한 기술을 제공하는 등 산업에 기여하는 것이 바로 실용교육이다.

대학은 실용교육을 통해 숙련된 노동자를 만들어 국가가 필요로 하는 인적자원을 제공해야 한다. 앞으로는 국가 간의 경계가 사라지는 만큼 국가뿐 아니라 국제사회에서 필요한 인재를 육성하는 것이 중요하다. 인재 없이 미래는 없다.

둘째로 혁신에 대한 역량을 키워야 한다. 혁신을 이루고자 할 때 가장 중요한 것은 일상생활에서 항상 혁신을 생각해야 한다는 것이다. 어느 날 아침에 일어나 '오늘부터 혁신을 하겠어' 라고 생각하는

172

것이 아니다. DNA의 일부가 되고 지속적 사고의 일부가 돼야 혁신을 할 수 있다. 또 지금 성취한 것에 만족하고 미래에도 성과가 이어질 것이라고 생각해서는 안 된다. 혁신 없이는 과거의 성공이 미래의 성공을 보장하지 않는다는 점을 명심해야한다. 오늘날 사라진 많은 대기업들은 지난 5~10년 동안 혁신하지 않고 현재에 머물렀기 때문에 실패했다. 마지막으로 혁신을 위해서는 교육의 질이 중요하다. 교육의 질은 깨끗한 교실, 첨단 시설 그런 것이 아니다. 풍부한 연구 환경에 노출돼 지속적으로 연구를 해 지식을 만들고 적용하는 것이다. 아침에 교수의 수업을 듣고 배운 것을 되새기며 더 배우고 싶다, 더 알고 싶다는 호기심을 가져야 한다. 호기심을 느껴 새로운 가치를 창출하는 방법을 알게 되는 것이 교육의 질을 높이는 것이다.

세 번째 목표로 돌아가면 대학은 실용교육을 통해 건강하고 활동적인 시민이 되도록 교육해야 한다. 더 이상 환경, 고령화, 지구온난화는 한 지역에 국한된 문제가 아니다. 예를 들어 공기오염은 국경을 모른다. 정치과학, 예술, 공학 등 어떤 전공을 공부하든 시민으로서 전 세계 문제에 대한 인식을 해야 한다.

네 번째로 고등교육에 대한 접근성을 높여야 한다. 경제적인 문제 등으로 고등교육을 받지 못하는 사람이 없어야 한다. 다섯 번째로 평생교육이 되도록 해야 하고 여섯 번째로 합리적인 고등교육을 제공하려는 목표를 가져야 한다.

워털루는 산학협력 모델을 사용해서 전교생의 65%에 산학협력 프로그램을 제공하고 있다. 한 학기는 공부를 하고 한 학기는 일하는 것이 필수적이다. 인턴이나 자원봉사자가 아닌 실제 기업에서 정규

직으로 일하며 월급을 받고 한 학기 후에는 학교로 돌아와 공부를 한
다. 대학은 모든 과정에서 기업과 학생들과 긴밀히 연결돼 학생들이
무슨 일을 하는지 무엇이 필요한지 계속 파악한다. 이를 통해 프로그
램의 개선점 등을 찾는다. 산학협력 프로그램을 거친 공대생들의
99.9%가 졸업과 동시에 취업하고 창업비율도 높다. 이 프로그램으
로 기업 활동에 대한 심도 있는 교육을 받기 때문이다.

석사생들을 위해서는 기업가정신 배양 프로그램을 진행하고 있
다. 30개국 학생들이 참여하는 프로그램으로 멘토링을 받고 기업가
가 되는 길을 배운다.

실용 교육을 받은 학생들은 실용적으로 회사에 필요한 생각을 한
다. 캠브리지에 공장을 둔 일본의 자동차회사 도요타는 워털루대 학
생을 많이 채용한 회사 중 하나다. 한번은 학생들의 업무개선안 발표
를 들으러 도요타에 방문한 적이 있다. 많은 발표가 있었지만 워털루
대 출신의 한 학생이 자신이 받는 월급만큼 프로세스 비용을 줄이겠
다는 발표를 해 박수를 받았던 것이 인상적이었다. 비록 그는 학생이
었지만 월급과 기업 활동에 대한 연결을 통해 자신의 기여로 제품 원
가를 줄이겠다는 생각을 했기 때문이다. 현장경험을 통해 원가 경쟁
력의 중요성을 알기 때문에 가능한 발표였다.

대학마다 중요하게 생각하는 것이 있는데 워털루대에서는 세계
최고의 산학협력 대학이라는 것이 그것이다. 이 원칙만큼은 어떤 경
우에도 양보하지 않고 있다. 실제 몇 년 전 두바이에서 토목공학, 화
학공학 캠퍼스를 세워달라고 요청하면서 산학협력은 제외해달라고
부탁했다. 물론 산학협력 없이는 하지 않겠다고 분명히 말했다.

워털루대에서 학생들의 창의적인 활동에 지원하는 프로그램도 소개하고 싶다. 워털루대에는 '엑셀러레이터'라는 센터가 있다. 이곳에서는 새벽 6시부터 밤 12시까지 하루 종일 산업계 리더들을 만날 수 있다. 페이스북이나 제너럴일렉트릭(GE) 같은 글로벌기업의 최고경영자(CEO)들이 수시로 센터에 찾아온다. 신문지상에서 이들의 인터뷰를 읽는 게 아니라 직접 만나 그들의 경험과 노하우를 들을 수 있다. 학생들은 그들을 보면서 나도 이렇게 될 수 있다는 꿈을 키워간다. 이런 프로그램으로 워털루대는 지난해 세계 22대 인재학교로 선정됐다. 모든 교육자들에게 머뭇거리지 말고 리더들을 초대해 학생들과 만나게 하라고 말하고 싶다.

'벨로시티'라는 프로그램도 운영 중이다. 100명 정도의 학생들을 뽑아 산업계 리더들과 멘토링을 연결해준다. 여기서만 34개의 기업이 창업됐다. 필요한 수백만 달러의 자금은 학생들 스스로 조달한다. 직접 리더들을 만나고 관계를 맺기 때문에 가능한 일이다.

학생들에게 책만 보게 하는 곳이 최악의 대학이다. 교실 밖에 나가서 숨을 쉴 시간도 없으면 혁신은 불가능하다. 이것이 교육의 질을 떨어뜨리거나 지식을 쌓지 않고 졸업하는 것은 아니다. 학생들은 최고의 교육을 받는 동시에 학교 밖에서 경험을 쌓는다.

워털루의 또 하나의 특징은 재직 중, 재학 중에 만든 지적재산권을 개인에게 준다는 점이다. 최고의 지식을 생산하기 위해서는 연구에 대한 동기가 중요하다. 새로운 지적재산권을 만들었을 때 그것이 대학 소유가 된다면 혁신은 일어나지 않는다. 대학은 구성원의 연구를 지원하지만 창조물에 대해 소유권은 주장하지 않는다.

개인에게 지적재산권을 줘도 대학에 도움이 된다. 대학 총장으로서 가장 중요한 일은 자금을 조달하는 일이다. 얼마 전 학부생 하나가 총장실로 찾아왔다. 친구 몇 명과 함께 창업한 4학년 학생이었다. 그는 회사 지분의 15%를 매각해 800만 달러를 벌었는데 이중 100만 달러를 기부하고 싶다고 했다. 학교에서 도움을 받아 창업했듯이 기부를 통해 다른 학생들의 창업을 돕고 싶다고 했다.

이런 실용교육을 학교 혼자서 하는 것은 한계가 있다. 워털루대는 '트리플 헬릭스' 라는 프로그램을 진행 중인데 정부, 학교, 기업이 함께 하는 것이다. 토마스 에디슨은 '내가 모든 문제를 해결할 수 있다면 그렇게 하지만 그럴 수 없어 21명의 조수 필요하다' 고 말했다. 우리가 당면한 도전과제도 대학 혼자만의 힘으로는 힘들다. 기업가와 협업하고 어디서 배우든지 전 세계에 적용할 수 있도록 함께 해야한다.

전통적 학제를 넘어서는 노력도 필요하다, 영문과 학생이 공대학생과 함께 디지털 미디어를 공부하는 식으로 말이다. 고령화 등 새로운 문제를 풀기 위해서는 새로운 시스템이 필요하고 대학에서 만들지 않으면 어디서도 만들 수 없다. 역사를 공부하는 학생이나 공학을 연구하는 학생 모두 이런 문제에 대한 깊이 있는 고민이 필요하다. 대학은 이런 역할을 할 수 있는 학생을 육성하기 위해 노력해야 한다.

대학의 연구와 중소기업의 현장을 결합하라

박상철(한국산업기술대학 교수)

학교에서 강의할 때마다 이 강의를 듣는 학생 중 한국의 스티브 잡스가 나올 수 있다고 말한다. 그만큼 학생들의 가능성은 무궁무진하기 때문이다. 하지만 현재 한국뿐 아니라 전 세계는 청년실업 문제로 골머리를 앓고 있다. UN사무총장은 청년 실업이 전 세계적인 의제라 했으며 파이낸셜타임즈에서도 청년실업 문제에 대해 2008년 이후 더욱 심각해졌다고 지속적으로 보도하고 있다.

오늘 다시 한 번 청년실업 문제가 심각하다고 강조하고 싶다. 우선 기본 실업률 자체가 전 세계적으로 증가하고 있다. 경제 상황도 2008년 이후 크게 떨어졌고 지난해부터 올해까지 유럽, 미국의 위기가 계속되고 있다. 앞으로의 방향성 역시 불확실하다.

2013년까지의 경제를 전망하는 내용을 보면 10년 넘게 선진국의 성장 전망치가 하향 조정되고 있다. 지난 20년 동안 실업률을 보면 2007년 잠시 좋았지만 계속 증가하는 추세다.

그나마 동아시아는 다른 지역에 비해 일반적인 실업률과 청년실업률이 모두 양호하다. 한국의 경우도 오스트리아, 일본, 독일과 함께 상대적으로 낮은 수준이다. 올해 7월말 기준으로 청년 실업률은 7.3%에 불과하다. 하지만 스페인과 그리스 등 남유럽의 경우는 청년 실업률이 50% 이상인 경우가 대부분이다.

박상철 "대학의 연구와 중소기업의 현장이 합쳐지면 핵심기술을 개발하는 데 도움이 된다."

전 세계적으로 실업률 문제가 심화되면서 국제노동기구가 대응책을 내놨다. 하지만 이 역시 투자와 교육을 통해 더 나은 일자리를 창출하라는 교과서적 대응책에 불과하다. 듣기는 좋지만 실제로 어떻게 적용해야할지 판단하기는 어렵다. 모든 국가들이 높아지는 실업률을 줄이기 위해 노력하지만 실제로 문제를 해결할 수 있는 나라는 많지 않다.

한국의 경우를 보자. 한국은 일자리와 실업률의 미스매치가 심하다. 실업률이 높지만 인력이 부족한 상황이다. 이는 대기업 위주의 한국 산업구조 때문이다.

한국의 산업구조에서 대기업의 역할은 상당하다. 하지만 외환위기 이후 대기업의 수와 근무하는 직원은 줄어들었다. 전 세계적으로 대기업과 그에 따른 직원 수를 볼 때 한국의 대기업 수는 전 세계의 0.1%로, 이는 영국과 비슷한 정도의 낮은 수치다. 직원 수는 이보다 훨씬 더 적다. 적은 수의 대기업이 시장에 큰 영향을 미치다 보니 한국 산업구조는 대외변수, 악재 등에 취약하다. 대기업과 경제성장률, 실업률의 관계를 보면 대기업 수가 늘면 경제성장률이 높아지고 대기업 수가 줄면 청년실업률이 증가한다.

중소기업 현황을 보면 외환위기 이후 숫자가 늘어 300만 개가 넘고 직원 수도 1200만 명에 육박하지만 여전히 인재가 부족하고 이직률도 높다.

고학력 인력은 충분하다. 한국의 대학진학률을 보면 2008년 진학률이 83.3%일 정도로 매우 높다. 지금은 79%정도이지만 문제는 경제에서 산업에 필요한 인력을 창출하지 못하고 있다는 것이다.

한국정부는 이를 해결하기 위해 몇 가지 정책을 시행하고 있다. 2003년에는 산학협력촉진에 대한 법률이 통과됐다. 산업을 위한 고숙련 인력훈련, 교육, 새로운 지식, 기술이전, 자문을 하게 하는 법률이었다. 법에 따라 모든 대학들은 산학협력 컨소시엄을 구성해야 했다. 2008년 새로운 정권이 들어서면서 관련법도 제정됐다.

대부분의 대학들은 초기 산학협력 컨소시엄을 제대로 이해하지 못해 기피했지만 시간이 지나면서 나아지고 있다. 교수들은 이론, 교과서 중심에서 실무, 현장 중심의 교육을 하고 있다. 학생들은 대학교육과 취업의 연계를 강화하고 있으며 지역사회와 기업도 과거 수동적인 산학협력에서 지금은 자율적 모습을 보이고 있다. 특히 수도권을 제외한 지역에서 산학협력을 통해 기술이전과 교육 등 긍정적인 효과를 내고 있다.

한국산업기술대학은 인천 인근의 산업단지 내에 위치하고 있다.

이런 특징을 살려 산업단지내의 중소기업을 지원하는 산학협력 프로그램을 만들었다. 정부는 수도권을 제외했지만 대학과 산업단지가 자체적으로 하는 것이다. 자문교수를 선택하고 참여교수를 선정해 전체 프로젝트 관장하고 있다. 학교와 협업하려는 기업을 선정하고 기술혁신과 기술 이전에 어려움을 겪고 있는 기업을 프로그램에 참여시켰다. 학부생과 대학원생들을 파견해 다양한 현장교육과 실무교육을 받게 하는 한편, 공동 연구개발 센터를 운영해 연구 프로젝트를 함께 수행하고 있다. 이런 프로그램을 통해 학생들은 전문성을 높일 수 있고 기업은 매력적인 인재를 찾을 수 있다. 같은 산업단지 안에 있기 때문에 기업과 학교간의 교류가 편한 것도 장점이다.

대학과 기업 간의 교류는 늘어나는 기술교역 적자를 줄이기 위해 필요하다. 대학의 연구와 중소기업의 현장이 합쳐지면 핵심기술을 개발하는 데 도움이 된다.

한국의 경우 연구개발 투자는 늘었지만 기술적자는 10년 동안 지속적으로 확대돼왔다. 2010년만 봐도 70억 달러의 적자가 발생했다. 많은 재화를 수출할수록 많은 기술을 수입해야 하는 상황인 것이다. 연구개발 투자액을 보면 한국은 전 세계 6위일 정도로 투자는 많이 하지만 기술무역에서는 적자를 면치 못하고 있다.

04 글로벌 코리아와 신흥국의 인력양성

1950년대 서울의 청계천은 빨래터였다. 전쟁이 끝난 후 피폐한 삶에 찌든 사람들은 청계천변에서 궁기를 씻어보려 노력했지만 쉽지 않았다. 2012년 청계천은 완전히 딴판이다. 하천은 정비돼 시민들의 산책로로 쓰이고, 양옆에는 높은 빌딩이 즐비하다. 외국인 관광객들이 즐겨 찾는 명소가 됐다.

'글로벌 코리아와 신흥국의 인력양성'을 주제로 열린 인재포럼 세션의 좌장으로 참석한 조벽 동국대 석좌교수는 "청계천변을 지날 때마다 1950년대 궁기가 흐르던 장소가 이렇게 멋진 장소로 탈바꿈했다는 것을 되새기곤 한다"고 했다. 한국은 2012년 6월 5000만 명 이상의 인구를 갖고 2만 달러 이상의 소득을 가진 나라라는 뜻의 '20-50 클럽'에 세계 7번째로 진입했다.

이른바 '한강의 기적'이 가능했던 이유 중 대표적인 것으로 굉장한 교육열을 꼽는 이들이 많다. 전시에 폭격을 당하면서도 아이들을 학교에 보내는 부모들의 열성이 큰 힘이 됐다는 것이다. 세션에 참가한 이들은 한국의 교육문화 중 좋은 점은 세계에 전파할 필요가 있다고 입을 모았다.

글로벌 인재 경쟁도 논의됐다. 각국의 인재 확보 전쟁이 벌어지고 있는데 민간 기업은 사활을 걸고 인재를 구하려 하는 반면 국가는 이에 대한 인식이 부족하다는 비판이 제기됐다.

우천식 한국개발연구원(KDI) 선임연구위원은 "한국 바깥에 거주하는 유학생, 영주권자 등 700만 명에 이르는 한국계 인재 풀을 종합적으로 관리해야 한다"고 주장했다. 그는 "국적에 집착하지 말고 순혈주의를 극복해야 한다"며 이민법이나 유학정책과 관련해 보다 유연한 정책을 펴야 한다는 점을 강조했다. 그는 이와 관련, '글로벌 인재 관리청'을 만들어야 한다고 조언했다.

한국이 전체적인 인재 양성에는 성공했지만 '최고의 인재, 최고의 교육기관'을 만드는 데는 아직 성공하지 못했다는 점도 논의 대상이었다.

직업기술교육훈련(TVET)을 강화해야 한다는 의견도 제기됐다. 루퍼트 맥클린 홍콩교육대 국제교육학과 교수는 "직업교육은 빈곤 완화와 경제 사회의 발전, 녹색성장, 지속가능한 개발 등에서 매우 핵심적인 역할을 할 수 있다"고 설명했다. 이와 관련해 한국의 역할이 크게 강조됐다. 글로벌 인재 이동이 크게 늘고 있으므로 이를 뒷받침할 수 있는 글로벌 인증 제도가 함께 활성화돼야 한다는 제언도 나왔다.

사람들의 가치관, 윤리관, 태도를 뜻하는 '소프트스킬'의 중요성
도 언급됐다. 2008년도 글로벌 금융위기가 경제나 금융위기가 아니
라 도덕적, 윤리적 위기로 보는 관점과 관련된 것이다. 자신들의 이
익을 지역사회나 집단의 이익에 우선해서 문제가 발생했다는 해석이
다. 참가자들은 이와 관련해 "소프트스킬을 향상시킬 수 있는 교육도
강화해야 한다"는 의견을 내놨다.

세계는 지금 인재 전쟁 중이다

우천식(KDI 선임연구위원)

한국은 그간 패스트 팔로어로 극적인 성공을 했지만 이제 능력 있는
선도주자로 나아갈 수 있느냐가 문제되는 시점이다. 교육 인재의 성
공 없이 현재 수준으로 도달할 수 없었겠지만, 과거의 성공이 미래의
성공을 담보하지 못한다. 조금 더 새로운 접근법을 모색해야 한다.

글로벌 탤런트라고 하면 반기문, 김연아, 싸이 등이 있을 수 있다.
이들은 글로벌 프론티어다. 그 분야에서 최고인 사람들이다. 패스트
팔로어가 글로벌 프론티어가 되는 것은 쉽지 않다. 보이지 않는 장벽
이 있다. 비행기가 하늘을 날 때 대기권에서 성층권 돌파가 가장 어
렵다고 한다. 우리는 이것을 돌파해야 하는 상황에 처해 있다.

우리는 아직까지도 우리 것은 우리가 키워서 우리가 쓴다. 이렇게

우천식 "과거에는 두뇌를 유치했는데 지금은 두뇌를 뺏기고 있다."

되니까 국적으로 보면 우리나라 사람이어야 한다. 인재 양성이라고 하면 학교에 다니는 것이 전부다. 잘해야 박사 과정까지다. 그 다음에는 정부 지원도 없고 체계적 지원 목표도 없다. 인재 시대라고 하면 국적을 불문하고 그 사람이 어느 나라에 있건 상관없이 다 쓸 수 있어야 한다.

IT가 발달했기 때문에 장소는 상관이 없다. 이제는 누가 얼마나 만들어 내느냐가 아니라 얼마나 잘 쓰느냐가 문제인 세상이다. 우리 안에 있는 것이 아니라 남이 만들어 와도 쓸 수 있는 것 아닌가? 글로벌 탤런트 네트워크 전략이 이것이다. 우리나라는 반개방 국가라고 생각한다. 문화적으로는 개방됐지만 사회 등 다른 쪽을 보면 순혈주의에 가깝다.

세계는 인재 전쟁 중(WAR FOR TALENT)이다. 자본에서도 이제는 인재 전쟁이 돼서 각국이 사활을 걸고 인재 확보 전쟁을 하고 있다. 삼성 같은 기업들은 최고경영진이 '돈이 문제가 아니다. 인재를 데려와라' 한다는데, 국가는 그런 절박함이 느슨한 편이다. 정부는 탤런트가 없어도 망하지 않기 때문이다. 묘한 것은 그 느슨한 데서 중요한 결정을 내리고 있다는 것이다.

정부는 기업에 비해서 공공부문의 문제의식이 강하지 않다. 아일랜드, 스웨덴, 싱가폴 등 소국형 국가는 나라가 작기 때문에 외부 인재들에 문호를 개방하는 것을 최우선적으로 생각하고 적절한 대응을 하고 있다. 중국도 제국을 운영한 경험이 있기 때문에 이런 문제의 중요성을 파악하고 잘 대처하고 있다. 특히 이민법이나 유학정책 등을 보면 주축이 개방에 초점을 두고 있다.

한국의 정규 교육은 강한 편이다. 초·중등 교육 같은 경우 안에서는 (경쟁이 심해) 곡소리가 나지만 밖에선 한국 교육이 최고라고 얘기한다. 최소한 우리나라 젊은 사람들이 뒤떨어지진 않는다고 본다. 남들이 배울 점도 있는 것 같다. 대학진학률이 84~85%나 되고 대학원도 많이 진학한다. 우리가 최고의 인재들(top talent)인지는 몰라도 중위권이나 상위권은 되는 것 같다. 중위권에서 중상위권 맨파워에서는 강점이 있다.

하지만 한국은 톱 브레인, 상위 1~2% 부분을 보면 다른 나라에 밀리는 바가 있다. 글로벌 관점에서 새로운 전략을 정비해야 한다. 정책적 대응이 지체된다면 다른 나라에 비해서 우리가 안고 있는 브레인 갭이 더 커질 우려가 있다. 과학의 바이오테크놀로지(BT), 나노테크놀로지(NT) 같은 융합 테크놀로지를 가르쳐줄 수 있는 교수가 얼마

전까지만해도 한 명도 없었다. 세계 리딩 그룹이 극소수였다.

삼성 같은 몇 개 빼놓고는 우리나라가 내세울만한 '최고의 기관 (institute)'이 없다. 다른 나라는 글로벌 수준의 기관이 매우 많다. 또 우리는 두뇌유출(brain drain) 문제가 심각하다. 과거에는 두뇌를 유치했는데 지금은 두뇌를 뺏기고 있다. 반면 다른 나라들은 두뇌 유출이 줄고 있다. 인도는 두뇌 유출형에서 두뇌 유입형으로 강세를 보일 정도다. 이런 관점에서 몇 가지 정책 과제를 도출할 수 있다.

첫째, 700만에 달하는 영주인력과 유학인력을 방치하면 안 된다. 이들은 고급인력이다. 연계점을 확보해야 한다. 우리나라 입장에서만 좋은 게 아니라 그들에게도 한국에 기반을 마련해주고, 한국과의 연계점을 준다는 점에서 도움이 된다. 이들에게 국내 고용의 기회를 더 부여해야 한다. 둘째, 강력한 에이전시가 필요하다. 이민청이 아니라 '글로벌 인재관리청'을 만들어야 한다. 깜깜이 정책을 하면 안 된다. 700만을 핵심적으로 관리할 수 있도록 커리어를 정리해서 정책화해야 하겠다. 'GKBN(Global Korean Brain Network) 에이전시'를 만들어야 한다.

 **우천식**

KDI 선임연구위원이다. 한국개발연구원(KDI)은 국무총리 산하 경제사회연구회 소관 연구기관으로서 국내·외 경제사회 제 분야를 종합적으로 연구하는 정부 출연 연구기관이다.

| 강연 | ❷

교육의 리엔지니어링이 필요하다

루퍼트 맥클린(홍콩교육대 국제교육학과 교수)

아시아·태평양 직업교육을 강화해서 이 지역의 성장을 도울 방법에 관해서 논의해 보고 싶다. 지금 우리가 살고 있는 아·태 지역권은 광범위하고 다양한 지역이다. 세계인구의 63%가 이 지역에 산다. 아시아는 넓다. 중국, 호주, 인도처럼 방대한 국가도 있고, 부탄처럼 영토가 아주 좁은 곳도 있다. 워낙 다양하고 국가 간 차이가 많기 때문에 이 지역이 주요 이슈에 대해서 합의할 수 있는지, 특히 경제개발에 대해서 합의할 수 있는지 질문을 하게 된다.

여러 연사들이 강조한 것처럼 개발에서 가장 중요한 것은 교육이다. 도로, 댐 등에 투자할 수도 있지만 사람, 인력자원에 대한 투자야말로 경제 사회 발전에서 가장 큰 성과를 가져다준다. 이제 여기서 한 발 더 나아가야 한다. 발전을 위해서 교육은 열쇠라고 하지만, 이보다 더 중요한 마스터키도 있다. 기술 및 직업 훈련(TVET)이야말로 개발을 위한 마스터키다. 이것은 경제개발뿐 아니라 형평성, 동등성, 정의, 소외계층의 동참 등 다양한 문을 열어준다. 2012년에 유네스코, ILO(국제노동기구), ADB(아시아개발은행) 등 5개 기관이 TVET야말로 경제사회발전을 가능케 하는 마스터키라는 공감대를 갖고 관련 보고서들을 낸 바 있다.

아시아 시대를 열기 위해서 몇 가지 인식이 돼야 한다. 현재 세력

루퍼트 맥클린 "근본적이고 파격적으로 직업교육훈련에 더 위상을 부여해야 한다."

의 재균형이 이뤄지고 있다. 경기의 하강국면에도 불구하고 아시아 지역은 높은 성장률을 보이고 있다. 글로벌 금융위기의 영향이 있긴 하지만 아시아, 아프리카, 라틴아메리카 등 여러 지역 중에서 아시아 는 특히 눈에 띈다. 2050년까지 아시아 GDP가 현재 27%(2010년 기 준)에서 51%에 이를 것이라는 전망도 있다. 기술변화와 생산성, 인구 구조의 변화, 중산층의 증가, 녹색 기술의 성장 등을 그 원인으로 꼽 을 수 있다.

하지만 서구권과의 격차는 아직 존재한다. 중소득 함정(middle income trap)이라고 하는 것이 있지 않는가? 첨단산업이 잘 이전되 지 않고, 천연자원을 타국으로부터 보호해야 하는 의무도 있다. 도 시화와 빈민 문제, 부패문제도 심각하다. 유네스코가 특히 TVET을 가장 중요하게 생각하는 이유는 이것이 교육 문제일 뿐 아니라 개발과 빈곤 완화의 문제이기도 하기 때문이다. 이것은 모든 사람이 '양질의 일자리'를 가질 수 있다는 것을 뜻한다. ILO는 '양질의 일자리'를 '적절한 임금을 받고, 적절한 환경에서 일하고, 건강이 위협받지 않으며, 직장에서 자신의 결정을 강요당하지 않는 일자리'로 정의하고 있다. 직업교육은 경쟁의 하위에 있는 사람들의 소득 및 취득 능력을 늘려준다. 따라서 빈곤 완화를 위한 최적의 수단으로 간주되고 있다.

중국에 이런 말이 있다. 변화의 바람이 불면 어떤 사람들은 벽을 세우고 어떤 사람들은 풍차를 만든다고 한다. 변화의 위협을 받는 사람들은 이를 막기 위해 벽을 세우고 기회로 보는 사람은 적극 활용한다는 것이다. 저는 한국과 같은 국가에서는 풍차를 세우고 있다고 생각한다. 중국도 현재 마찬가지다.

지금 아시아에 요구되는 것은 교육의 '리엔지니어링'이다. 근본적이고 파격적으로 직업교육훈련에 더 위상을 부여해야 한다. 많은 아시아 국가에선 머리로 일하는 것, 다시 말해 지능을 계발시키는 걸 손으로 일하는 활동보다 더 가치 있게 생각한다. 많은 아시아 부모들은 자녀가 직업훈련보다는 학교에 다니는 걸 선호한다. 독일에서 직업훈련을 받는다는 것이 가치가 인정되는 것과 대조적이다.

지식경제의 중요성을 강조하며 이전과 똑같은 방식으로 계속 갈 순 없다. 교과과정도 재검토해야 하고 역량과 성과를 기반으로 다시 봐야 한다. 여성들, 소녀들에게 직업교육을 제공하는 것도 중요한 문제다. 한국은 비교적 상황이 좋은 편이지만 많은 국가에서는 여성이 2등 시민이 아니라 3등, 4등 시민 취급을 받는다. 소외되고 있고 양질의 일자리에 접근할 수가 없다.

사람들은 점점 이동을 많이 한다. 이러한 이동 과정에서 사람들이 자신의 능력을 충분히 인정받게 할 수 있는 인증제도가 요구되는 시점이다. 정규교육의 직업교육화도 필요하다. 과거에는 중·고교 교육이 주로 입시를 위해서 이뤄졌다. 그래서 학문적이었다. 중·고등교육 자체가 고용의 준비 과정이 되어야 한다. 고교나 대학의 교육을 넘어서 직장교육 등도 포함하는 평생교육 체계를 구축하는 것도 과제다. 교사들을 지속적으로 재교육시켜야 하는 것도 요구된다. 교사들이 '학습'과 '교습'을 오가도록 해야 한다. 가치관, 윤리관 등을 말하는 '소프트 스킬'도 중요하다. 금융위기는 경제위기가 아니라 도덕적 위기다. 개인 이익이 집단의 이익에 배치되더라도 개인 이익을 추구하는 것과 관련되어 있다.

유연한 학습 시스템 구축이 필요하다

토마스 슈뢰더(독일 국제협력유한책임회사 아시아지역 본부장)

1876년 고종대왕을 위해 일한 외국인 컨설턴트가 있었다는 이야기를 들었다. 독일의 국제협력유한책임회사(GIZ)는 국제 원조(ODA)와

토마스 슈뢰더 "학습이나 배움이라는 게 그냥 뭔가 투입만 하는 건 아니다."

관련된 조직으로 1960~1970년대 한국에 원조를 했다. 130여 개 국가에 진출한 조직으로 1만7000여 명의 직원들이 전 세계에 흩어져 일하고 있다. 그리고 2011년에는 20억 유로 정도를 벌었다. 그동안 수백 개의 직업교육 프로젝트를 전 세계적으로 추진했다. 독일은 직업교육 공여국으로 1억2500만 유로의 가치를 올 들어 세계 각국에 기여했다. 현재 GIZ는 80여 개의 직업교육 프로젝트를 추진 중이다.

GIZ의 TVET 시스템은 기업과 연계가 강하다. 그 중에서도 직업교육교사를 양성하는 프로그램이 우리의 핵심이다. 현재 아시아 지역의 파트너 국가는 10개다. 8개의 파트너는 중국, 인도네시아, 말레이시아에 있는 대학이다. 지역 차원에서 대학이나 다른 이해당사자들을 위해 플랫폼을 구축했다. 그러자 아시아 전역이 다함께 사용할 수 있는 플랫폼을 구축해서 직업교육 교사들이 서로 아이디어를 공유하고 각 나라, 각 대학이 제도적인 역량을 강화시켜서 지역 차원에서 통합과정을 시도해보자는 이야기가 나왔다. 이와 같이 GIZ는 끊임없이 TVET에 대한 개혁을 하려고 한다. 학습이나 배움이라는 게 그냥 뭔가 투입만 하는 건 아니다. 투입 대비 나오는 게 뭔지도 생각해봐야 한다. 학습이란 건 액션에 대한 연구다. 필요할 때마다 거기에 적응하고 워크숍을 통한 인풋을 통해 끊임없이 변하는 과정이 중요하다. 특히 교사들은 실무적인 스킬이 부족할 수도 있다. 현장에 대한 감각이 떨어질 수도 있다. 그래서 직업교육 교사

 용어설명 |

두뇌유출(brain drain)

국가 차원에서 고급 인력을 제대로 관리하지 못하는 상태를 지적하는 표현. 선진국으로 유학을 간 뒤 돌아오지 않고 현지에 눌러 앉는 사람들이 늘어나는 것 등이 해당된다. 이는 인재가 한 나라의 바깥으로 빠져나가는 '외적 유출'에 해당된다. 제2차 세계대전 후 유럽 각국에서 미국으로 주요 인재들이 떠난 것이 대표적이다. 당시 유럽과 미국의 기술격차 원인을 인재 유출에서 찾는 견해가 적지 않게 대두됐다. 한국의 경우에도 미국 등 선진국으로 이공계통의 두뇌 유출이 적지 않아 사회적으로 문제가 됐다. 또 국내 전문 인력이 자신의 능력과 관계없는 곳에 종사해 유효하게 이용되지 못하는 '내적 유출'도 두뇌유출에 해당된다.

TVET(Technical Vocational Education and Training)

직업기술교육훈련. 유네스코는 빈곤을 퇴치하고 경제 회복과 지속 가능한 발전을 위해 직업과 기술에 관련된 교육·훈련 수요가 급증하고 있다고 보고 TVET을 활성화하기 위한 다양한 프로그램을 진행하고 있다. 유네스코는 TVET의 질적 수준을 높이기 위해서는 자격요건을 갖춘 교사, 내적 동기가 강한 교사들을 우선 양성해야 한다고 지적하고 이와 관련된 국가별 연구를 진행 중이다. 연구 결과는 2013년 발표될 예정이다. 한국 정부는 특히 아프리카의 TVET 시스템을 향상시키기 위한 BEAR(Better Education for Africa's Rise) 프로젝트를 지원하고 있다.

들이 전문가들로부터 배울 수 있도록 시스템을 구축해야 한다는 이
야기도 나온다.

토마스 슈뢰더

독일 국제협력유한책임회사(GIZ) 직업교사교육협력프로젝트 아시아지역 본부장을 맡
고 있다.

| 제4부 |

특성화 교육의 창조적 인재육성

01 버클리 음대는 어떻게
실용음악의 메카가 되었나?

2012년, 가수 싸이는 한국 가요의 역사를 새로 썼다. 6집 앨범 '싸이 육갑(싸이6甲)'의 타이틀곡 '강남스타일'로 미국 빌보드 메인 차트 핫 100에서 6주 연속 2위 자리를 지키며 일약 월드스타 대열에 올라섰다. 싸이의 '강남스타일'은 11월 24일 유튜브에서 8억376만 1928건의 조회수를 기록해 팝스타 저스틴 비버를 제치고 유튜브 역사상 최다 조회수 기록을 세웠다. 유튜브를 통해 지구촌 전역에 파고든 '강남스타일'은 전 세계 사람들을 '말춤 열풍'에 빠뜨렸다. 미국 MLB 구장, 남태평양 뉴칼레도니아 바다, 필리핀 교도소, 8만 명이 모인 서울시청 앞 광장에서도 말춤 열풍은 이어졌다.

'글로벌 인재포럼 2012'를 찾은 로저 H. 브라운 버클리 음대 총장은 세션에서 "싸이는 서로 다른 언어를 쓰는 사람들이 함께 즐기고 웃을 수 있는 코드를 잡아냈기 때문에 성공한 것"이라고 말했다. 그는 "앞으로 아시아, 남미, 중동 등 유럽과 미국을 제외한 지역에서 제 2의 마이클 잭슨이 탄생할 것"이라고 전망했다.

1945년 미국 보스턴에 설립된 세계 최대의 독립 음악대학 버클리 음대는 재즈, 록, 팝 음악 외에 힙합, 레게, 살사 등 다양한 현대음악을 12개의 전공으로 나누어 가르치고 있다. 메사추세츠 공대 출신 피아니스트이자 작곡가인 로렌스 버크(1908~1995)가 세운 쉴링거 하우스(Schillinger House)에서 출발했으며, 현재 전 세계 80개국에서 몰려온 유학생이 전체 학생의 절반 이상을 차지하고 있다.

버클리 음대는 '예술학교'가 아니라 '예술 실험실'을 지향한다. 브라운 총장은 버클리 음대가 실용음악의 메카가 될 수 있었던 비결에 대해 "테크닉만 가르치는 것이 아니라 서로 다른 문화를 배우고 존중하는 법을 가르치기 때문"이라고 했다. 그는 또 "학생들은 한 해에 1000회가 넘는 콘서트를 자발적으로 열고, 방학 때면 친구의 나라로 여행을 떠난다"며 문화의 다양성을 존중하는 것이 세계적인 콘텐츠를 만들어 내는 비결이라고 강조했다. 또 "버클리 음대를 거쳐 간 가수 싸이처럼 버클리 음대 졸업생들이 할리우드 영화시장, 영국과 미국의 팝 음악시장에서 눈부시게 활약할 수 있는 배경에는 문화적 자양분이 있다"고 분석했다.

지금까지 버클리 출신들은 대중음악 분야 최고 영예의 그래미상을 총 222회나 휩쓸었다. 전체 졸업생 중 80%가 음악 산업분야 취업에 성공했다. 브라운 총장은 버클리 음대가 다른 음악학교보다 앞설 수 있었던 이유로 '전천후 음악 인재'를 만드는 교육 방식을 꼽았다. 버클리 음대를 졸업하려면 전체 120여 학점 중 영문학·예술사 등 절반 정도의 교양 학점을 이수해야 한다. 신입생의 40%가 1학년을 마치지 못하고 중퇴하고, 졸업까지 학업을 지속하는 학생이 60%뿐인 이유다.

브라운 총장은 "전공 장르와 상관없이 멜로디, 리듬, 하모니를 전부 섭렵해야 한다"며 "일부 학교는 하모니만 중시하지만 세 가지 모두 잘 해야 어느 분야로 진출하든 창작자로서 제 역할을 다 할 수 있다"고 말했다. 그는 특히 "전통의 '보존'보다는 새로운 창조나 발견에 초점을 맞춰 교육하고 있으며 학생들이 자신의 재능을 발전시킬 수 있도록 최고의 환경을 제공하려 애쓰고 있다"고 강조했다.

버클리 음대 재학생 중 가장 많은 비율을 차지하는 국적은 한국이다. 그는 "뛰어난 창작 음악은 여러 나라의 전통과 음악적 뿌리에서 오는 것"이라고 강조하며 "한국인들은 서로 잘 돕는 문화를 갖고 있는 데다 이질적인 문화를 쉽게 받아들이고 재해석하는 능력이 뛰어나다"고 해석했다. 한국인들의 뛰어난 음악적 역량으로 최근 K팝이 일본, 중국 등 아시아를 넘어 LA, 뉴욕 등 세계적인 도시를 장악하게

숫자로 보는 버클리 음대

222회	버클리 출신의 그레미상 수상 횟수
80%	졸업생의 음악업계 취업률
80개국	재학생들의 국적
4131명	전체 학생 수
524명	재학생 수
11명	교사 1인당 학생 수
1000회	학생들이 여는 연간 콘서트 수

됐다는 것이다. 그는 "버클리 학생 중 가수 서문탁은 특히 잊을 수 없다"며 "그의 노래를 처음 들었을 때 '로큰롤의 제왕' 엘비스 프레슬리의 고향 멤피스에서 나고 자란 사람인 줄 알았다"고 회상했다.

브라운 총장은 음악 학도들에게 "꿈을 한 곳에 고정시키지 말라"고 조언한다. 그는 "버클리 음대에 유학을 오는 학생들 대부분은 작곡에만 관심을 갖는 경향이 있다"며 "작사, 프로듀싱, 엔지니어링, 음악 치료, 음악 교육 등 분야를 조금 더 넓히면 자신의 강점을 살릴 수 있는 더 넓은 세계가 펼쳐질 것"이라고 강조했다. 그는 또 "음악이 거대한 엔터테인먼트 산업의 일부가 됐지만, 창작자들은 예술이 가진 본래의 역할에 대해 더 고민할 필요가 있다"며 "서로 다른 것을 이해하고 존중하는 문화의 중심에 음악이 존재한다"고 말했다.

| 강연 |

서로 다른 문화와 개성을 인정한다

로저 H. 브라운(버클리 음대 총장)

나의 세 아이가 어렸을 때 영어로 번역된 동화책을 자주 읽어줬는데, 그중 가장 좋아하던 책은 '바보온달과 평강공주'라는 번역서였다. 감각 있고 용감한 평강공주는 남들이 다 손가락질하던 바보온달의 잠재력을 알아보고 시와 글씨, 무예 등을 가르쳤다. 한국의 부모와 대학도 의사, 변호사 등 전통적인 진로만을 강조할 것이 아니라 평강

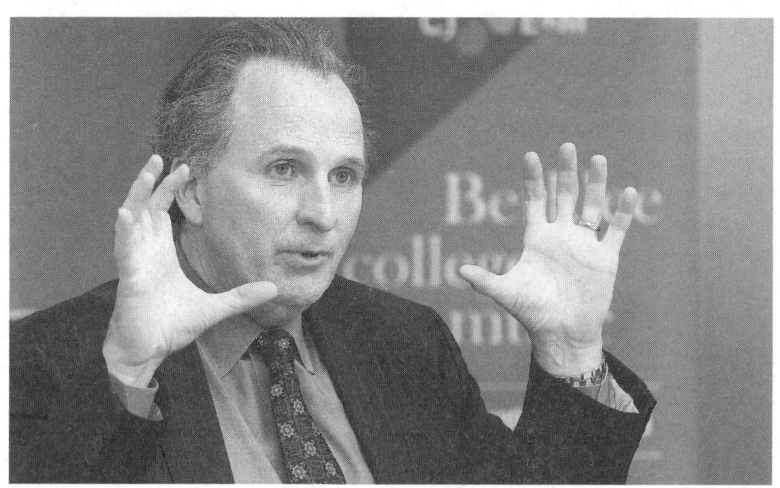

로저 H. 브라운 "성공은 서로 다른 문화와 개성을 인정하는 자유로운 DNA에서 비롯됐다."

공주처럼 아이들의 숨겨진 재능을 알아볼 혜안이 필요하다.

버클리 음대의 성공은 서로 다른 문화와 개성을 인정하는 자유로운 DNA에서 비롯됐다. 질서 정연하게 정돈된 영국식 정원을 보여주고 잘 닦인 길을 가라고 강요하는 것이 아니라 개개인이 자신의 길을 개척해갈 수 있는 아마존 정글을 만들어주는 게 창의 교육의 핵심이다.

영화 '양들의 침묵', '반지의 제왕' 등의 음악을 작곡한 하워드 쇼어, 에미넴과 닥터 드레 등 힙합 음악가들과 공동작업을 해온 드완 파커, 기숙사에서 만든 1집 앨범으로 세계적인 인기를 얻은 싱어송라이터 존 메이어, 지난 그래미상 시상식에서 재즈음악가 최초로 신인상을 받은 에스페란자 스팔딩 등 버클리 졸업생들은 다양한 문화적 배경으로 전 세계 음악 산업을 쥐락펴락 하고 있다.

버클리 음대는 재즈와 블루스 장르를 기본으로 1954년 설립됐다. 길지 않은 역사에도 불구하고 버클리 졸업생들은 영국과 미국의 영화와 음악 시장을 장악했다. 다른 음악 학교들이 클래식 음악을 기본으로 기성세대의 음악을 계승하는 데 초점을 맞춘다면 버클리 음대는 재즈와 블루스라는 자유로운 장르에 초점을 맞춘다. 재즈는 어떤 아이디어, 어떤 장르와도 융합할 수 있기 때문에 '전천후 음악 인재'를 만드는 데 용이한 음악이기도 하다.

한국은 버클리 음대 입장에서 아주 중요한 나라로 떠오르고 있다. 음악과 예술 분야뿐 아니라 IT 등 많은 분야에서 세계에 큰 영향력을 끼치는 나라가 됐다. 우리는 학생을 뽑을 때 기타를 얼마나 훌륭하게 연주하느냐보다는 창의성과 도전 정신을 가장 중요하게 생각한다. 반항적이면서도 스스로 규칙을 만드는 사람들이 스타가 된다. 아무리 아름답게 악기를 연주할 수 있더라도 자기만의 색깔이 없다면 스티비 원더나 밥 딜런 같은 거장은 될 수 없다. 나는 해마다 44개 도시를 돌아다니며 재능 있는 음악 인재를 발굴하는 데 힘쓴다. 싸이가 유튜브 조회수 8억 건 이상을 기록하며 월드스타가 된 것만 봐도 앞으로 제2의 마이클 잭슨은 유럽과 미국이 아닌 아시아나 아프리카, 중동, 남미 등 새로운 문화권에서 탄생할 것이다.

과학자 뉴턴은 빛이 흰색이 아니라 다양한 색이 합쳐져 있다는 것을 깨달았다. 창의 교육은 정보, 과정, 종합처리 모두가 중요한 요소다. 우리가 마주하고 있는 교육 현실을 개선하려면 우선 교실을 벗어나야 할 것이다. 그래서 새로운 기술을 활용해 기존 음악의 틀을 부수는 것 역시 학생들에게 강조하는 부분이다.

 **로저 H. 브라운**

로저 H. 브라운 버클리 음대 총장은 비버클리 출신으로는 최초의 총장이다. 1980년 부인 린다 메이슨과 태국-캄보디아 국경에서 빈민구호단체 '랜드 브릿지'를 결성해 하루 평균 2만5000명에게 식량을 제공했다. 미국으로 돌아와 예일대 경영대에서 MBA과정을 마친 브라운 총장은 캄보디아에서의 경험을 바탕으로 부인과 함께 《쌀, 경쟁, 그리고 정치학》을 펴냈다. 1986년 보스톤으로 돌아와 어린이 보육 지원 단체 '브라이트 호라이즌'을 설립, 현재 1만9000여 명의 직원을 거느린 미국 최대 보육 지원 기업으로 키워냈다. 공공성과 수익성의 두 마리 토끼를 잡은 공로를 인정받아 2004년 버클리 음대 3대 총장으로 취임했다.

 **| 토론 | ❶**

나는 세계 최고의 음악 엔지니어가 될 것이다

황병준(사운드미러코리아 대표)

서울대 공대를 졸업하고 관련 전공으로 석사를 받기 위해서 1997년에 미국으로 떠났다. 자유로운 미국의 도시를 활보하다 문득 '내가 진짜 원하는 게 뭘까?' 스스로 질문을 던졌다. 음악을 전공하지는 않았지만 음악 엔지니어링에 눈을 뜨게 됐고, 아무것도 모른 채 버클리 음대에 지원했다. 그때 인터뷰 질문지에 이렇게 썼다. '나는 세계 최고의 음악 엔지니어가 될 것이고, 10년 뒤 그래미상을 받을 것이다.'

막연하기만 했던 그 꿈은 올해 초 그래미상 수상자 명단에 한국인 최초로 이름을 올리며 현실이 됐다. 버클리의 강점은 일반 학교처럼 과제와 수업에 초점을 맞추는 것이 아니라 현장에 초점을 맞춘다는 데 있다. 교수님들께 요구해 안드레아 보첼리, 보스톤 심포니 오케스트라 등 세계적인 수준의 음악가들과 함께 작업할 기회를 얻기도 했다. 아시아, 아프리카 등 여러 나라에서 자기 음악을 하러 온 친구들이 많아 퓨전 음악을 실험하는 데 최적이다. 물론 공대 출신이라 고생도 많았다. 2년 동안 프로의 세계로 뛰어들기 위해 본인의 악기를 하나 해야 했기 때문에 피아노를 배우는 데 온 힘을 쏟았고, 합주와 화성법, 대위법 등을 다 공부해야 했다. 어느 것 하나 빠짐이 없어야 졸업이 되기 때문에 당시 2~3시간 잠을 자며 공부했는데 지금은 어느 장르의 음악인들과 작업을 하든 소통하는 데 별 문제가 없다.

버클리는 세계의 축소판이다
서문탁(가수)

버클리 음대로 유학을 생각한 이유는 세 가지였다. 10년간 가수 활동을 했지만 이론적으로 부족함을 늘 느꼈고, 앞으로 가수로서 어떤 정체성을 찾아갈지 고민했으며, 또 세계적인 무대에 서고 싶은 욕심이 있어서였다. 재즈나 클래식을 가르치는 음악학교는 많지만 대중음악에 특화된 학교는 버클리뿐이었다.

음악 교육에는 이론과 실습의 균형이 가장 중요하다. 악기를 못 다루던 사람이라도 버클리에서는 모두 악기를 배워야 한다. 버클리 음대 근처 아파트에서는 매일 밤 크고 작은 공연이 자발적으로 열린다. 옆집에서 매일 펑크, 락, 재즈 등 장르를 바꿔가며 학생들끼리 연주를 한다. 정말 음악을 사랑하는 사람들이 모이는 곳이 버클리 음대다.

전문가들의 세미나를 통해 경험을 공유하는 것도 학생들에게 좋은 기회로 다가온다. 브리트니 스피어스 앨범을 제작한 클라우드 켈리, 존 메이어 등 세계적인 제작자나 가수들과 1대1로 세미나를 연다. 학생들과 지역별로 음악 여행을 떠나 음악적 네트워크를 다지고 게릴라 공연을 열기도 한다.

학교 주최의 공연이 1000회 이상 열리는데, 오디션과 심사를 거쳐 자연스럽게 경쟁을 하는 무대다. 버클리는 세계의 축소판이다. 많은 국적의 학생들이 음악을 공유하면서 새로운 음악을 탄생시킨다.

브라운 총장과 버클리 음대 졸업생들

컬처 테크놀로지로 시대의 정서를 읽어낸다

김연정(SM엔터테인먼트 음악프로듀서)

현재 SM엔터테인먼트 전속 작곡가, 음악프로듀서로 일하고 있다. 99년도에 버클리 음대에서 뮤직 프로듀싱과 엔지니어링으로 졸업했다. K팝이 미국과 유럽에서 큰 인기를 끌면서 'SM은 어떻게 음악을 만드느냐' 는 질문을 많이 받는다. 사실 버클리 음대에서 배우던 것과 비슷한 점이 많다. 순간적인 감에 의존하기 보다는 이론화되고 체계적인 기술이 바탕이 되어 있다. 음악이나 안무, 뮤직비디오, 아티스트의 메이크업까지 '컬처 테크놀로지' 라는 통계적 자료를 통해 만들어낸다. 예술에 공식이 있는 것은 아니지만 대중음악에는 그 시대를 관통하는 정서가 분명히 있다. 그런 것들을 꿰뚫으려면 세계인들이 공감할 수 있는 새로운 문화를 만들어내는 것이 무엇보다 중요하다.

버클리 음대는 어떤 학교인가?

재즈나 록, 팝과 같은 대중음악을 하고 싶어 하는 젊은이들에게 버클리 음대는 '꿈의 대학'이다. 버클리 음대는 마이클 잭슨을 키운 명제작자 퀸시 존스, 재즈 연주자 브랜퍼드 마살리스, 팻 매스니 등 세계적인 대중음악가들을 키운 세계 최고의 실용음악학교다. 한국에도 80년대 초부터 버클리로 떠났던 음악가들이 귀국해 대중음악, 영화음악 등 다양한 분야에서 활발하게 활동하고 있다. 올해까지 집계된 버클리 동문은 총 1070명에 달한다.

미국 헐리우드 영화 시장과 음악 시장은 '버클리파'가 장악했다고 해도 과언이 아니다. 지난해와 올해 개봉한 블록버스터 영화의 음악감독과 작곡은 버클리 졸업생들이 도맡았다. 음악 총감독은 70~80년대 졸업생이 맡고, 작곡과 프로그래밍은 2000년대 이후 졸업생들이 맡은 경우가 대부분이다.

올해 전 세계에서 3억8000만 달러의 수익을 올린 영화 '헝거 게임'의 음악감독은 1980년에 버클리 음대를 졸업한 커티스 라우시가, 음악 프로그래머는 2005년 졸업생인 제로미 르로이가 맡았다. '어벤져스(2012)'와 '휴고(2011)', '캐리비안의 해적(2011)', '미드나잇 인 파리(2011)', CSI시리즈 등 세계적으로 인기를 끈 블록버스터 영화와 드라마 음악은 모두 버클리 음대 출신들의 작품이다. 팝 음악 시장에서도 다르지 않다. 에미넴, 블랙 아이드 피스, 리한나, 카니예 웨스트, 노라 존스, 에이브릴 라빈 등 내로라하는 월드 스타들의 새 음반은 버클리 음대 출신들이 기획, 제작했다. 앨범 프로듀서나 엔지니어로 참여하기도 한다.

한국인들의 버클리 음대 유학은 1980년대 초반 시작됐다. 정원영(피아니스트)·한상원(기타리스트) 호원대 교수, 한충완(피아니스트) 서울예대 교수, 김광민(피아니스트) 동덕여대 교수 등이 버클리 음대 유학 1세대로 통한다.

　버클리 음대 출신 가운데 최근 가장 활발한 활동을 하는 뮤지션은 김동률과 윤상이다. 아이돌을 제외하면 앨범 판매고와 콘서트 흥행 모두 최강자로 꼽히는 김동률도 1999년 버클리 음대 작곡과에 입학해 2003년 졸업장을 받았다. 1990년 '이별의 그늘'로 데뷔해 1·2집 앨범을 100만장 이상 팔아치웠던 싱어송라이터 윤상은 2002년 결혼 후 뒤늦게 미국 유학을 떠났다. '남남' '동행' '풀잎사랑'의 최성수는 1996년 불혹의 나이에 버클리 음대 작곡과에 입학해 2000년도 학사를 취득한 만학도다. 지난해 12월 버클리 음대 한국총동문회 초대회장으로 선출됐다.

　'강남스타일'로 영미 차트를 강타한 싸이 역시 1998년 버클리 음대에 입학했다. 다만 졸업은 하지 못했다. 싸이는 최근 기자회견에서 "미국에서도 버클리 음대를 다닌 것이 음악 활동에 도움이 되었냐는 질문을 많이 받았다."면서 "출석을 총 5회쯤 했기 때문에 음악적 도움은 전혀 받지 못했다"며 농담을 했다. 그렇다고 싸이가 '열등생'이었던 건 아니다. 버클리 음대는 입학보다 졸업이 더 힘든 걸로 정평이 나 있다. 졸업을 하려면 전체 120여 학점 중 영문학·예술사 등 절반 정도의 교양 학점도 이수해야 한다. 신입생의 40%가 1학년을 마치지 못하고 중퇴하고, 졸업까지 학업을 계속하는 학생은 60%뿐이다.

　이밖에 아이돌그룹 2NE1의 박봄, 디바 장혜진(한양여대 실용음학과 교수), 재즈 보컬리스트 말로(정수월), 유명 프로듀서인 조PD(조중훈), 태진아의 아들로 먼저 알려진 이루(조성현), 색소폰 연주자 대니 정, 다섯손가락의 멤버였던 이두헌, '빛과 소금'의 베이시스트 출신 장기호 서울예대 교수도 버클리 음대를 다녔거나 졸업했다. 여성록커 서문탁은 현재 버클리 음대에 재학 중이다.

02 세계 일류 쉐프·호텔리어의 산실, 르꼬르동블루

조선시대까지만 하더라도 요리사는 아무리 출세해도 중인 신분에서 벗어나지 못했다. 궁중 음식을 만드는 요리사들은 모두 종6품에서 종9품까지 품계를 지닌 조리 기술자들로 모두 양반 신분으로는 올라설 수 없었다.

하지만 21세기 '셰프(주방장)'의 신분은 다르다. 서양뿐 아니라 한국에서도 이제 셰프는 장인이나 예술가로서의 지위를 인정받기 시작했다. 높은 삶의 질에 대한 욕구가 커지면서 자연스레 요리에 대한 사회적 관심도 많아졌다. 최근 케이블 텔레비전에선 아마추어 요리사들이 독창적인 요리법으로 경합하는 프로그램이 선풍적 인기를 끌기도 했다. 이러한 사회적 분위기 때문에 요리사를 꿈꾸는 학생들도 점차 늘고 있다.

글로벌 인재포럼의 발표자로 나선 앙드레 쿠앵트로 르꼬르동블루 회장은 요리사를 지망하는 학생과 훌륭한 요리사를 배출하고자 하는 학교 모두가 관심을 가질 만한 인물이다. 1895년 파리에 처음 설립된 르꼬르동블루는 전 세계 20개 나라에 40개 분교를 설립한 세계적인 요리 · 제과 · 제빵 학교다. 이를 통해 연간 2만5000명의 요리 전문가를 배출한다. 교육과정을 모두 마치면 받을 수 있는 '르꼬르동블루 그랑 디플롬' 학위는 요리 전문가로서 전 세계적으로 인정을 받는 상징으로 여겨진다. 한국에서도 2002년 숙명여대와 합작해 '르꼬르동블루-숙명아카데미'를 세워 지금까지 2000명이 넘는 한국 졸업생을 배출했다. 미국의 CIA(Culinary Institute of America), 이탈리아의 ICIF(Italian Culinary Institute for Foreigners) 등과 함께 '세계 3대 요리학교'로 알려져 있다.

쿠앵트로 회장은 르꼬르동블루가 직업 전문교육 학교로 성공할 수 있었던 비결로 고등교육 과정과 전문교육 과정을 성공적으로 접목시킨 점을 꼽았다. 또한 그는 "인턴십 등 졸업 전 현장에서 활약할 수 있는 기회를 주고 있는 것도 학생들을 끌어들일 수 있는 요인이었다"며 르꼬르동블루가 전 세계에 48개 분교를 세울 수 있었던 비법을 글로벌 인재포럼에서 소개했다.

쿠앵트로 회장은 "5년간 학교를 다니며 이론을 배우는 것보다 6개월간의 인턴십이 더 귀중한 자산이 될 수 있다"며 학교와 업계 간 긴밀한 협력을 재차 강조했다. 프랑스 요리법을 전수하는 데 그치지 않고 각 지역의 전통음식에 대한 이해를 돕는 것도 르꼬르동블루 교수법의 특징이다. 쿠앵트로 회장은 "각 나라에는 독특한 음식 문화가 있다"며 "지역의 특징을 요리에 반영할 수 있도록 전통 음식과 현대 요리의 퓨

전 학습법을 가르치기도 한다"고 강조했다. 르꼬르동블루 한국 분원은
2005년 김치를 이용한 프랑스 요리법에 관한 책을 내기도 했다.

르꼬르동블루는 어떤 가치를 추구하는가

앙드레 J. 쿠앵트로(르꼬르동블루 회장)

르꼬르동블루는 전 세계에 48개 학교를 설립한 명문 요리학교다. 내
년에도 학교를 더 개교할 계획에 있다. 르꼬르동블루가 세계적으로
성공한 이유를 몇 가지 들 수 있다. 첫 번째로 직업 교육과 고등 교육
을 성공적으로 결합했다는 점을 들 수 있다. 두 번째로 외식업계 현
장과 긴밀하게 협력하고 있다는 점을 꼽을 수 있겠다. 세 번째로는
요리 관련 신기술을 재빨리 도입하고 있다는 점이다. 식이요법학이
나 응용영양학 등을 비롯해 새로운 요리 트렌드를 교과과정에 어떻
게 포함시킬 것인가에 대해 고민을 많이 하고 있다.

나는 단순한 경제성장뿐 아니라 동시에 어떻게 일자리를 창출하
고 삶의 질을 개선해 나갈 것인가에 대해 얘기하고자 한다. 어떤 인
재를 육성해 더 나은 서비스와 제품을 만들고 이를 경제 성장으로 구
현시킬 것인가에 대해 말이다.

르꼬르동블루는 1895년 설립된 가장 오래된 요리학교 중 하나다. 르
꼬르동블루가 이렇게 성장할 수 있었던 이유 중 하나는 프랑스 특유의

앙드레 J. 쿠앵트로 "직업 교육에 있어서 중요한 것은 기초를 탄탄히 하는 것이다."

문화 때문이다. 프랑스에서는 주방장(셰프)을 항상 예술가로서 바라본다. 단순히 요리를 해주는 사람의 의미를 넘어, 프랑스에서 셰프라는 직업은 예술가로서의 직위를 가진다. 이런 프랑스의 문화가 르꼬르동블루가 성장할 수 있었던 요소 중 하나가 아니었나 하는 생각이 든다.

직업학교를 운영할 때 또 하나 중요한 것은 어떠한 '가치'를 추구할 것인가에 관한 것이다. 계속해서 일관된 결과물을 도출하고, 올바른 선택을 하기 위해선 올바른 가치관이 확립돼야 한다는 것은 자명하다. 인생을 살면서 직업인으로서 높은 기준을 따르고, 명예를 유지하는 것은 중요하다.

르꼬르동블루는 지금까지 세계 곳곳에 분교를 설립하기 위해 많은 나라와 협력했다. 호주 정부와는 분교를 세운 이후 성공적인 합작을 해왔다. 특히 호주 르꼬르동블루 시드니 캠퍼스는 1996년 뉴사우스웨일즈 주 정부의 요청으로 2000년 시드니 올림픽 대회 개최를 돕기 위해 설립됐다.

중국과도 꾸준히 협력하고 있다. 중국인이 요리를 위해 유학하는 것이 쉽지 않았을 1941년, 첫 중국인이 파리 르꼬르동블루로 와서 요리를 배운 것이 대표적인 사례다. 중국의 사회 체제 때문에 협력하는 것이 쉽지는 않지만 관련 사업을 중국 당국과 시작하려고 하고 있다.

미국의 사례도 중요하다. 15년 전까지만 하더라도 미국엔 르꼬르동블루 분교가 없었지만 이제 16개 분교가 개관했다. 미국의 르꼬르동블루는 요리뿐 아니라 호텔 경영 분야에서도 선두를 달리고 있다. 올해엔 런던에도 새로운 학교를 개교했다. 중국, 말레이시아에 이어 터키, 뉴질랜드에도 학교를 열었다.

직업 교육에 있어서 중요한 것은 기초를 탄탄히 하는 것이다. 기초를 다진 후 창의성을 발휘할 수 있는 길을 열어주도록 교육하고 있다. 기초를 단단히 다지기 위해 분자요리 등 과학적, 화학적 요소뿐 아니라 식이요법학, 영양학에 대해서도 가르치고 있다. 또한 전 세계 전통요리에 대해서도 교습할 수 있도록 장려한다. 모든 대륙의 독창적인 요리 방법을 배워 창의성을 기르는 데 도움을 주고 있다.

특히 각 지역 분교에서는 해당 국가의 전통 요리를 배울 수 있도록 장려하고 있다. 요리사가 속해있는 지역의 특징을 요리에 반영하라는 철학이다. 2001년에는 한국정부에서 르꼬르동블루에 김치를 재료로 한 요리책을 만들어달라고 요청을 해서 레시피를 개발, 출판했고 8만 부 가량 팔리기도 했다.

요리 학습은 적어도 5년이 걸리는 긴 과정이다. 전통적인 방식은 1~2년 간 직업 교육을 받은 뒤 나머지 기간 동안 학문 교육을 받게 된다. 하지만 르꼬르동블루는 이 같은 과정을 따르지 않는다. 우리가 생각하기에 훨씬 중요한 기준이 있다. 그리고 우리 나름의 기준은 성공했다. 수많은 성공한 졸업생들이 이를 증명한다. 우린 르꼬르동블루의 졸업생들이 여타 경쟁기관의 졸업생보다 5년, 10년 뒤에 훨씬 앞서가길 바란다.

르꼬르동블루는 교육을 시킬 때 단순히 요리 교육뿐 아니라 서비스 경영 부분에도 초점을 맞추고 있다. 직업 능력엔 기본적인 요소 외에도 경영능력, 팀원 관리감독 능력도 포함된다. 이러한 능력을 키우는 것 또한 필수적이다.

르꼬르동블루는 3년 학위 시스템을 갖추고 있다. 그 중 6개월간 인턴십 세션을 진행한다. 외식업계와 연계한 인턴십이다. 학생들에겐 5년간 학교를 다닌 것보다 6개월간의 인턴십이 더 귀중한 자산이 될 수 있다. 현장에서 일을 경험해보면 현실과 산업을 이해하게 되고 공부에 대한 동기부여를 받게 된다.

나는 미래 산업에 대한 준비를 철저히 하라고 얘기하고 싶다. 현재 인구가 폭발적으로 증가하고 있다. 1950년대만 하더라도 10억 명 수준이었지만 현재는 70억 명을 넘어섰다. 이러한 인구의 증가는 남미와 아프리카 쪽에서 특히 많이 일어나고 있다. 1971년 당시 이집트의 인구는 2600만 명에 불과했지만 현재는 8300만 명에 육박하고 있다. 인구 증가율의 97%는 빈국에서 이뤄진다.

이런 상황에서 세계 각국은 심각한 경제 불균형에 시달리고 있다. 중국은 1년에 6조 원 가량의 흑자를 기록하는 반면 미국은 6000억 원의 적자를 내고 있다. 석유 수출 국가들은 막대한 수출 흑자를 기록 중이다. 현재 소위 말하는 '부국(富國)'들은 채무를 기반으로 삶의 질을 개선했다.

하지만 지금 세계 경제는 쉽지 않은 상황이다. 실업 급여를 받던 사람들은 급여를 받지 못해 절망감을 느끼고, 부유층은 그들이 원하는 만큼의 부를 축적할 수 없어서 절망하고 있다.

이러한 불균형성을 해결하기 위해서는 교육의 중요성이 강조돼야 한다. 국가 내, 국가 간 빈부 격차 해결을 위해서도 마찬가지다. 이것이 모두 교육의 테두리 안에서 해결돼야 한다. 그렇지 않으면 개인은 극단적인 욕구가 생기고 자신의 정체성도 고민하게 된다. 교육을 통해 개인과 국가는 성장과 평화를 누릴 수 있다.

나는 올해로 65세다. 이 자리에 있는 학생들에게 꼭 하고 싶은 말이 있다. 야심찬 꿈을 가지라는 것이 그것이다. 인생에서 가장 큰 실패는 큰 꿈을 가지지 않는 것이다. 여러분의 인생은 스스로 개척해나가야 한다. 행복이란 보람 있는 일을 평생 할 수 있는 일을 찾는 것이다.

 **앙드레 J. 쿠앵트로**

1948년 출생한 앙드레 쿠앵트로 르꼬르동블루 회장은 쿠앵트로 리퀴르(Cointreau Liqueur), 레미 마르땡 꼬냑(Remi Martin Cognac)을 만든 가문의 직계손이다. 경제전문 그랑제꼴(HEC)과 파리 시앙스포(정치 전문 그랑제꼴)를 졸업한 뒤 경제학 석사 및 문학사 학위를 취득한 쿠앵트로 회장은 유니레버, 아메리칸 익스프레스에서 재무 분석가로 일하다 1977년 쿠앵트로 그룹에 세일즈 매니저로 입사했다. 1984년 쿠앵트로 가문이 르꼬르동블루를 인수하면서 르꼬르동블루 회장직에 취임했다. 2003년 미국 알리앙스 프랑세즈 연합이 선정하는 올해의 인물로 꼽혔고, 2010년에는 국제 요리 전문가 협회(IACP)로부터 공로상을 받았다. 2008년에는 프랑스 정부가 수여하는 최고의 훈장인 '레지옹 도뇌르 훈장'을 수여했다.

진정한 셰프가 되기 위한 덕목

정혜정(국제한식조리학교 교장)

인재포럼 강연장에 왜 이렇게 사람이 많이 찾아왔나 생각했다. 그만큼 이 시대 젊은이들이 일자리를 찾기 어렵기 때문일 것이다. 미래에 어떤 일자리가 특히 많이 생길지 생각해봤을 때 요리학은 앞으로 크게 성장할 수 있는 분야 중 하나다.

국제한식조리학교는 지난 9월 개교했다. 셰프가 되기 위해서는 몇 가지 중요한 자질을 갖춰야 한다. 국제한식 조리학교는 이러한 자질들을 학생들에게 채워주려 한다. 먼저 셰프가 되기 위해서는 단순한 조리기술만이 아니라 과학적, 문화적 소양도 길러야 한다. 퓨전 음식을 위한 다양한 기술을 배우는 것 또한 중요하다. 농업 전반에 관한 지식을 쌓는 것도 중요하다. 요리에 대한 확고한 철학을 가지는 것 역시 빼놓을 수 없다. 한국에는 아직 요리에 대한 철학과 방향을 제시해줄 수 있는 학교가 없는 것 같다. 국제한식조리학교가 그런 역할을 하려고 한다.

조리장은 그룹으로 일해야 하는 사람이다. 팀원들과 요리 외에 부수적인 일들까지 함께 해나가야 한다. 그렇기 때문에 언어장벽을 해소하는 것 또한 중요한 일이다. 외국에 취업하러 나간 한국학생들 중 요리 실력이 뛰어나도 취업을 하지 못하는 사람들이 있다. 언어 때문이다. 언어 문제만 해결된다면 한식의 세계화 문제는 훨씬 수월하게

쿠앵트로 회장과 토론 참석자들

해결될 수 있을 것이다.

화학 분야에 대한 지식을 습득하는 것 또한 중요하다. 서양에서는 화학자와 요리사가 함께 협업해 요리법을 만드는 일이 비일비재하다.

인간관계를 다루는 법 또한 요리사가 갖춰야 할 덕목이다. 팀으로 일하기 때문에 서로를 잘 알아야 하고, 돌봐줘야 한다. 요리사를 교육하는 데 있어서 이런 부문을 고려한다면 훌륭한 요리사를 배출할 수 있을 것이라고 생각한다.

요리는 예술이다!
– 앙드레 쿠앵트로 회장 인터뷰 –

"요리라는 건 인간의 오감(五感)으로 느끼는 예술이죠. 학생들이 미각과 후각, 시각을 최대한 활용해 온몸으로 요리를 배울 수 있도록 하고 있습니다"

세계적 요리학교인 르꼬르동블루의 앙드레 쿠앵트로 회장은 "110년 전통인 르꼬르동블루의 힘은 '기본'을 중시하는 데서 나온다"며 이같이 말했다. 강의실에서 수업하지 않고 실습실에서 교수와 학생이 교감하는 학습법을 택했다는 설명이다.

쿠앵트로 회장은 전 세계 요리사 지망생들이 르꼬르동블루로 요리를 배우기 위해 몰려드는 비결로 '기본을 중시하는 교육 방식'을 꼽았다. 르꼬르동블루 교육 방식의 가장 큰 특징은 대부분의 요리 교육이 실습 교육으로 이뤄진다는 것이다. 쿠앵트로 회장은 "이론 교육조차 강의실에서 하지 않고 실습실에서 이뤄진다"며 "교수가 식자재를 선택하고 다루는 일련의 과정을 모두 보여주고 완성된 요리를 맛볼 수 있게 해주는 '시연 강의'가 전체 강의 중 50% 비중을 차지한다"고 설명했다. 어떤 화려한 경력을 가진 요리사든 일단 르꼬르동블루에 입학하면 칼 잡는 방법과 재료 썰기, 소스 만드는 법 등 기초부터 다시 배워야 한다.

앙드레 쿠앵트로 회장은 "인문학적 상상력을 길러야 창조적인 요리를 만들어낼 수 있다"고 강조했다. 쿠앵트로 회장은 "피아노 치는 법을 가르칠 때 악보를 읽는 법을 완벽히 마스터해야 하는 것처럼 단순히 '오일파스타 만드는 법' 같은 메뉴 30여 가지를 가르치는 데 그치지 않고 식자재를 다루는 법, 각 요리 간 궁합을 맞추는 법 등 요리의 기초를 충분히 익히는 것이 가장 중요하다"며 "그래야 어느 분야에 진출하든 요리사로서 역할을 제대로 할 수 있다"고 강조했다.

쿠앵트로 회장은 '교실 외 수업'의 중요성은 아무리 강조해도 지나치지 않다고 역설했다. 그는 "르꼬르동블루의 학생들은 주기적으로 교수들과 직접 시장을 보러 간다"며 "좋은 맛을 내는 식자재가 어떤 것인가를 직접 눈으로 보고 배우는 것"이라고 설명했다.

그는 "온 감각을 사용해 배우는 것이 혁신적 음식 개발로 이어진다"고 덧붙였다. 인턴십을 장려하는 것도 마찬가지 이유다. 한국 분교에서도 하얏트, 메리어트호텔 등 1급 호텔과 연계해 매년 학생들의 인턴십을 실시하고 있다.

쿠앵트로 회장은 "단순히 기술을 연마하는 데 그치지 말고 요리를 위한 상상력을 기르라"고 조언했다. 그는 "인문학적 상상력을 기르고, 다른 문화를 받아들이는 데 대한 거부감을 없애는 능력을 키워야 창조적인 요리를 만들어낼 수 있다"고 덧붙였다.

쿠앵트로 회장은 요리사가 경영에 대한 기초지식을 쌓는 것도 앞으로 더욱 중요해질 것이라고 말했다. 그는 "주방 인력을 어떻게 꾸리고 레스토랑을 어떤 방식으로 운영해나갈지 배우는 것은 필수"라며 "요리사도 마케팅, 인적자원, 재정 등에 대한 기초지식을 쌓아놓는 것이 좋다"고 강조했다.

쿠앵트로 회장은 1984년 쿠앵트로 가문이 요리 및 제과 학교 르꼬르동블루를 인수하면서 회장으로 부임했다. 세계적 주류회사인 '쿠앵트로 리퀴르' 창업자의 5세손이고, 외가는 '레미 마르탱 코냑' 집안이다. 그는 "어렸을 때부터 포도 농장에서 뛰어 놀고 자라면서 음식 문화에 대해 자연스럽게 접하고 생각할 기회가 많았다"고 회고했다. 그는 르꼬르동블루를 인수하자마자 커리큘럼을 강화하는 작업을 시작했고, 프랑스 최고 조리장들을 채용해 파리 본교에 투입시켰다. 캐나다 오타와, 영국 런던, 일본 도쿄 등 전 세계 20개국에 분교를 세우면서 공격적으로 세를 확장해 지금 같은 르꼬르동블루의 명성을 쌓은 일등 공신이라는 평가를 받고 있다.

르꼬르동블루의 졸업생들

'르꼬르동블루(le cordon bleu)'는 프랑스어로 '파란 리본'이라는 뜻이다. 하지만 프랑스에서는 종종 '훌륭한 조리장' 혹은 '훌륭한 요리'를 뜻하는 말로 쓰인다. 그만큼 르꼬르동블루는 '좋은 요리'나 '좋은 요리사'에 대한 상징으로 통하는 학교다. 세계 각국의 유명 요리사 약력에서 '르꼬르동블루 졸업'이라는 문구를 보는 것은 어려운 일이 아니다. 르꼬르동블루를 졸업한 대표적 요리사는 1951년 파리 학교를 졸업한 줄리아 차일드다. 프랑스 요리를 미국에 알린 인물로 '미국 요리계의 전설'로 평가되며 그가 쓴 요리책 '프랑스 요리 예술의 통달'은 미국에서 요리책 중 최초로 베스트셀러 반열에 오르기도 했다. 미국 워싱턴DC 스미스소니언 미국사박물관에는 줄리아 차일드의 주방이 그대로 전시돼 있다.

영국의 요리사 메리 베리 또한 르꼬르동블루 출신이다. 1960년 파리 학교를 졸업한 그는 영국에서 70권 이상의 요리책을 출간했다. 텔레비전 요리 프로그램에서 활발하게 활동 중인 그는 다른 요리 관련 프로그램에서 심사위원도 맡고 있다. 이외에도 '사워도(산성반죽)' 개발 등으로 유명한 미국의 낸시 실버튼과 제임스 피터슨 등도 이 학교 출신이다. 파리 학교 '한국인 졸업생 1호'는 국내에서 '소스 전문가'로 알려진 최수근 경희대 교수다. 1985년 졸업장을 받은 최 교수는 신라호텔에서 16년간 총괄조리과장을 지냈다. 최 교수는 "당시 한국에선 잡다하게 복잡한 소스 만드는 법을 배웠는데 르꼬르동블루에서는 소스의 원리를 배워 돌아왔던 것이 큰 도움이 됐다"며 "학교에서 배운 것을 기초로 한국에서 20년간 소스를 연구했다"고 말했다. 이외에도 송희라 세계미식문화연구원장, 다큐멘터리 '누들로드'를 제작한 이욱정 KBS 피디 등도 르꼬르동블루를 졸업했다.

03 디자인 천재를 키우는 파슨스스쿨

도나 카렌, 안나 수이, 알렉산더 왕, 신시아 로리, 마크 제이콥스, 스티븐 마이젤, 톰 포드, 아이작 미즈라히……. 전 세계 패션업계를 주름잡은 이들 톱디자이너의 공통점은 미국 뉴욕의 '파슨스디자인스쿨' 출신이라는 점이다.

1896년 설립된 파슨스스쿨은 영국 센트럴세인트마틴(CSM), 벨기에 앤트워프왕립예술학교와 더불어 세계 3대 패션스쿨로 꼽힌다. 인재포럼에서 사이먼 콜린스 파슨스디자인스쿨 패션디자인학과장은 강한 동문 네트워크뿐만 아니라 유명 기업과의 탄탄한 협력 체제로 널리 알려진 파슨스스쿨의 성공비결을 소개했다.

"우리는 디자인스쿨이지만 패션 디자이너를 양성하는 것만으로 만족하지 않습니다. 업계에서 우리를 찾아와 상의하도록 만드는 최고 선두주자가 되고 싶습니다." 콜린스 학과장은 "파슨스가 유일하게 추구하는 것은 탁월함(brilliance)"이라며 이같이 강조했다.

그는 "좋은 옷만이 아니라 삶 전체에 창의적인 솔루션을 마련해주는 디자인이 파슨스가 지향하는 목표"라며 창의적 디자인을 내놓기 위한 파슨스만의 혁신적 시도들을 소개했다. 그가 꼽은 대표적 사례는 루이비통과의 협업이다. 학교 측은 학생들에게 루이비통 원단을 나눠준 뒤 클래식 오케스트라가 연주하는 음악을 들려주며 그 음악에 맞는 의류를 제작하도록 한다. 파슨스는 최고 작품을 뽑아 음악가들에게 그 옷을 입혀 다시 공연을 하도록 한다.

콜린스 학과장은 "김성주 회장이 최근엔 정당에서 일하시는 것으로 아는데……"라며 성주그룹 'MCM' 과의 협업 사례도 꺼냈다. 그는 "MCM과 협업할 때 그들은 이미 가방 디자인은 잘하고 있기 때문에 '가방에 기술을 도입해 보자' 고 제안했다"며 "저울을 달아 스스로 무게를 표시하는 가방, 대지진 직후 일본을 겨냥한 방독면 모양의 여성 가방 등을 만들었다"고 소개했다.

콜린스 학과장은 '한국 출신 디자이너가 성공하는 법' 을 묻는 질문에 "어디에서 왔는지 잊어버리는 것"이라고 답했다. "파슨스는 품질 높은 디자인을 따를 뿐 국적, 민족, 인종 등은 신경 쓰지 않습니다. 한국 출신이 한국적인 요소가 가미된 멋진 디자인을 내놓아도 좋겠지만, 한국인 톱디자이너 중에선 한국색이 전혀 묻어나지 않는 사람도 많습니다."

콜린스 학과장은 청중에게 "당신이 입고 있는 의상이 당신의 브랜드가 되는 만큼 패션에 꼭 신경을 쓰라"는 조언도 아끼지 않았다. "사람들이 내 외모를 판단하지 않는다고 생각하면 어리석은 겁니다.

멋지게 하고 다니세요. 상점에 갔을 때 못생긴 제품은 절대 사지 마세요."

디자인이란 삶을 창의적으로 살아가는 것이다

사이먼 콜린스(파슨스디자인스쿨 패션학과장)

나는 이탈리아와 뉴욕, 홍콩에서 크리에이티브 디렉터로 일을 했다. 중국, 일본, 한국 등 아시아 전역을 돌아다녔다. 커리어를 보면 나는 늘 좋은 디자인을 강조해왔다. 외모와 함께 어떤 옷을 입는가 역시 중요하다고 생각한다.

좋은 옷은 어디서나 살 수 있지만 디자인은 생활을 통해서 나오는 것이다. 잘 짜여진 방에서 보면 모든 것이 디자인이 되어 있다는 걸 알 수 있다. 과학과 기술 분야에는 열정을 가지고 있지만 우리 모두에게 영향을 끼치진 않는다. 하지만 디자인은 모두에게 영향을 끼친다.

저는 기업을 위해 일하고 있지 않기 때문에 자극적인 대답과 질문을 하는 것이 가능하다. 좋은 옷을 입고자 하는 것은 인간의 본능이다. 하지만 잡동사니나 쓰레기를 덜 생산한다면 기업에게 더 도움이 될 것이다. 1500~1600명 정도의 학생이 있는데 우리는 엄청난 영향력이 있다. 패션센터를 방문하는 관광객들이 파슨스를 꼭 들른다.

모든 사람들이 파슨스를 알고 있다. 매우 유명한 한국인들이 있으

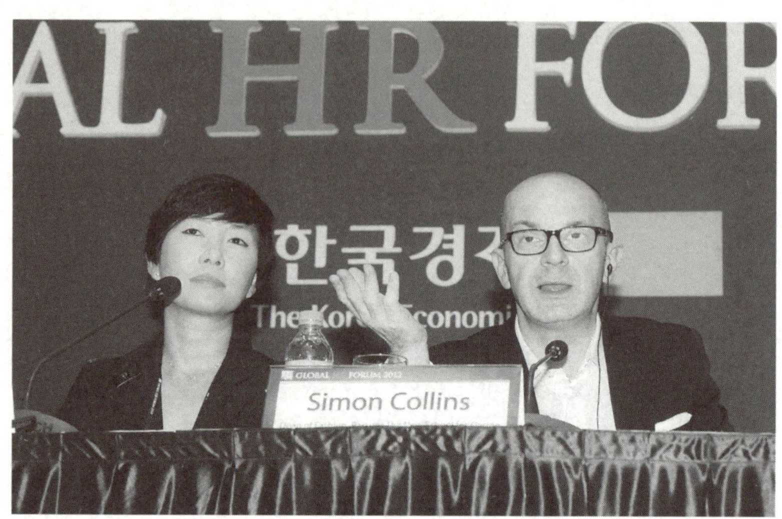

사이먼 콜린스 "학생들에게 도구를 가르쳐주고 창의성을 발휘할 것을 요구하고 있다."

며 우리가 한 가지만 하고 있기 때문에 가능한 것이다. 우리는 팔려고 하는 것이 아니라 탁월함과 뛰어남을 강조할 뿐이다.

기업을 상대로 많은 강연을 하고 있는데 기업에서는 언제나 디자인을 어려워한다. 예를 들어 강단을 디자인한다고 했을 때 강단에만 초점을 맞추는 게 아니라 보다 넓은 시각을 가져야 한다. 창조성과 실패에 대한 개방성을 가져야 한다. 실패는 무언가를 배울 수 있기 때문에 가치가 있다. 과거에 우리는 기본적인 옷을 만드는 방법만 가르쳤지만 지난 몇 년간 우리는 혁신을 해야 한다는 것을 알았다. 학생들에게 도구를 가르쳐주고 창의성을 발휘할 것을 요구하고 있다. 디자인 중심의 사고를 가질 수 있도록 강조하고 있다. 디자인은 삶 전체를 창의적으로 산다는 것을 의미한다.

단순히 패션디자이너로 교육을 시키는 것이 아니라 업계의 선도자가 되는 것이 목표다. 의학, 제약 등의 여러 분야에서는 이미 하고 있는 것이다. 과학 분야에서는 다른 부분에 투자를 해서 생산물을 얻어내지만 디자인 쪽은 그렇게 하지 못했다. 창의성, 디자인과 관련된 모든 것을 가르치고 있다. 엔지니어링 스쿨, 디자이너 스쿨을 한 곳에 모았다.

저는 여러분이 물건을 구입할 때 디자인이 나쁜 것은 사지 않았으면 좋겠다. 저는 PC를 싫어하지만 애플은 좋아한다. 아름답기 때문이다. 사진 전송을 했을 때 잠시 확대되는 디테일적인 요소가 아주 매력적이다.

최근에 글로벌 패션 매거진이 파슨스에 접근해서 쇼케이스와 파슨스의 홍보를 제안했다. 하지만 싫다고 했다. 다른 학교가 먼저 했고 우리가 세 번째였기 때문이다. 패션업계의 유명한 브랜드에서는 가격대와 상관없이 우리와 디자인을 제휴한다. 기능이 있다고 하더라도 디자인이 아름답지 않으면 쓰지 말아야 한다고 생각한다. 단순한 펜이라고 할지라도 못생겼다면 사지 않았으면 좋겠다.

 **사이먼 콜린스**

파슨스디자인스쿨(Parsons The New School of Design) 패션학과장. 파슨스디자인스쿨은 아트앤디자인 교육기관으로 1896년에 설립되어 수세기 동안 우수한 아티스트, 디자이너, 학자, 사업가, 사회리더를 배출했다. 사이먼은 폴로, 랄프로렌, 휠라, 막스앤스펜서 등의 유명 기업에서 활약했다.

| 토론자 |
김승현(삼성디자인학교 교수), 임은혁(성균관대 의상학과 교수)

▶ **김승현 교수:** 나쁜 디자인은 어떤 경우에도 피해야 된다고 말씀하셨는데, 수백만 달러에 달하는 아름다운 옷이 있지만 누구도 입을 옷이 아닌 거 같고 실제로 입을 수도 없는 옷들도 많아 보인다. 우리가 통찰력이 없어서 알아보지 못하는 건지, 상대적인 기준인 건지?

▶ **사이먼 콜린스:** 좋은 디자인은 사람마다 시각적으로 다르고 제 나름의 시각이 있다. 누구를 대상으로 옷을 만들고 판매하려 하는지를 생각해야 한다. 예를 들어 보그에서 어려운 옷을 만드는 이유는 관심을 끌고 광고효과를 높이기 위해서일 수 있다. 누군가는 별로라고 생각했겠지만 그들에게는 아름다운 솔루션인 것이다. 좋은 디자인이 무엇이냐는 질문에 정답은 없다. 제 나름대로는 기준이 있기 때문에 분명히 말할 수 있지만 다른 사람의 의견을 무시할 순 없다. 우리는 예술 분야를 말하고 있기 때문에 의견을 나눌 순 있다. 하지만 왜 좋은 디자인인지는 이유가 있어야하고 또 말로 설명하지 못하는 어떤 느낌이 있을 수 있다. 하지만 아무리 아름다운 드레스라도 입을 수 없다면 그것은 아름답다고 할 수 없다.

▶ **임은혁 교수:** 파슨스는 등록금이 비싼 학교 중 하나로 알고 있다. 파슨스에서 장학금을 받는 학생이 있나?

▶ **사이먼 콜린스:** 파슨스는 비싼 학교지만 그것은 부동산 가격이 비싸서 그런 것이다. 하지만 학비가 비싼 것이 당연시 되는 것은 아니다. 기금 모금 등을 하면서

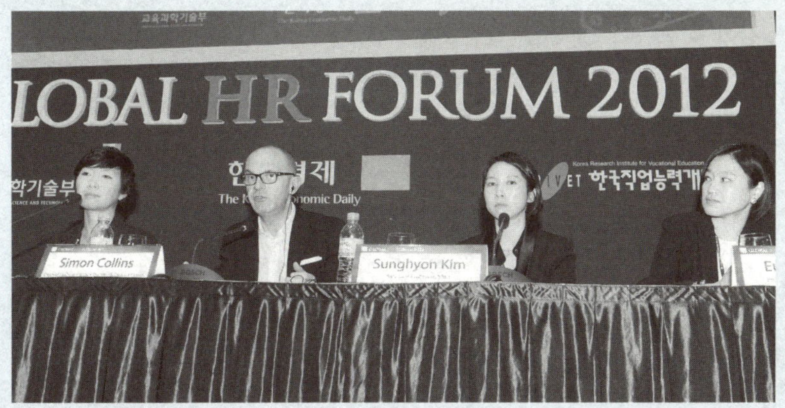

콜린스 학과장과 토론 참석자들

학생들이 올 수 있도록 도와주고 있다. 학생들에게 할인을 제공하거나 정부보조
금을 받거나 등등 재정지원이 확실히 제공되고 있기 때문에 돈 때문에 너무 힘들
게 공부하지 않도록 노력하고 있다. 하지만 실제로 어렵긴 하다. 분명한 것은 돈
이 최고의 디자이너를 만드는 것은 아니라는 점이다. 돈만으로 최고의 학생이 될
수는 없다. 이를 보완하기 위해 장학금을 매년 마련하고 있다.

▶ **임은혁 교수:** 좋은 디자인과 나쁜 디자인의 기준을 어떻게 설정하나? 학생 자신은
좋다고 생각하는데 학장이 별로라고 생각했을 때 어떤 기준으로 평가하나?

▶ **사이먼 콜린스:** 우리의 평가기준은 4학년이 됐을 때 논문을 쓰는 것이다. 우리는
산업계 전문가들을 초빙해 2주간 새로운 패널들을 불러 그들이 학생들의 의류를
보면서 평가하도록 한다. 매거진 편집장부터 디자이너들까지 점수를 매기며 총점
으로 올해의 디자이너를 뽑는다. 모든 사람들이 똑같은 기준을 가지고 있진 않지
만 더 유명한 전문가들의 생각을 빌려 평가하는 것이다. 공정하게 하기 위해 여러
전문가를 초빙하는 것이다. 내 것만 좋은 디자인이라고 생각하는 것은 좋은 디자
이너의 자세가 아니다. 하지만 누구나 좋아한다고 좋은 디자인도 아니다. 많은 사

람이 맥도날드를 좋아한다고 해서 그것이 훌륭한 음식이 되는 것은 아니지 않은가? 즉 어떤 대상에 대해 그 사람이 좋아하고 아름답다고 생각하면 훌륭하다는 것이다.

▶ **김승현 교수:** 한국에 와서 공부하고 싶어 하는 학생들이 있는데 한국의 패션 교육 기관이 보충해야 하는 요소는 무엇일까?

▶ **사이먼 콜린스:** 한국 디자이너라고 생각하면 안 된다. 한국인에 매여 있으면 글로벌해질 수가 없다. 켈빈 클라인도 자신을 브라질 사람이라고 생각하지 않는다. 단지 글로벌 라인을 만들어야 한다는 생각뿐이다. 글로벌 브랜드가 되고 싶다면 스스로를 글로벌 브랜드라고 생각해야 한다. 국가 중심의 발표가 너무 많은 것은 이해하기 어렵다. 한국에서 글로벌 브랜드를 만들기 위해선 그런 생각을 버려야 한다.

창조적 리더는 지적 유연성이 있는 사람
- 사이먼 콜린스 학과장 인터뷰

콜린스 학과장은 파슨스스쿨의 커리큘럼이 다른 학교와 차별화되는 점은 학제 간의 '영역 파괴'라고 설명했다. "그래픽 아티스트가 패션을 공부하고, 건축학도가 게임 디자인을 해보는 식의 다양한 활동을 통해 '다르게 생각하는 법'을 몸에 익힐 수 있습니다. 파슨스스쿨은 학생들의 고정관념을 깨고 그들이 안다고 생각하는 것들을 다시 생각해보는 기회를 많이 만들어줍니다."

그는 "누구든 창조적 리더가 되길 원한다면 무엇보다 지적 유연성을 갖는 게 중요하다"며 "학생들이 자기 전공 외에 다른 전공 수업을 수강하면서 다양한 분야를 경험하도록 하고 있다"고 설명했다.

"세계 각지에서 의욕이 넘치고 창의적인 젊은이들이 모여드는 게 파슨스스쿨의 자부심"이라는 콜린스 학과장은 파슨스스쿨의 인재상을 '창의적으로 생각하는 사람'이라고 요약했다.

그는 "학생들이 파슨스스쿨을 졸업할 즈음에는 자신이 무엇을 원하는지, 또 그것을 이루기 위해 어디에 가서 어떻게 일할지를 알게 될 것"이라고 말했다.

매년 전 세계에서 유학생들이 몰려드는 파슨스스쿨은 2007년 '다양성 선언'을 발표하며 다양성을 강조하는 학풍을 만들겠다는 의지를 밝혔다. 콜린스 학과장은 "다양성은 디자인의 기본 요소일 뿐만 아니라 의식주와 직결된 중요한 것"이라며 "교육과정에서 사람들의 다양한 삶의 방식을 존중하고 보다 다문화적인 학내 공동체를 만들기 위해 노력하고 있다"고 전했다.

유명 기업들과 연계한 인턴십과 취업지원 체제를 탄탄하게 갖춘 것도 파슨스스쿨의 강점이다. 취업지원 전담팀을 운영해 정기적으로 취업·인턴박람회를 열고 기업

관계자들을 초청, 학생들과 교류하는 기회를 마련하기도 한다. 인턴사원의 대부분은 졸업 후 정식 직원으로 채용된다.

콜린스 학과장은 "기업 입장에서도 파슨스스쿨 학생을 인턴으로 채용하면 미래 유망주들을 미리 확보할 수 있다"며 "동문 조직도 활발하게 운영돼 학내 각종 행사에 유기적으로 참석함으로써 패션업계의 '파슨스 파워'를 이어가고 있다"고 설명했다.

파슨스스쿨에는 한국인 동문도 많다. 제일모직의 이서현 부사장, 정구호 전무를 비롯해 패션·디자인업계에서 이 학교 출신이 많이 활약하고 있다. 한국 유학생들의 특징과 강점에 대해 콜린스 학과장은 "그런 건 없다"고 잘라 말했다. "우리는 학생들을 국적이나 인종에 따라 분류하지 않아요. 학생들이 어디에서 왔든 그들은 모두 독립된 개인이고, 우리는 그들의 디자인 역량을 키우는 데 주력합니다."

04 설득하는 인재, 세상을 바꾸는 협상

우리 생활은 '협상'의 연속이다. 점심을 뭘 먹을지 결정하는 회사 동료와의 대화, 영화를 볼지 저녁을 먹을지를 놓고 다투는 여자 친구와의 밀고 당기기, 어떤 제품을 얼마에 납품받을지 결정하는 거래처와의 만남까지……. 협상은 쏟아지는 정치·외교 뉴스에만 등장하는 단어가 아니라 누구나 하루에 수십 번씩 마주치는 일상이라 할 수 있다.

하지만 밀어붙이기를 잘 하는 사람은 많아도, 협상을 잘 하는 사람은 많지 않다. 어떻게 협상해야 좋은지 배워본 적도 없을 뿐더러 협상과정보다는 협상 결과에 따른 승패부터 따지는 풍토 때문일 것이다.

인재포럼 개막총회에서 기조연설을 한 대니얼 샤피로 미국 하버드대 교수는 이 같은 문제에 해답을 제시할 만한 인물이다. 국내·외에서 '협상학 전문가'로 통하는 샤피로 교수는 자신의 전공인 심리학을 개인·기업·국가 등의 협상 전략에 응용해 주목받았다. 또 이를 체계화해 전파하는 교육 프로젝트에도 적극 나서고 있다. 그는 "세계 모든 학교에서 아이들에게 협상 기술과 갈등 해소 능력을 교육한다면 세상은 크게 달라질 것이라고 확신한다"며 협상력을 인재의 중요한 역량으로 꼽았다.

심리학을 기반으로 한 샤피로 교수의 협상 이론은 기술적 접근 대신 상대방의 '감정'을 이해하고 최적의 대안을 도출하기 위해 협력하라는 감성적 소통을 강조한다. 상대방이 정말로 무엇을 원하는지를 뜻하는 '숨겨진 이해(underlying interest)'를 찾아내면 양측 모두 승리하는 협상이 가능하다는 게 그의 지론이다.

예를 들어 두 딸이 서로 오렌지를 갖겠다고 싸우는 상황을 보자. 반으로 나누라고 해도 싫다고 한다. 샤피로 교수의 이론대로라면 아버지는 "싸우지 말고 양보하라"고 타이르기보다 "오렌지가 왜 필요하니?"라는 질문을 던진다. 그 결과, 한 명은 감기에 걸렸기 때문에 비타민C가 필요하고, 나머지 한 명은 요리수업에서 파이를 만들기 위해 오렌지 껍질이 필요하다는 것을 알아낸다. 이렇게 숨겨진 이해를 찾으면 싸우거나 양보하지 않아도 모두가 원하는 것을 가질 수 있다는 것이다.

샤피로 교수는 이번 포럼에서 한국의 사례를 다양하게 언급해 눈길을 끌었다. 기조연설에서는 '포플러나무 한 그루 때문에' 전쟁 위기가 고조됐던 1976년 판문점 도끼만행 사건을 통해 협상의 중요성을 강조했다. 이어 한국경제신문과의 인터뷰에서는 '김정은 체제'를 맞은 북한과의 관계 진전에 대한 자신의 해법을 밝혔고, 정보기술(IT) 업계의 '문제적 소송'으로 꼽히는 삼성전자와 애플의 특허 소송에 대해서도 협상을 통한 문제 해결 가능성을 조언했다.

샤피로 교수는 "사람은 누구나 인정받고 싶어 하며, 인정받지 못한다고 느끼는 순간 대화를 통한 협상은 틀어지게 된다"면서 "나이 어린 지도자인 김정은 위원장이 국제사회에서 인정받지 못하다고 생각하도록 만들어선 안 되며 국제사회로 끌어내 그들이 정말 필요로하는 문제들을 논의하도록 유도해야 한다"고 말했다.

삼성-애플 소송과 관련해서는 "삼성과 애플이 소송전을 택한 건마치 인질극 상황에서 경찰이 특공대를 투입한 마지막 카드를 쓴 것과 같다"며 "두 회사의 대표 4~5명이 만나 협상 테이블에 앉아보는것은 비용도 거의 들지 않는데 더 시도해보는 것이 현명하지 않겠냐고 말했다.

| 강연 |

핵심 감정에 집중하라

대니얼 샤피로(하버드대 협상학 교수)

하버드협상프로그램(HNP)에서 수년간 연구한 결과와 더불어 협상력 향상과 갈등 해소를 위해 세계경제포럼(WEF)과 공동 추진하고 있는 프로젝트를 바탕으로 말씀드리려 한다. 나는 세계 리더들에게 좀더 협상을 잘 하고 입장 차이를 해소할 수 있는 방안을 가르쳐주는프로그램을 만들어 교육하고 있다.

대니얼 샤피로 "가장 중요한 건 협상 중에 감정 의지를 어떻게 다루느냐다."

　나는 장기적으로 모든 세계 아이들이 학교를 다니면서 협상 기술과 갈등 해소 능력에 대해 교육 받게 된다면 세계가 어떻게 달라질까 하는 상상을 해 본다. 한국에 대한 뉴스를 접하면서 남북 간의 긴장 등과 관련해 이 지역에 대해 많은 것을 알게 됐다.

　한국 상황에 대해선 여러분이 더 잘 아시겠지만 1976년 군사분계선에서 벌어진 '판문점 도끼만행 사건'이 있었다. 군사분계선에는 포플러나무가 하나 있었다. 사건의 발단은 매년 잎이 무성해지면서 군사분계선이 잘 안 보이게 되자 한국 측은 시야를 확보하기 위해 나무를 제거해왔던 것이다. 북한군은 "나무를 베면 총을 쏘겠다"고 위협하며 쫓아냈고, 그럼에도 한국군은 안보 차원에서 이를 계속했다. 그러다 한국군과 미군, 유엔군까지 하나의 팀을 이뤄 포플러나무를 제거하러 갔고, 북한군이 위협하고 협박하는 과정에서 도끼 사건으로 번졌다. 이 과정에서 많은 남북 군인이 부상을 당했고, 미군 두 명은 목이 베어지고 카메라로 모두 촬영됐다. 미국에서는 이를 놓고 "북한을 폭격해야 한다"는 주장이 나오는 등 일촉즉발의 전쟁 위기로 번졌다.

그러나 당시 제럴드 포드 대통령은 "북한 폭격보다는 나무를 베는 게 낫겠다"는 현실적 전략을 택했다. 결국 나무를 베는 데 830명의 무장군인과 B15폭격기까지 동원이 됐다. 목적은? 그 나무를 베는 것이었다. 나무를 제거 했을까? 1시간 걸렸다. 더 이상의 사건은 다행히도 없었다. 하지만 이 과정은 가히 '세계 3차 대전'이었다. 단지 한 그루의 나무 때문이었다.

여기서 근본적인 질문을 하게 된다. 협상을 할 때 군사적인 문제건, 정치적인 문제건, 비즈니스 문제건, 가족 간의 문제건, 감정적 측면은 어떻게 처리해야 하는가 하는 것이다. 나의 감정, 상대방의 감정을 어떻게 처리해야 하느냐가 관건이다. 내가 다루고자 하는 주제는 바로 '협상을 하면서 감정을 어떻게 다뤄야 하는가' 다.

정책 리더들과 일할 때 가장 중요한 건 협상 중에 감정 의지를 어떻게 다루느냐다. 이것은 어려운 문제다. 사람의 감정이란 종류가 너무 다양하기 때문이다. 최근 비무장지대 접경지대에서 북한 체제를 비방하는 풍선을 띄워 보내는 것과 관련한 한국의 이야기를 뉴스를 통해 접하고는 큰 긴장을 느낄 수 있었다. 이렇게 정치적으로 긴장이 고조될 때는 많은 감정이 엇갈리기 마련이다.

사람의 감정 의지를 다루는 것은 매우 감당하기 어려운 것이다. 감정의 종류가 많고 유발시키는 원인도 많기 때문이며, 모든 협상에서도 그렇다. 자부심부터 원망에 이르기까지 많은 감정이 개입되면서 중요한 결정을 내리기가 어려워지는 것이다.

내가 제안하는 것은 '모든 감정을 다 다루진 말라' 는 것이다. 협상할 때는 우리가 소위 말하는 '핵심 감정(core concern)' 에 관심을 집중하라는 것이 나의 입장이다. 이를 효과적으로 다루면 협상력이 생긴다.

핵심 감정 중 세 가지에 대해 말해보자. 이것을 일상생활부터 정치, 비즈니스 상황에서 어떻게 활용하는지 살펴보겠다.

핵심 감정 중 첫 번째는 인정(appreciation)이다. 사람은 누구나 인정받고 싶어 한다. 상대방이 나를 이해 못 한다, 무시한다고 느낀다면 기분이 나빠지지 않겠는가? 최근에 과학에서도 인정이라는 것이 얼마나 힘이 있는지 인식하기 시작했다. 신혼부부를 연구하는 과학자들이 있다. '사랑의 실험실' 이라는 프로젝트인데, 부부를 초대해서 벌이는 실험이다. 부부가 사랑의 실험실로 들어온다. 기계를 연결해 혈압, 신체적 반응, 얼굴 표정 등을 모두 기록한다. 소파에 부부가 함께 앉아있을 때 조교가 들어가 15분 동안 "두 분이 최근에 갈등이 있었던 상황에 대해 얘기해보세요"라고 한다.

싸우지 않는 커플이 있나? 없을 것이다. 나도 아내와 이걸 해 봤는데 갈등이 있었던 얘기를 꺼내면서 다시 싸우게 되기도 하더라. 실험실에서는 실험 참가자들이 계속 부부로 남아있을 것인지, 혹은 1년, 3년, 5년, 10년 뒤에 이혼할 것인지를 거의 90% 확률로 알아챌 수 있다고 한다. 30초만 보고도 알 수 있다고 한다.

앞으로 계속 결혼생활을 유지할 수 있겠다고 예측되는 부부들에게 발견되는 요소가 바로 인정이다. 서로 갈등에 대한 이야기를 하면서도 상대방을 인정해주는 내용의 코멘트를 많이 한다. 긍정적인 것과 부정적인 것의 비율이 5대 1이다. 예를 들면 "당신 입장을 이해는 해. 당신은 이렇게 생각한다는 것이지?"와 같은 이야기를 한다. 반면 이혼할 것으로 예측되는 부부는 상대를 인정하는 코멘트와 그렇지 않은 코멘트의 비율이 1대 5로 정반대라고 한다.

이것을 기업 환경과 팀워크에 응용해보자. 기업 내에서 특정 조직이 실패하는 가장 큰 이유는 '우리 팀은 인정을 받지 못하고 있다. 무시당하고 있다'고 생각하기 때문이다. 나는 뉴욕 경찰청과 함께 인질 협상에도 많이 참여하고 있다. 다른 실제 사례를 들어 얘기해보겠다.

뉴욕에서 정신분열증을 앓고 '나는 신보다 더 우월하다'고 생각하는 26세 남자가 납치극을 벌인 적이 있다. 지하철 역 안에서 왔다 갔다 하다가 아기를 안고 있는 20살 여자를 발견하고, 이 여자에게 달려가 아이를 빼앗고 문을 걸어 잠갔다. 뉴욕 경찰이 5분 뒤 출동했는데 이 남자는 "나는 이 아이가 천사라면 살리고, 악마라면 죽여버리겠다!"고 협박했다.

경찰들의 대응은 어땠을까? 처음에는 문을 마구 두들기면서 열라고 얘기했다. 이런 접근 방식이 성공할까? 어림없다! 이런 건 상황을 개선하는 것이 아니라 오히려 악화시킨다. 이어 경찰 중 한 명이 "걱정하지 마세요. 이 아이는 천사랍니다"라고 말했다. 이것이 남자 입장에서 설득력 있게 들렸을까? 불행하게도 아니었다. "뭐! 천사? 그걸 당신이 어떻게 알아!"라고 반박할 뿐이었다.

경찰은 이 남자를 100% 인정해주지 않으면서 두 가지 실수를 범했다. 처음에는 용의자를 압박하고 수사하려고만 했던 것이 실수다. 그 뒤에는 '우리는 당신보다 더 많은 걸 알고 있다' 는 것을 전제로 "이 아이가 천사인 걸 우리는 알고 있다"고 말한 것이 또 다른 실수다.

좋은 협상의 바탕에 깔린 원칙은 '상대방의 말을 잘 듣는 것' 이다. 좋은 질문을 하고, 경청하는 것이다. 인질을 잡고 있는 용의자는 자신이 미친 사람이라고 생각하지 않았다. 그 사람 입장에선 '이 세상을 구하기 위해서' 그런 일을 한 것이었다. 그 점을 파악하고 나서부터 협상에 임하는 경찰의 접근법이 완전히 달라졌다.

경찰은 "당신이 보는 악마나 천사가 우리 눈에는 보이지 않지만, 당신은 세상을 구하고 싶은 것이군요. 우리도 이 세상을 구하고 싶습니다. 그러니 같이 세상을 구해보면 어떨까요. 문을 열면 그 일이 가능할 겁니다"라고 이야기했다. 3분 뒤 문이 천천히 열렸고 아이를 안은 남자가 나왔다. 인질극처럼 긴장 관계가 극에 달하는 급박한 상황에서도 일단 상대방을 제대로 인정해줘야 한다. 물론 쉽지 않은 일이다.

두 번째 핵심 감정은 자율성(autonomy)이다. 이것은 다른 사람이 나에게 강요를 하지 않고, 내가 스스로 결정을 내릴 수 있다는 것을 뜻한다. 사람은 강요받고 있다는 느낌을 받으면 누구나 부정적인 생각이 들면서 협력하고 싶지 않도록 마음이 변하게 된다. 협상을 제대로 하기 위해서는 상대방이 최대한 긍정적인 감정을 느낄 수 있도록 노력해야 한다.

세 번째 핵심 감정은 교감(affiliation)이다. 나와 상대방이, 우리 그룹과 상대 그룹 간에 이뤄지는 교감을 말한다. 어떤 사람들은 협상할 때 상대방을 적이라고 생각한다. 기업이나 정치권에서도 마찬가지

다. 하지만 차이가 있다고 해서 반드시 대립적 상태가 되는 것은 아
니다. 다르게 접근해야 한다. 상대방을 어떻게 하면 적이 아닌 동료
로, 나의 우군으로 바꿀 수 있는지를 생각해야 한다.

여러분께 정말 강조하고 싶은 것은 협상할 때 '조언을 구하는 자
세로 임하라'는 것이다. '당신의 입장은 무엇이냐'고 묻는 것은 바람
직한 접근법이 아니라는 얘기다. 조언을 구하는 그 행동 하나로 양쪽
은 동일한 문제를 해결하기 위해 함께 일하고자 하는 동지로 돌아설
수 있다. 여러분도 꼭 기억해뒀으면 한다.

나는 이런 방식이 언제나 효과가 있을 것이라 단언하는 것은 아니
다. 다만 협상 과정에서 감정이 상당히 중요하다는 것이고, 인간의 감
정을 어떻게 다루느냐는 여러분의 선택이다. 상대방의 핵심 관심을
인정하고 긍정적 효과를 도출해서 서로 협력해가자는 것이다. 상대방

성공적인 협상을 위한 5개 키워드

1. **인정(appreciation)**
   사람은 누구나 인정받고 싶어한다. 상대의 긍정적인 부분을 찾아 칭찬하라.

2. **자율(autonomy)**
   강요받는다고 느끼면서 협력해줄 사람은 없다.

3. **협력(affiliation)**
   상대를 적으로 간주하지 말고 동료로 바꾸라.

4. **지위(status)**
   지위고하를 따져 스스로 위축되거나 상대에게 거만해지지 말라.

5. **역할(role)**
   나에게 성취감을 주는 역할을 택해 창의적으로 움직여라.

을 인정하지 않고 지시하려 해서는 교감하는 관계를 구축할 수 없다. 그 결과는 오직 '위험한 상황의 예측 가능성'을 높여줄 뿐이다.

한국은 나에게 많은 영감을 주는 나라다. 이번 포럼을 계기로 한국에 와서 많은 것을 배울 수 있는 기회를 줘서 감사드린다.

 **대니얼 샤피로**

대니얼 샤피로 미국 하버드대 로스쿨 및 의과대 정신건강학부 교수는 존스홉킨스대에서 심리학 학사를 받고 매사추세츠주립대 엠허스트캠퍼스에서 임상심리학 박사학위를 받았다. 터프츠대 플리처스쿨과 MIT대 슬론스쿨 교수를 지냈으며 2008년 세계경제포럼(WEF)이 선정한 '세계의 젊은 리더'에 꼽히기도 했다. 현재 하버드국제협상프로그램(HINP) 책임자를 맡고 있으며 미국 전역은 물론 세계 각국에서 정부 관료, 협상 전문가, 법률가, 심리학자 등을 대상으로 협상학을 교육하고 있다. 마이크로소프트, 스타벅스 등 대기업과 중국, 페루, 마케도니아 등의 국가 정치인들에게 협상 실무를 자문하기도 했다. 그가 소로스재단의 지원을 받아 개발한 갈등조정프로그램은 30여개국에서 100만 명 이상이 수강했다. 대표 저서로는 로저 피셔 하버드대 로스쿨 명예교수와 함께 쓴《감성으로 설득하라(Beyond Reason)》가 있다.

지금 한국에 필요한 협상력
– 대니얼 샤피로 교수 인터뷰 –

"협상은 교육 가능한 기술(teachable skill)입니다. 물론 모든 사람이 넬슨 만델라 같은 위대한 중재자가 될 수 있다는 의미는 아니겠죠. 하지만 꾸준히 훈련하고 또 훈련하면 협상 능력을 일정 수준까지 높이는 건 누구나 가능합니다."

샤피로 교수는 기조연설 이후 별도로 마련한 인터뷰에서 "정부와 기업이 부담하는 비용 중 협상을 제대로 하지 못해 새나가는 비용이 전 세계적으로 연간 수조 달러는 될 것"이라며 "정치인과 경영자들이 협상의 힘과 가능성을 인식하고 협상력을 높이기 위한 교육에도 과감히 투자해야 한다"고 강조했다.

▶ **Q 협상을 어떻게 하면 잘 할 수 있는 건가요?**

▶ **A** 사람들은 협상 전략으로 보통 두 가지를 생각합니다. 하나는 내 주장을 관철하기 위해 웬만해선 양보하지 않는 강경한 접근법입니다. 이게 전통적인 협상의 원칙이었죠. 반대로 우호적 관계를 유지하기 위해 부드럽게 다가가는 유화적 접근법도 있습니다. 하지만 제가 말하는 제3의 접근법은 '이해에 기반한 협상'입니다. 사람에게는 부드럽게, 문제에 대해서는 냉정하게 접근하자는 것입니다.

▶ **Q 어떤 차이가 있나요?**

▶ **A** 협상에서 상대방의 입장이 아니라 상대방의 '숨겨진 이해'를 찾는 데 집중하면 양측의 이해를 충족할 수 있는 최적의 창조적인 옵션을 찾을 수 있다는 게 제 생각입니다. 그 과정에서 상대방의 감정을 이해하고 배려함으로써 성과를 높일 수 있다는 것이고요.

▶ **Q 협상에 서툰 사람들이 많이 하는 실수는 뭐죠?**

▶ **A** 협상 상대를 인정하려 하지 않는 것이죠. 사람은 누구나 인정받길 원하는 존재로 태어납니다. 무시당한다는 느낌을 받으면 협상에도 그대로 영향을 미치게 됩니다. 협상의 결과물에는 아무 도움도 주지 않으면서 갈등만 상승하게 되죠. 아무리 긴장되고 급박한 상황이어도 상대방을 제대로 인정해주지 않으면 협상은 진전될 수 없습니다.

▶ **Q 협상을 해놓고도 번번이 깨는 북한과도 계속 협상해야 합니까?**

▶ **A** 한국 입장에서 협상 외에 다른 대안이 있습니까? 강경책을 쓰면 감정만 격앙되고 그에 따른 비용 지출도 늘어날 수밖에 없다는 게 제 생각이에요. 나이 어린 지도자인 김정은 북한 국방위원회 제1위원장으로 하여금 자신이 국제사회에서 인정받지 못하고 있다는 생각을 하도록 만들기보다, 북한을 국제사회로 끌어내 그들이 정말 필요로 하는 문제들에 대한 해법을 논의하는 게 현명합니다.

▶ **Q 북한은 협상 테이블에 잘 나오려 하지 않는데요.**

▶ **A** 남북한 같은 대치상황에서 정상들이 직접 나서는 건 좋은 전략이 아닙니다. 지도자들은 내뱉은 말에 책임을 져야 하고, 자칫 잘못하면 후폭풍이 너무 크기 때문이죠. 저는 지도자가 아닌 두 번째 레벨이라 할 수 있는 책임 있는 사람들이 양쪽에서 최소 1~2명, 아무리 많아도 4~5명 정도만 모여 언론에 노출되지 않는 비공식 접촉을 자주 가져야 한다고 생각합니다. 정치, 외교 문제가 아니라 북한 주민들의 생활, 음식, 건강 같은 현실적인 주제에 대해 대화하는 겁니다.

▶ **Q 최근 한국에선 경제민주화를 놓고 정치권과 재계의 갈등이 고조되고 있습니다.**

▶ **A** 정부에서 '톱다운' 방식으로 내려오는 정책으로는 그런 갈등을 해결할 수 없습니다. 마찬가지로 당사자인 대기업과 중소기업이 핵심 의제별로 3~4개의 소위원회를 만들고, 소수의 대표들이 협상 테이블에 앉아 직접 대화하는 것이 좋습니다. 중소기업들이 실제로 원하는 것은 대기업이 무너지는 것이 아니라 자신들의 매출 신장, 기술력 향상, 해외 진출 등이 아니겠습니까? 여기에서 대기업의 도움을 받고 상생할

수 있는 창조적인 아이디어를 브레인스토밍하는 것이 옳은 해법이라 봅니다.

▶ Q 삼성과 애플 법적 분쟁도 협상으로 풀 수 있을까요?

▶ A 소송의 장점은 결과가 딱 떨어지게 나온다는 것이죠. 하지만 결과를 당사자들의 의지로 결정할 수 없게 된다는 게 크나큰 단점입니다. 더구나 삼성과 애플처럼 거대 기업 같은 경우에는 어마어마한 비용을 쓰게 되지 않습니까? 두 회사의 대표 4~5명이 만나 협상 테이블에 앉아보는 건 비용도 거의 들지 않는데 더 시도하는 것이 현명하지 않겠냐는 생각입니다. 돈이 걸려있는 기업 간의 분쟁이 반드시 소송으로만 해결이 가능한 건 아닙니다.

▶ Q 기업의 협상 교육은 어떤 식으로 이뤄지는 게 좋습니까?

▶ A 회사 전 직원을 모아놓고 강사를 초빙해서 두어 시간 수업을 듣는 건 조금 도움을 줄 수는 있겠지만 그 이상은 기대하기 어려운 것 같습니다. 제가 미국에서 하는 방식은 우선 CEO를 포함한 고위 경영진으로 소그룹을 구성해 협상 기술을 가르칩니다. 윗선에서부터 협상이 '적군 대 아군'의 대립 게임이 아니라 '문제를 공유하고 양쪽이 마주앉는 활동'이라고 인식을 바꿔야 하기 때문입니다. 그 다음 이들이 부하 직원들과 다시 그룹을 만들어 경영진들의 내용을 전달하고 전체가 공유하는 겁니다. 일회성이 아니라 주기적으로 진행해 실무에서 협상 기술을 반복 실습할 수 있도록 해야 합니다. 조직 차원의 단결과 협력이 필요한 일입니다.

▶ Q 여러 나라에서 협상 프로그램을 교육하고 있는데 향후 계획은 무엇입니까?

▶ A 저는 좀 더 협상을 잘 하고, 입장 차이를 해소할 수 있는 방안을 교육하는 프로그램에 오랫동안 참여해 왔어요. 세계 정치 지도자와 기업 경영자들이 우리가 개발한 협상 기술을 더 많이 공유할 수 있도록 하는 게 저의 목표입니다. 실제로 남아프리카공화국에서 이런 교육을 실시함으로써 정부와 국회 간의 대화에서 많은 진전을 이뤄냈어요. 개인적으로 한국과 북한에서도 소수의 팀을 이뤄 비공개로 하버드대에 오셔서 협상의 기술을 며칠만 교육받는다면 분명 큰 효과를 얻을 것이라 생각합니다.

제5부

교육이 최고의 복지다

01 미래인재 양성의 출발, 유아교육

유아교육은 과거에나 지금이나 사회적 담론 영역에서 '비주류' 대접을 받고 있다. 교육에 대한 사회적 논의는 한국에서 대학교육에 전적으로 집중돼 있다. 영역을 넓혀도 중·고등학교 교육 이상은 나아가지 못한다. 조기교육을 강조하면서도 정작 유아교육에 대한 사회적 논의는 하지 않는 모순적인 모습이다.

인재포럼에서 유아교육을 다룬 세션은 이런 사회적 분위기를 반성하는 계기가 됐다. 발표자들은 사회적 양극화 극복에서 경제성장까지 현대 사회가 직면한 첨예한 문제들을 해결하는 데 유아교육이 큰 역할을 할 수 있다고 강조했다. 출발단계인 유아교육에서부터 평등한 기회를 제공해 사회적 양극화를 해소할 수 있다는 것이다.

첫 번째 강연자로 나선 스티븐 바넷 미국 럿거스대 유아교육연구소 소장은 "양질의 유아교육을 하면 부유한 곳에서 자란 아이들과 취약계층 아이들의 격차를 줄일 수 있다"며 "아이들이 어른이 돼서 범죄를 저지를 확률을 줄이고 안정적인 생활을 할 가능성을 높인다"고 말했다. 그는 "정부 입장에서는 사회복지 비용, 범죄퇴치 비용 등을 줄일 수 있다"고 덧붙이며, 이에 대한 실증연구 결과도 제시했다. 그는 "노르웨이, 퀘백, 덴마크 등 선진국 뿐 아니라 저개발국을 살펴봐도 유아교육에 투자하면 비용대비 6~18배의 효과를 얻을 수 있다는 결론이 나온다"고 설명했다.

두 번째 강연자로 나선 엘리자베트 달레 노르웨이 교육부 차관도 이러한 설명에 힘을 보탰다. 달레 차관은 "유아교육에 대한 투자가 경제적으로도 효율적"이라며 "유아교육에 1유로를 투자하면 3유로 수익을 거둔다는 최근 보고서가 있다"고 말했다. 비용대비 수익 추계에서 바넷 소장과 차이는 있지만 '남는 장사' 임은 확실하다는 설명이다. 그는 국가가 나서서 유아교육을 시켜주면 최근 한국이 겪고 있는 저출산 문제에도 긍정적 영향을 미칠 수 있다고 강조했다. 달레 차관은 "노르웨이는 유치원에서 0~12세 어린이의 교육을 책임지고 1~5세 아이를 둔 부모에게는 1년간 유급 휴직을 준다"며 "이런 정책의 영향으로 노르웨이 출산율은 2%에 이른다"고 전했다. 학교폭력 문제에 대해서는 "인간관계를 맺고 유지하는 것을 가르침으로써 사회성을 계발해 문제를 완화할 수 있다"고 설명했다.

양질의 유아교육이 사회적 비용을 줄인다

스티븐 바넷(럿거스대 유아교육연구소 소장)

나는 경제학자다. 25년 전에 유아교육이라는 분야를 발견했다. 경제학자는 25년 전만 해도 유아교육에 관심이 없었다. 나도 그게 얼마나 중요한지 몰랐다. 그러나 알고 보니 유아교육은 기적처럼 놀라운 분야였다. 3~4세 아이들에게 교육을 제대로 시키면 평생 그들의 삶이 달라진다는 것을 배웠다. 이후 지금까지 유아교육을 연구하고 있다. 공공자원으로 유아교육에 투자하는 게 왜 필요한지를 오늘 말하고 싶다. 왜 국민 세금을 유아교육에 투자해야 하는지, 그렇게 함으로써 우리가 얻을 수 있는 건 뭔지 살펴보겠다.

지금까지 연구해보니 유아교육은 경제적 효율이 높은 교육이라는 결론이 나왔다. 5살까지 제대로 교육시키면 여러 능력 발달에 큰 영향을 미친다. 두뇌를 발달시킬 기회가 5살 이후에 없는 건 아니지만, 나중에는 그만큼 발달시키려면 더 시간이 오래 걸린다. 전 세계적으로 5세 미만의 어린이 2억 명이 그들의 잠재력을 활용하지 못하고 있다고 한다. 양질의 유아교육을 시켜야 아이들의 잠재력을 충분히 키울 수 있다.

정책 입안자들은 실증적 연구결과는 어떠냐고 물어본다. 내가 일하는 연구소에서 1960년대 이후 미국의 모든 유아교육 관련 연구결과들을 취합해봤다. 이를 표준화해 가난한 아이들과 부유한 환경에

스티븐 바넷 "조기교육에 투자만 제대로 하면 당면한 문제를 거의 해결할 수 있다."

서 자란 아이들을 비교해봤다. 유아교육이 끝나는 5세쯤의 상황을 보니, 양질의 유아교육이 배경이 다른 아이들 간의 격차를 아예 없애 버렸다. 이 시점에서 유아교육이 미친 영향을 1이라고 하면, 장기적으로는 0.5 정도의 영향력이 나왔다. 유아교육만 제대로 하면 취약계층과 부유한 환경에서 자란 아이들 간의 격차를 줄일 수 있다는 것이다. 중요한 것은 교육의 '질'이었다. 의도적인 학습, 관리된 학습 프로그램이 중요했고 소그룹이나 교사와 1대1로 상대하는 것도 큰 영향을 미쳤다. 사회, 건강, 가정자문 서비스는 아이들에게는 큰 영향이 없었다.

미국뿐 아니라 다른 나라를 연구해 봐도 마찬가지였다. 모든 유아교육 지원프로그램이 영향이 있었다. 아이가 장애 등으로 인한 특수교육을 받을 필요성이 줄었다. 어른이 돼서 범죄를 저지를 확률도 줄었다. 정부 입장에서는 어떤 효과가 있었을까? 사회복지비용, 범죄 퇴치 비용 등을 줄일 수 있었다. 정부가 요즘 골머리를 앓고 있는 문제들이다. 조기교육에 투자만 제대로 하면 현재 정부가 당면한 문제를 거의 해결할 수 있다는 시사점을 준다.

에이비시데어리언(Abecedarian) 프로그램, 시카고 프로그램, 페리 프리스쿨(Perry Preschool) 프로그램 등 양질의 유아교육 프로그램 3가지를 연구했다. 모든 프로그램이 아이들의 인지발달에 큰 영향을 미쳤음을 확인했다. 이 교육을 받은 아이들이 청소년기가 됐을 때 특수교육을 덜 받고 있었다. 학교에서의 시험 점수도 높았다. 경제적인 파급효과도 있었다. 어른이 돼서 돈을 더 많이 벌고 있었고 직업도 있었다. 저축도 하고 있었다. 범죄를 저질러 구속당할 확률, 강력범이 될 확률이 크게 줄었다. 5세까지의 교육프로그램인 에이비시데어리언 프로그램을 보면, 고등학교를 졸업할 확률과 4년제 대학에 진학할 확률이 높았다. 시카고 프로그램은 3~4세 아이들을 대상으로 한 전형적인 공교육 프로그램으로 시카고시가 대대적으로 사용하고 있는데 여기서도 비슷한 결과가 나왔다. 중학교와 고등학교를 졸업하는 사람이 많았고, 유급당하는 학생이 적었고, 범죄자가 된 아이들도 적었다. 페리 프리스쿨 프로그램도 마찬가지였다. 이 3가지 프로그램은 유아교육이 큰 영향을 미친다는 것을 보여준다.

아이들의 행복이 달린 문제이기 때문에 이것을 경제적 가치로 환산하는 게 적절한지는 모르겠다. 하지만 굳이 계산해보면 역시 영향이 크다는 것을 확인할 수 있다. 에이비시데어리언 프로그램은, 범죄율이 낮고 대학이 있는 동네에서 진행됐기 때문에 다른 곳에 비해 영향이 적은 것으로 나온다. 다른 프로그램은 범죄율이 높은 도심지에서 진행돼서 리턴이 더 많다.

요즘 전 세계 국가들이 사용하고 있는 유아교육 프로그램을 보면 공공정책과 관련된 여러 가지 시사점을 얻을 수 있다. 경제협력개발기구(OECD) 국가마다 교육 투자비용은 다 다르다. 투자비용이 높은 보편적 유아교육을 하는 나라를 보면 사회 양극화가 줄어들고 학업성취도가 올라가는 것을 볼 수 있다. 프랑스가 이런 경우인데 사회전반적인 임금이 높아졌고 계층별 격차가 줄었다. 보편적 유아교육을 하면 학업성취도와 집중력이 좋아지고, 감정 컨트롤도 잘 되고, 행동하기 전에 생각하는 습관이 생기고, 계획력이 향상된다. 그래서 학교생활뿐 아니라 사회생활까지 잘하게 된다. 노르웨이도 유아교육으로 성과가 좋아지고 보수도 균일해졌다. 퀘백도 유아교육으로 많은 성과를 거뒀다. 덴마크를 보면, 양질의 유아교육을 받을수록 더 큰 효과를 얻는 것을 확인할 수 있다. 선진국뿐 아니라 저소득 국가를 봐도 마찬가지다. 유아교육에 투자를 하면 6대 1이나 18대 1의 투자효과를 거둘 수 있다. 저소득 국가에서 유아교육을 지금보다 25% 더 실시하면 100억 달러 이상의 효과를 얻을 수 있다는 연구결과가 나왔다.

모든 유아교육 프로그램이 똑같진 않다. 양질이어야 한다. 교사의 유아교육 기술을 키워야 하고, 교사와 학생의 비율은 1대 1이나 소그룹이 좋다. 프로그램을 계속 수정하고 개발해야 한다. 먼저 기준을 마련해야 한다. 뭘 하려는지, 어느 정도 진척이 있었는지 측정해야 한다. 그걸 기반으로 결과를 분석하고 계획을 세워야 한다. 계획하고 실행하고 점검하는 걸 반복해야 한다. 그리고 유아교육 교사, 교사 보조자에게 기술적 지원을 하고, 다시 어느 정도 성과가 있는지 측정을 반복해야 한다. 양질의 조기교육을 하기 위한 이런 과정에는 물론 돈이 든다. 그런데 질 낮은 조기교육을 진행하면 나중에 후회하는 일이 생긴다. 범죄, 양극화 등 각종 사회적 비용 때문에 현대사회가 겪고 있는 어려움을 생각해야 한다.

 **스티븐 바넷**

럿거스대 유아교육연구소장. 미국 미시간대에서 경제학 박사학위를 받았다. 유아교육의 비용–편익 효과 분석, 유아 인지발달에 있어서 유아교육 프로그램이 미치는 영향 등을 연구하고 있다. 혼자 또는 공동으로 저술한 논문·책만 160여 편에 이른다.

| 강연 | ❷

노르웨이는 어떻게 유아교육 정책을 펼쳤는가

엘리자베트 달레(노르웨이 교육부 차관)

아이들에게 양질의 유아교육을 제공하는 것은 미래에 대한 투자다. 교육은 생산성을 높이고 노동활동을 하기 위해서 반드시 필요한 것이다. 민주주의 발전을 위해서도 필수적이다. 유아교육이 어떤 이점이 있는지를 다섯 가지로 요약할 수 있다. 첫째, 양질의 유아교육에

엘리자베트 달레 "아이들의 흥미를 이끌어내기 위한 대화를 중심으로 교육을 한다."

투자하는 것은 수익률 차원에서 가족과 사회에 이익이다. 둘째, 누구나 접할 수 있고 통합적인 유아교육은 지속가능한 미래를 보장한다. 셋째, 혁신적인 학습은 인재의 다양성을 제고한다. 넷째, 아이들의 호기심, 창의성, 공동체 정신을 제고한다. 다섯째, 포괄적인 교육은 사회를 광범위하게 발전시킨다.

노르웨이는 천연자원이 풍부하다. 1971년부터 원유를 생산했다. 현재는 가장 큰 원유 가스 수출국 중 하나다. 하지만 가장 큰 자산은 원유가 아니다. 인적자원이다. 인구는 500만 명으로 적은 편이지만 노르웨이 부의 70% 이상을 인적자원이 차지한다. 인적자원은 교육이 키우므로 교육이 경제발전에 큰 역할을 했다고 볼 수 있다. 앞으로도 마찬가지다. 노르웨이는 조세율이 높은 복지국가다. 북유럽 복지국가 모델을 앞으로도 유지할 것이다. 이를 위해서는 경제활동인구가 필요하고 인적자원 수준을 높여야 한다. 노르웨이에서 지난 1월에 '교육 라운드테이블'이 열렸는데, 교육부 장관이 이 자리에서 유아교육에 대한 공공투자를 늘려야 한다고 주장했다. 교육에 대한 투자가 줄면 경제성장이 위축 되기 때문이다.

노르웨이의 유아교육은 부모의 노동시장 참여율도 높이고 있다. 노르웨이는 1970년대 이후 여성 취업률이 꾸준히 높아졌고 이것이 경제 발전에 큰 역할을 했다. 2010년 기준으로 약 70% 여성이 경제 활동에 참여하고 있다. 그러면서도 출산율은 2%에 이른다. 다양한 제도적 노력이 배경에 있었다. 노르웨이 유치원은 0~12세 어린이에 대한 교육을 제공한다. 아이가 1~5살일 때는 1년간 유급휴직을 할 수 있다. 양성 평등 제고를 위해 이제는 47~57주까지 유급휴직을 제공한다. 유급휴직은 부모들의 생활에도 좋지만 아이들을 위한 것이기도 하다. 아이들 인생에 적극적으로 참여하는 부모는 아이의 발달에 좋은 영향을 미친다.

연구 결과는 양질의 유아교육 투자가 경제적으로도 효율성이 높다는 것을 보여준다. 노르웨이 현 정부는 이를 감안해 2005년 집권한 이후 유아교육을 선택적 복지에서 보편적 복지로 확장했다. 당연히 이와 관련된 공공 재정지출이 증가했다. 특히 유아교육에 대한 주정부 예산은 3배로 늘어났다. 하지만 정당을 초월해 모두가 이런 정책을 지지했다. 공공성의 문제이기 때문이다. 보편적 복지로 확장하자 유치원에 다니는 아이들이 늘어나기 시작했다. 이제는 90% 이상의 아이들이 유치원에 다닌다. 3세 이하 아이들이 특히 많이 늘어났다. 2세 이민자들도 유치원에 취학하는 비중이 30%에서 60%로 늘었다. 제2외국어를 배우는 데 2~5년이 걸리기 때문에 이것은 아주 중요한 성과다. 유치원은 포용성과 통합의 장이 됐다. 아이들에게 균등한 기회가 보장됐고 학습기회도 공평하게 주어졌다. 노르웨이 어린이들은 언어 개발, 사회 능력에 있어서 유치원에서 배우는 것이 많다.

경제적인 논리 외에 가치관의 문제도 있다. 노르웨이의 유치원은 아이들에게 더불어 사는 법을 가르친다. 이것은 진정한 민주사회, 시민정신을 위한 토대를 제공한다. 노르웨이는 2005년에 '유치원법'을 만들면서 '아이들은 스스로를 표현할 권리를 가진다'는 내용을 조문으로 넣었다. 유치원 교사들이 아이들의 개별적인 표현을 이해해야 한다는 것을 뜻한다. 나이, 경제적 지위, 출신배경에 관계없이 아이들의 목소리에 귀를 기울여야 한다는 뜻이다. 이런 교육환경은 아이들에게 소속감과 안정감을 줄 수 있다. 아이들의 다양성도 지켜준다. 다양성은 삶을 풍요롭게 해주는 자산이다. 지속적으로 변하는 글로벌 세계에서 꼭 필요하기도 하다.

유아교육은 교육(education)과 보육(care)를 포괄하는 에듀케어(educare)여야 한다. 교육 없이는 보육이 없고, 보육 없이는 교육도 없다. 이를 위해서는 단순히 언어개발이나 학습만 할 게 아니라 놀이의 가치를 인정해주는 게 필요하다. 그래야 아이들이 행복하고 성장하면서 잠재력을 실현할 수 있는 바탕도 된다. 노르웨이 유치원은 아이들의 흥미를 이끌어내기 위한 대화를 중심으로 교육을 한다. 교사들은 아이들의 관심사를 개발해준다.

노르웨이는 학교폭력에 강력하게 대처하고 있다. 정부는 여러 조사를 통해서 학생과 교사가 교육시스템 안에서 폭력을 경험한다는 것을 알아냈다. 이를 바로잡기 위해 2007년 유치원법을 개정했고 청소년이 가는 학교, 직업학교 등을 대상으로도 법을 바꿨다. 2009년에는 학교폭력에 반대하는 정부차원의 성명서를 발표했다. 왕따 퇴치 캠페인도 적극적으로 실시했다. 그러자 2007년부터는 학교폭력이 줄어들고 있다. 학교폭력 예방은 유치원에서 시작된다. 노르웨이는 유치원에서 아이들에게 친구를 어떻게 대해야 하는지 가르친다. 아이들에게 우정의 중요성을 강조하면서 '모든 아이들과 잘 어울리는 게 어른스러운 것이다' 라고 가르친다. 친구를 사귀는 방법을 가르치는 게 유아교육의 가장 큰 목표가 돼야 한다.

양질의 유아교육에는 교사들의 역량이 가장 중요하다. 노르웨이 유치원 교사는 모두 유아교육 학사학위 소지자다. 현재 교사와 아이들의 비율은 1대 4 정도다. 더 많은 교사가 학위를 소지하도록 유도하고 있다. 정부 차원에서 유치원 교사 교육프로그램을 강화하고 있다. 영ㆍ유아 교수법, 언어개발 능력, 리더십 등에 대한 교육을 강화하고 있다.

노르웨이는 기업가정신 교육을 유아교육에 포함시켰다. 기업가정신을 가르치기 위해 교육과정에 관련 내용을 최초로 도입한 나라다. 아이들이 제품을 만들어서 실제로 팔아보게 하는 방법으로 교육시킨다. 예를 들어, 한 유치원은 지방 제과점과 협력해 '공룡빵'을 아이들이 만들어 팔게 한다. 아이들은 빵의 맛을 보고 포장에도 참여하고 디자인도 한다. 지역사회와 협력하면 사회 전체적으로 기업가정신을 가르칠 수 있다는 것을 보여주는 사례다.

 엘리자베트 달레

노르웨이 교육부 차관. 노르웨이 교사 출신이다. 교사노조를 거쳐 정계에 입문했다. 2011년 교육부 차관으로 임명됐다. 현 교육부 장관인 크리스틴 할보 르센과는 오슬로에서 교사로 함께 일하며 인연을 맺었다.

 **| 토론 | ❶**

유아교육이 모든 교육의 기본이다
박은혜(이화여대 유아교육과 교수)

우리나라 부모들은 교육에 관심이 많다. 그러나 유아교육은 초등교육에 비해 상대적으로 좀 등한시 하는 경향이 있다. 초등교육부터는 보편교육을 시키는 데 공감하면서도 유아교육에 대해서는 선별교육을 얘기한다. 이것이 한국사회의 문제다. 유아교육은 경제적으로도 효율이 매우 높다. 만 3~5세에 대해서 국가의 재정이 허락하는 한 가급적 많은 지원을 해야 한다. 내용은 놀이에 초점을 맞춰야 하며 특히 교사들의 능력신장에 초점을 맞춰야 한다.

국가에서 유아교사들의 역량을 키워야 한다

신은수(덕성여대 유아교육과 교수)

노르웨이는 2000년대 초반에 출산율이 1.65%정도를 보였다. 2006년에 교육부로 유아교육 업무를 이관하며 0~6세에게 제공하는 교육의 질을 높여 1.98%정도로 상승했다. 한국은 저출산 문제도 해결되지 않고 인재가 없어지고 있다. 어떻게 하면 출산율도 올라가고 우리가 가진 인재들을 잘 기를 수 있을까? 첫째, 한국은 교원 문제가 가장 크다. 노르웨이는 영·유아기 교육에 특화된 교사들이 있는데 비해 한국은 유아교육 교원의 역량이 아직 미흡하다. 교사 대비 아동 비율이 높고 국가가 교원 양성에 투자하는 돈이 상대적으로 적다. 둘째, 역량기반의 교육법을 잘 도출해서 그 나라를 위한 교육과정을 만들어야 한다. 노르웨이, 영국 등은 교육 커리큘럼을 영아기부터 중·고등교육까지 연계해서 만들었다.

바넷 소장, 달레 차관과 토론 참석자들

 **'스마트' 교육이 아니라
스마트 '교육' 이다**

바야흐로 '스마트'한 시대다. 스마트폰, 스마트TV, 태블릿PC 등 각
종 스마트기기들이 우리의 일상을 파고들었다. 그 한켠에 교육도 자
리하고 있다. 지식의 정보화와 스마트 기기의 출현으로 기존의 집단
적, 수동적 교육에서 개인별 능동적 맞춤형 교육방식으로 교육 패러
다임이 변하고 있는 것이다. 바로 스마트교육이다.

스마트교육이란 시간의 제한을 받지 않는 확장된 공간에서 풍부
한 멀티미디어 자료를 활용해 개별 능력과 적성에 맞는 학습활동을
하는 것을 말한다. 모든 학생을 위한 학교, 서책형 교과서의 한계를
극복한 다양하고 창의적인 자료를 활용하는 것이다. 이를 통해 입시
점수 중심의 정량평가에서 학생능력 중심의 정성평가로의 변화를 추
구하는 게 스마트교육의 핵심이라고 할 수 있다. 이번 인재포럼에서
는 이러한 스마트교육이 왜 교육혁신으로 평가받고, 어떻게 교육복

지를 구현하는 수단이 되는지가 논의됐다.

김진숙 한국교육학술정보원(KERIS) 스마트교육 R&D 본부장은 우리나라 스마트교육의 정책을 발표했다. 크리스티나 쿰플라이넨 핀란드 교육위원회 디렉터는 '교육 선진국'이라 불리는 핀란드의 교육정책을 소개했다. 양국의 스마트교육 정책을 비교해보는 국제적인 교류가 이뤄진 셈이다.

김영수 이화여대 교육공학과 교수와 성낙양 두산동아 대표가 토론에 나섰다. 김 교수는 "스마트교육의 발달과 함께 교사의 위상, 자질 역시 나아져야 한다"고 강조했다. 디지털 교과서 등 스마트교육업계에 종사하는 성 대표는 "업계의 이익과 현장의 목소리, 정책의 현실성이라는 세 박자가 모두 맞아야 한다"고 조언했다.

네 명의 전문가는 한결같이 입을 모아 "스마트교육의 목표는 '스마트' 교육이 아니라 스마트 '교육'이다"며 "스마트기기는 더 나은 교육을 위한 수단이지 그 자체가 목표가 되서는 안 된다"고 강조했다.

아이들의 특성과 기술의 발달을 함께 고려해야 한다

김진숙(한국교육학술정보원 스마트교육 R&D 본부장)

21세기 우리 아이들이 가져야 할 학습 역량에 대해 이야기해보자. 전문가와 현장의 교사들이 입을 모아 꼽는 요소는 창의성, 커뮤니케이션 능력, 협업능력, 시민의식이다.

첫째, 앞으로 새로운 시대에서 우리 아이들은 다양한 정보를 접하고 경험하게 된다. 그 과정에서 깊이 있게 사고하고 나만의 생각을 도출하는 창의성이 필요하다는 것이다. 둘째, 21세기 들어 특별히 우리에게 필요해진 역량을 연구해봤더니 커뮤니케이션 능력이란 결과가 나왔다. 앞으로 우리 아이들은 타인과 함께 일하는 기회를 더 많이 가지게 될 것이다. 자신의 생각을 설득하고, 대화하며, 하나의 목적을 향해 함께 나아가는 경험. 여기에 올바른 커뮤니케이션 능력과 협업 능력이 중요하다. 마지막은 시민의식이다. 조금 뜬금없게 들리겠지만, 하나의 지역사회, 나라, 그리고 지구촌 사회가 가지는 규칙과 규율에 대한 시민의식이야 말로 21세기에 필요한 중요한 역량이다.

스마트교육은 이런 새 시대를 살아가야 할 아이들을 위해 시작됐다. 단순한 환경이 아니라 전반적인 교육의 내용, 방법과 환경을 바꾸기 위한 통합적인 변화다. 이는 다른 정책이 그러하듯 아이들이 사회에 나가 경쟁력을 가지고 행복하게 주어진 일을 할 수 있는 역량을 키우기 위한 교육이다. 그렇기 때문에 스마트교육 정책을 만들기 전엔 많은 요소를 고려한다.

가장 먼저 논의하는 것은 바로 '아이들'이다. 아이들이 스마트교육을 받아들일 준비가 됐는가이다.

요즘은 세대를 가르는 기준으로 디지털과 얼마나 가까운지를 꼽기도 한다. 디지털이 익숙한 젊고 어린 세대는 디지털 네이티브(Digital native), 그렇지 못한 기성세대는 디지털 이미그랜트(Digital immigrant)

라고 부른다.

이 시대의 아이들에게 컴퓨터는 레고 블록과 같다. 하나의 장난감인 셈이다. 아이들은 컴퓨터 스크린에서 보이는 정보를 얻기만 하는 게 아니다. 그 정보를 직접 기록하고 관리하고 공유하는 게 익숙하고 일상적인 세대다. 이들은 자신이 표현할 수 있는 것을 표현하고 싶은 욕구와 자신이 원하는 것에 더 몰두하는 태도를 지녔다. 본성에 가까울 정도다.

그 다음으로 중요한 것이 스마트기기다. 스마트기기의 특성은 휴대성(Portable)과 개별성(Private)이다. 교육적인 측면에서 휴대성은 매우 의미 있다. 구석에 처박혀있는 기계가 아니라 교과서 같은 존재가 되기 때문이다. 개별성은 스마트기기를 통해 접하는 콘텐츠 도구 소프트웨어가 개인의 수준, 흥미, 감정에 따라 활용도가 달라지는 데 있다.

이런 아이들의 특성과 기술의 발달을 어떻게 접목해야 교육의 효과와 효율성을 높일 수 있는지 정책을 세워야 한다. 이 과정에서 끊임없이 교육현장과 공감대를 이뤄나가는 것은 필수다.

마지막으로 정책을 추진할 때 꼭 확인해야 할 사항이 있다. 아이들의 특성, 기술의 발달, 명확한 정책비전이 있더라도 현장이 준비되지 않으면 소용없는 일이다. 정책은 현장에서 실현가능성을 봐 가며 실제 적용한다. 정책은 아이들의 창의성을 키워주는 선생님들과, 아이들과 소통하고 싶은 선생님들과, 새 시대에 필요한 역량에 대해 깊이 공감하는 선생님들과 함께 이뤄내야 한다.

스마트교육에 대한 우려가 없지는 않다. 스마트기기 중독이 사회적 문제로 떠오르고 있고, 스마트교육이 특정 산업의 비즈니스라는 측면에서 이익을 추구하기 위한 정책이 아닌가 하는 목소리가 있는 게 사실이다. 하루 종일 스마트기기를 쓰는 아이들의 건강문제 역시 해결해야 할 요소다. 이런 걱정을 줄이기 위해 정책당국과 현장 교사들은 끊임없이 교류하고 공감해야 한다. 그리고 그 안에서 어떤 아이디어와 전략을 쓸지 고민해야 한다.

스마트교육이 지향하는 것은 단순하다. 우리 아이들이 더 이상 유해정보에 휘둘리지 않고 안전한 환경 속에서 무엇이 옳고 그른지를 배워나가는 것이다.

기술만으론 교육을 바꿀 수 없다

크리스티나 쿰플라이넨(핀란드교육위원회 디렉터)

교육은 단순히 지식을 재생하거나 학생들에게 전달하는 데 머물면 안 된다. 교육은 사회 구성원 개개인이 지식을 창조하고 자신과 후세들의 미래를 만들어나갈 수 있도록 도와줘야 한다. 교육은 모든 사람들이 창의력을 발휘해 적극적인 시민이 되도록 도와주는 역할을 한다.

핀란드의 교육은 이런 철학에서 출발한다. 스마트 교육 같은 혁신적인 프로그램을 도입하기 전에 그 프로그램의 주변 환경과 문화를

크리스티나 쿰플라이넨 "교육을 통해 행복해지는 것, 그게 성공의 모델이어야 한다."

철저하게 이해해야 한다. 그대로 가져와서 쓸 순 없다. 스마트교육을 이야기하기 전에 핀란드의 가치관이 무엇인지 알아야 한다. 기술만으론 교육을 바꿀 수 없기 때문이다.

핀란드는 모든 아이들이 배경과 상관없이 공평하게 교육을 받을 권리가 있다는 것을 기본적인 전제로 갖고 있다. 교육의 형평성을 가장 중시하는 것이다. 교사들의 부담을 줄이기 위해, 국가차원의 시험엔 연연하지 않는다. '자율 분권화' 역시 중요한 특징이다. 핀란드 국가교육위원회가 핵심 교과과정의 틀을 마련하면, 이를 바탕으로 각 학교와 학급과 교사들이 조금씩 수정해 교과과정을 만든다. 학교를 모니터링하지만, 감사하거나 조사하진 않는다. 학교별 순위를 매기지도 않는다. 100% 공교육을 지향하고, 대학을 포함한 모든 교육과정은 무료다. 이는 매우 중요한 점이다.

핀란드는 그 어떤 정책보다 교육이 우선순위다. 인구 500만 명의 작은 나라는 국제시장에서 노동력으로 경쟁할 순 없다. 핀란드는 양질의 지식을 창출해야만 경쟁력을 얻을 수 있다는 점을 초창기에 인식했고, 교육이야말로 핀란드를 부유한 나라로 만들기 위해 중요한 요소라는 것을 깨달았다. 스마트교육을 하면서 가장 고민하는 부분도 형평성이다. 모든 학교가 혁신적인 기술을 잘 사용할 순 없기 때문이다. 그래서 정부 차원에서 어떻게 하면 스마트교육을 형평성 있게 전역에 퍼트릴까 늘 주의 깊게 살펴보고 있다.

핀란드 정부가 스마트교육으로 대표되는 교육혁신전략을 지원하는 이유는 뭘까? 핀란드 교육부가 조사한 바에 따르면 21세기에 중요해지는 능력은 사고능력, 표현능력, 상호작용 능력, 자기성찰과 반성하는 능력, 책임지는 능력, 사회적 이슈에 관심 갖고 참여하는 능력이다. 이런 능력들을 올바로 기르기 위해 교육혁신을 위한 국가적 지원이 필요한 것이다. 또, 학생들에게 동기부여를 해줘야한다. 그들이 배우는 것을 즐거워해야 한다. 사회적 소외계층이 생기고, 학교를 중퇴하는 이들이 있다. 이를 막기 위해서라도 혁신교육을 지원해야한다.

평생교육의 측면도 있다. 스마트교육은 학교 안팎에서 이뤄지는 평생교육이다. 이를 지원해야만 기업가정신을 활성화할 수 있다. 우리는 창의성과 협력의 문화를 키우고, 개인과 사회의 복지, 경제적인 번영을 일궈야 한다. 그렇다면 스마트교육 혁신전략엔 어떤 특징이 있을까?

일단 학습자가 주인의식을 가져야 한다. 혁신적인 교습법과 디지털기술이 합쳐져야 한다. 정규 · 비정규 학습 환경을 연결시켜야 하고, 교육과 일자리를 더 강하게 연결해줘야 한다. 학제적인 전문성과 확장 가능한 모델과 관행을 개발하는 것도 필수다. 한 번만 하고 끝날 게 아니기 때문이다. 우리는 혁신의 씨앗을 뿌릴 때마다 실패할 수도 있다. 그런데 실패는 무조건 피해야 하는 것이 아니다. 실패를 통해서 우리가 조금 더 열린 마음으로 앞으로 무언가 배우고 발전하려면 실패할 수도 있다는 걸 깨달아야 한다. 다만 실패한 사례는 철저하게 분석해야 한다. 왜 실패했는지 이해하면 더 잘 혁신할 수 있으니까.

우리는 이 자리에 왜 모였나? 학생들을 위해서다. 이들을 국제무대에서 성공하는 인재로 키우기 위해 모였다. 성공은 무엇일까? 국제학업성취도평가(PISA)에서 핀란드가 높은 점수를 얻는 게 성공일까? 아니다. 점수는 여러 지표 중 하나에 불과하다. 교육을 통해 아이들이 행복해지는 것, 그게 혁신의 목표이자 성공의 모델이어야 한다.

 **크리스티나 쿰플라이넨**

핀란드 학술원 회원이면서 교육위원회 자문위원으로 미래 스마트교육 플랜을 세워나가는 중책을 맡고 있다. 개인적으로는 학생들의 언어교육을 컴퓨터, 휴대폰 등의 미디어와 융합해 새로운 학습 모델을 만들려는 시도를 하고 있다.

 **용어설명 |** ··

국제학업성취도평가(PISA)

경제협력개발기구(OECD)가 교육과정에 바탕을 둔 지식보다는 실생활에 필요한 응용능력을 평가해 국제적으로 비교할 목적으로 2000년부터 3년마다 실시한다. 시험문제는 평가 대상국에서 제출한 문항 가운데 이의제기가 없는 문항을 골라 출제한다. 수학·과학·읽기 문제와 문제해결력 등이 포함된 13종류의 시험지마다 2시간 안에 풀어야 한다. 시험은 OECD 관계자가 감독한다.

스마트교육을 위해 해결해야 할 것들

김영수(이화여대 교수)

우리나라도 빈부격차를 해소하기 위한 다양한 프로그램과 교육복지에 대해 고민하고 있다. 앞으로도 핀란드의 시스템을 적극적으로 벤치마킹해서 학습자의 학습권·평등권을 보장해야 한다. 핀란드에선 학교 선생님에게 높은 자질이 요구된다. 대부분의 교사가 석사 학위를 소지하고 있다. 사회에서 받는 인정과 존경도 상당하다. 이런 바탕에서 우수한 교사를 확보할 수 있는 것이다. 지금 우리나라의 교육 현장에서 교사의 위상은 심각하게 떨어졌다. 우수한 교육 시스템을 만들려면, 먼저 교사의 위상이 확립돼야 한다. 이를 위해 관학협력에 의한 해결방안을 모색하는 것이 필요하다.

학습자가 21세기에 걸맞은 학습역량 강화를 위해서는 우리나라 교육이 총체적으로 변해야 한다. 따라서 스마트교육에 많은 기대를 걸고 있다. 그러나 한편으론 스마트교육을 시행하면서 서책형 교과서와 함께 디지털 교과서가 제공된다는 것은 우려되는 점도 있다. 디지털기기 중독은 이미 우리 사회 전반에 걸쳐서 나타나고 있는 청소년 문제이기 때문이다.

스마트교육을 성공적으로 하기 위한 선결과제는 디지털기기 중독, 인터넷 과다 사용, 게임중독 등의 해결과 인터넷 윤리 등이다. 이를 위한 정책개발과 교사의 노력이 뒤따라야 할 것이다. 뿐만 아니라 지역학습공동체를 꾸려 한국형 윤리인성교육의 모델을 만들어내면 어떨까? 예전 우리나라에는 품앗이라는 게 있었다. 교육에서도 지역공동체의 교육품앗이를 통해 스마트시대에 알맞은 인성교육을 할 수 있을 것이다.

한국교육의 혁신이라는 목표를 향하여 관·산·학의 집단지성을 토대로 융합연구와 실천을 계속한다면 스마트교육이 성공적인 교육혁신 시스템으로 정착할 것이다. 이것이 국제무대에서 K팝(K-pop)에 이어 K스마트(K-smart) 열풍으로 탄생하길 기대한다.

| 토론 | ❷
개발자의 수익성, 사용자의 효용성을 함께 추구하자
성낙양(두산동아 대표)

지난 4년간 디지털 교과서 등 스마트교육 콘텐츠를 연구했다. 디지털 콘텐츠는 개발자 입장에선 수익성을 무시할 수 없고, 사용자는 효용성을 무시할 수 없다. 이에 대한 협업이 발전하고 진화하는 것이 스마트교육을 논할 때 가장 큰 전제다. 지금 한국교육학술정보원(KERIS)이나 교육과학기술부가 추진하는 방향은 업계를 경청하고, 적절한 조치와 계획 아래 협업으로 이끌어가고 있다. 매우 고무적인 부분이다.

그러나 스마트교육 업계에 있으며 가장 놀랍고 효과적이었던 부분은 현장에서 직접 학생을 가르치고 스마트교육을 시행해야하는 교사들과의 협업이었다. 4년간 학급교사들과 함께 해보니 놀라울 만큼 스마트교육에 적극적이었다. 스스로 콘텐츠를 만들어 제안하는 이도 있었다. 그런 부분을 보면 우리 사회가 고무적인 진화를 한다고 생각한다.

이런 여러 노력에 더해, 스마트교육에 대한 근원적인 목표를 분명히 할 필요가 있다. 우리의 목표는 창의적인 미래인재를 키우는 데 있지, 교육기기를 디지털로 바꾸는 데 있지 않다. 하지만 몇몇 사항에 대해선 이 선후관계가 상당히 혼동되고 있다. 업계의 이해관계와 현장의 목소리, 정책의 방향이 제대로 맞지 않으면 그저 종이 교과서를 스크린 교과서로 바꾸는 것 이외에 의미를 찾을 순 없다. 결국 스마트교육은 교육시스템 변화의 촉매제가 돼야 한다. 디지털 자체를 목표로 두지 말자. 지식과 인성의 함양이 동시에 이뤄질 수 있는 교육을 하게끔 디지털라이징(Digitalazing)에 방점을 찍고 움직이자.

03 나눔을 통한 교육복지 실현

"교육은 가장 진보적인 투자다." 경영학의 대가 피터 드러커는 "교육에 대한 투자를 주저하면 안 된다"고 주장하며 이같이 말했다. 교육을 통해 더 나은 사람을 만들고, 더 나은 사람들이 모여 더 나은 사회를 만들기 때문이다.

교육과학기술부가 올 9월 11일 발표한 '2012년 경제협력개발기구(OECD)교육지표'에 따르면 우리나라의 교육비 민간부담률은 12년째 OECD 회원국 중 가장 높았다. 부모의 사회·경제적 배경에 따라 자녀가 받을 수 있는 교육의 질과 양이 달라진다는 것이다.

우리 사회는 여전히 교육이 '계층이동의 사다리' 역할을 하고 있다. 교육에 대한 접근비용이 높으면 높을수록 부모의 학력·소득·지위·배경이 자녀에게 대물림되는 현상이 이어질 것이라는 우려의 목소리도 높다.

그런 차원에서 '나눔을 통한 교육복지 실현'은 우리 사회에 시사하는 바가 크다. 일찍이 우리는 품앗이, 두레 등을 통해 '나눔의 철학'을 이어왔다. 인재포럼 세션에서는 기업·대학·민간에서 재능기부의 형식으로 운영하는 교육나눔의 현장을 소개했다.

네 명의 발표자들은 이런 교육기부가 '시혜자-수혜자' 관계에서 이루어지는 게 아니라고 강조한다. 재능을 기부하는 사람은 그 과정을 통해 사회에 헌신하는 구성원이라는 보람을 느낀다. 상대를 가르치는 과정에서 더 많은 지식을 얻기도 한다. 받는 이 역시 마찬가지다. 그들 대부분은 "나중엔 나도 내 재능을 나눠주겠다"고 결심한다고 한다. 교육기부의 선순환 구조가 만들어지는 것이다.

| 강연 | ❶

'삼성 드림클래스', 교육격차를 해소하다

이갑수(삼성경제연구소 수석연구원)

사회의 분배시스템이 아무래 잘 돼 있고 좋은 교육자가 많아도 교육의 불평등을 전적으로 해소하긴 어렵다. 우리 사회의 빈부격차는 최근 들어 나아질 기미가 보이지 않는다. 이것이 교육에 미치는 영향이 심각하다. 개천에서 용 나는 사례를 발견하기 어렵다.

사회·경제적 수준에 따라서 교육의 불평등이 이어지는 것을 줄이기 위한 노력은 있다. 그러나 소득의 격차를 해소하긴 쉽지 않다.

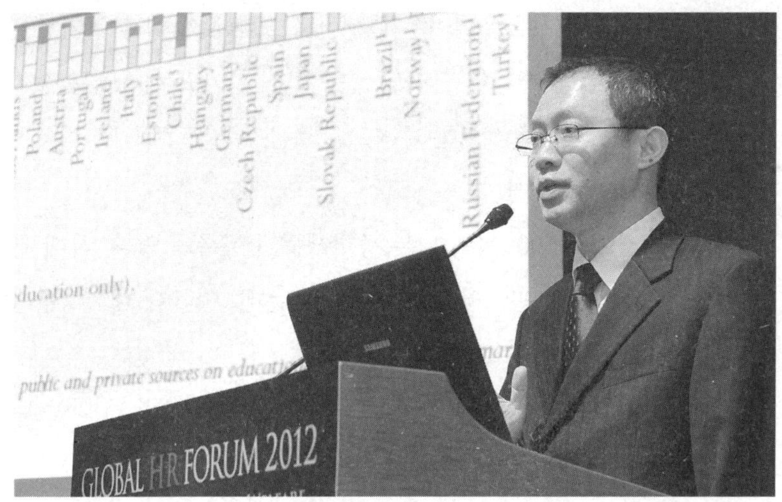

이갑수 "취약계층에게 교육기회를 제공하는 일이 사회에 기여하는 방법이라고 생각했다."

이보다 더 중요한 게 교육의 격차가 일어나지 않도록 하는 것이다. 경제협력개발기구(OECD) 국가 중, 우리나라는 교육에 들어가는 사적 지출이 높은 편이다.

'인재제일' 은 삼성그룹이 매우 중시하는 경영철학이다. 삼성은 취약계층에게 교육기회를 제공하는 일이 사회에 기여하는 방법이라고 생각했다. 이에 2012년 3월 '삼성 드림클래스' 를 기획하게 됐다. 삼성 드림클래스는 교육격차를 해소하기 위한 방과 후 영어·수학 학습프로그램이다. 중학생을 대상으로, 교육 양극화 해소와 저소득층 학생들의 학업증진을 목표로 한다. 강사들은 대학생들이다.

물론 정부에서도 방과 후 프로그램을 통해 다양한 과목을 제공한다. 삼성은 교육과학기술부와 양해각서(MOU)를 체결했다. 취약계층 학생들에게는 다양한 과목보다는 핵심 과목을 가르치는 것이 중요하다고 생각했다. 대학에는 어려운 학생들을 오후 6시 이후에 가르칠 수 있는 대학생들을 선발해 달라고 요구했다. 그리고 대학에는 장학금을 지급하고 있다. 콘셉트는 주중프로그램, 주말프로그램, 여름·겨울 캠프로 운영하고 있다.

드림클래스에는 5000명이 넘는 중학생들이 등록돼 있다. 국내 취약계층의 중학생은 1만5000명으로 추산되는데, 이들과 대학생들을 매칭하도록 프로그램을 확산시킬 것이다.

교육전문가들은 학생들의 질이 교사의 질을 넘어설 수 없다는 말을 많이 한다. 그래서 강사로 일할 대학생을 뽑을 때 기술적 능력만 보지 않는다. 열정, 리더십, 문제해결 능력, 소통능력을 갖고 있는 대학생들을 선발한다. 그 이후에도 주의할 사항들을 교육시키고 현장에 투입한다.

강사로 일하는 대학생들은 "학생들이 나를 인생의 롤모델로 삼을 때 보람을 느낀다"고 말하곤 한다. 가르치는 대학생도 변화할 수 있는 계기가 만들어지는 것이다.

참석하는 학생들의 출석률도 상당히 높다. 무료로 가르치다보면 많이들 빠질 거라고 생각하지만, 80%가 넘는 출석률을 보인다. 3개월간 시범 사업 결과 전체적인 학력은 대략 20% 성장했다. 앞서 말했듯 "나를 가르쳐주는 형, 오빠, 언니, 누나처럼 되고 싶다"는 생각을 하기도 한다. 학업 외적인 성과인 셈이다.

순수 교육기부로 운영한다

줄리아 호킨스(케임브리지대학 천년수학프로젝트 부소장)

캠브리지대의 천년수학프로젝트(MMP · Millennium Mathematics Project)는 3~19세 학생들을 위한 교육 복지 프로그램이다. 캠브리지대의 교육학과 · 수학과 교수들이 만들었다. 가장 큰 부분을 차지하고 있는 것은 수학교육 온라인 지원 프로그램으로, 수학적 · 전략적 사고를 하도록 돕는다.

동료 교수들이 직접 학교를 방문해 워크숍을 하고 수학에 창의적으로 접근하는 방법을 가르친다. 몸으로 할 수 있는 활동도 제공한다. 수학적 · 전략적 사고를 배양하고 수학에 대한 관심을 키우기 위해 노력한다. 여기에 대규모의 교사 전문성 프로그램을 같이 운영한다. 수업의 질은 교사의 질 이상을 넘어설 수 없기 때문이다. 교육이야말로 인적자원에 의존한다. 영감을 줄 수 있는 교사가 필요하다.

이 프로그램에 정부나 대학 내의 지원은 없다. 비정부기구(NGO) 형태로 운영한다. 그래서 프로그램 운영을 위해 두 가지 형태의 기부를 받는다. 하나는 기업의 지원이다. 이런 기업은 사회에 기여하고자 하는 마음으로 우리 프로그램을 지원한다. 다른 하나는 개인이 자원봉사로 하는 교육기부다. 프로그램은 온 · 오프라인에서 이뤄진다. 캠브리지대 학생이 온라인으로 '멘토 교사' 역할을 하거나, 지역학교에 직접 가서 수학, 과학 등을 가르친다.

줄리아 호킨스 "사람들은 자신이 사회에 도움이 된다고 생각할 때 성취감을 느낀다."

우리 프로그램이 다른 교육기부 프로그램과 다른 점은 교사로 참여하는 대학생들이 전혀 보상을 받지 않는다는 점이다. 순수한 의미에서 봉사다. 장학금 등의 금전적 보상도, 수업에 들어가는 가산점도 없다. 매년 우리는 250명의 학생들을 지역학교에 파견한다. 그리고 이들은 각각 일주일에 한 시간씩, 한 학기 동안 매주 하루 오후를 기부한다. 그러면 250명이 총 4000시간을 기부하는 셈이다.

지역학교 입장에서 중·고등학생들은 특별한 과목에 대한 지식을 습득하게 된다. 캠브리지대는 영국 최고 명문대 중 하나다. 캠브리지대 학생은 영국에서 가장 학업성취도가 높은 영국 최고의 대학생이다. 이런 대학생에게 배운다는 건 중·고등학생에게 상당한 동기부여가 된다. 롤모델로 삼기도 한다. 그럼, 왜 대학생들이 이 프로그램에 참여할까? 물론 이점이 있기 때문이다.

첫째, 대학을 졸업한 후에 사용할 수 있는 기술을 계발할 수 있다. 자원봉사 대학생의 80%는 자신감이 높아졌다고 한다. 74%는 커뮤니케이션 능력이 높아졌다고 말한다. 절반 이상의 학생이 발표 진행에 자신감이 생겼다고 한다. 이는 모두 고용주가 높이 평가하는 능력이다.

다른 놀라운 이점도 있다. 다른 사람을 가르치면서 그 과목에 대해 더 많이 알게 되는 것이다. 영국 최고의 대학생이 초등학교에서 가르치며 어떻게 그 과목에 대해 더 많은 걸 알게 될까? 어떤 과목을 가르치려면 그것을 충분히 이해해야 한다. 다른 사람에게 설명하는 과정에선 여태껏 생각지도 못했던 것을 알게 되기도 한다. 어떤 학생은 나에게 이렇게 말했다. '8살 아이들과 함께 '온도'에 대해 이야기하면서, 실제 물리적인 세계에 대해 깨닫게 돼요. 사실 그것보다 더 중요한 건, 함께 한다는 거예요. 그게 기뻤어요."

사람들은 자신이 사회에 도움이 된다고 생각할 때 성취감을 느낀다. 이 프로그램은 참여 대학생들에게 바로 그 지점을 제공한다. 또, 캠브리지라는 치열한 경쟁 속에서 벗어나 오후 동안 새로운 시각으로 생각할 수 있다고 말한다.

사실 25년 전 처음 이 프로그램을 마련한 중요한 이유는 수학·과학 전공자들이 교사로 자라기를 바랐기 때문이다. 영국은 역사적으로 수학·과학 교사가 부족했다. 이런 점에서도 이 프로그램은 상당히 성공적이었다. 자원봉사자들의 50% 이상이 교사직을 생각하게 됐다고 말한다. 실제 교사가 된 경우도 많다. 교육기부는 사회적으로 최고의 복지다. 뿐만 아니라 개인적으론 시민 의식과 자의식을 키울 수 있는 좋은 기회다.

지식의 공유와 확산을 생각한다

천정훈(매사추세츠공과대학 생산기술연구소장)

2000년 미국에는 '닷컴' 붐이 일었다. 닷컴 회사만 만들면 부자가 된다는 생각에 모든 학교에서 닷컴을 만들어서 어떻게 돈을 벌까 궁리하던 시절이었다. 물론 매사추세츠공과대학(MIT)에서도 이를 위한 위원회를 만들었다. 그게 바로 '평생교육위원회'다. 새로운 인터넷 기술로 어떻게 하면 교육을 더 잘 시키고 사업기회도 만들지 논의하는 곳이었다.

이 위원회가 생겼을 때 많은 사람들은 'MIT닷컴이라는 회사가 생겨 등록금 없이 학교를 다닐 수 있지 않을까?' 란 생각을 하기도 했다. 컨설팅 회사도 섭외해 어떻게 하면 인터넷을 이용한 교육프로그램으로 돈을 벌 수 있을지 모델을 만들기도 했다. 하지만 결론은 '돈을 벌 수 없다' 였다.

그렇다면 MIT는 뭘 해야 할까? 우린 돈을 버는 대신 MIT의 장점인 지식과 인터넷의 장점인 나눔의 편의성을 결합해 온라인 교육 프로그램을 만들었다. 인류를 위한 좋은 일이라는 이유로 재단에서 지원을 받아 시작한 프로그램이 바로 오픈코스웨어(OCW · Open Course Ware)다.

OCW의 미션은 우리가 가르치는 모든 것을 인터넷에 공개해 많은 사람들이 쓰게 하자는 것이다. 그런 목표 아래 우리가 가진 모든

천정훈 "우리가 가르치는 모든 것을 인터넷에 공개해 많은 사람들이 쓰게 하자는 것이다."

콘텐츠를 프로그램에 넣기 시작했다. 이 콘텐츠는 누구든 쓸 수 있다. 단, 상업적으로 쓸 수 없고, 사용할 땐 출처를 밝혀야 하고, 콘텐츠를 업그레이드할 경우 MIT와 같은 조건으로 타인에게 제공할 수 있다.

그럼 MIT가 얻는 이익은 무엇일까? 학생은 OCW 사이트에 미리 들어가서 어떤 코스를 들을지, 과제는 무엇일지, 내가 할 수 있을지를 미리 알 수 있다. MIT에 지원하는 학생 가운데 50%는 OCW라는 프로그램 때문에 왔다고 한다. 교수의 경우 OCW에 수업자료를 올릴 때 한 번 더 정리하고, 생각하고 올린다. 커리큘럼상 서로 다른 과목이 상호 연계 되기도 하는데, 내가 이전에 이 과목을 어떻게 가르쳤는지 다른 사람은 어떻게 가르치는지 교수들이 OCW에 올라온 자료를 통해 확인할 수 있다. 외부에서 'MIT는 이런 곳이구나, 이렇게 가르치는구나' 라고 평가할 수도 있다.

향후 OCW의 목표는 대학과정뿐만 아니라 초 · 중 · 고교의 교육과정을 아우르는 교육과정을 개발하는 것이다. 또 유튜브 등 여러 미디어를 이용해 이용자를 100만 명까지 늘리는 게 목표다.

교육에 관한 여러 기사들을 보면 '교육이 너무 비싸다, 효율적이지 않다' 는 내용이 많다. MIT가 한 해 받을 수 있는 학생 수는 최대 1000명이다. 하지만 한 해 1만8000명이 지원한다. 우린 이들을 모두 가르칠 수 없다는 사실이 항상 아쉽다. 전 세계적으로 MIT에서 수업을 듣는 학생과 같은 수준의 학생이 1만 명 정도는 더 있을 것이다. 그들을 다 교육해야 하는데 그게 안 되는 것이다.

그래서 MIT는 거꾸로, 우리 수업을 듣고 싶은 이들은 다 듣게 해줬다. OCW와 같은 온라인 교육 프로그램이 없었다면 1000명만 가르쳤겠지만, OCW 덕분에 한 해 7000여 명을 가르치니 상당한 보람이 있다. 앞으로 더 많은 이들을 가르치고 교육의 효과를 높이는 게 MIT의 마지막 목표다.

 **용어설명 |**

오픈코스웨어(OCW · Open corese ware)

MIT에서 실제로 진행되는 강의들을 온라인을 통해 들을 수 있게 만든 일종의 지식나눔 프로그램이다. 공식적으로 학점이 인정되는 것은 아니기 때문에 학위나 졸업장을 받을 수는 없다. OCW는 MIT가 2002년 '지식의 공유와 확산' 이라는 기조 아래 최초로 시도했다. 지금은 예일대 · 코넬대 · 카네기멜론 · UC버클리 등 미국 전역의 250여개 대학에서 운영하고 있다.

어떻게 지역주민과 호흡할 것인가

우시야마 쿠니히코(일본 메이지대학 정치경제학부 교수)

지금 일본은 대단히 어려운 상황에 처해있다. 인구가 고령화하며 일을 할 수 있는 인력은 줄고 복지가 필요한 계층은 계속 늘어나기 때문이다. 정부가 이를 계속 지원하는 것은 어렵다. 또 한 가지는 자연재해다. 아시다시피 2011년 동일본대지진이라는 큰 피해가 있었다. 지방자치단체나 지역주민은 대단히 심각한 상황을 맞이한 것이다.

일본은 지금 지방분권화를 골자로 한 정부 개혁이 진행 중이다. 사회적 기업 또는 주민의 활동을 통해 지역 사회를 지탱하지 않으면 더 이상 버틸 수 없는 상황이기 때문이다. 그래서 일본에서 사회적 기업이 활약하게 됐다. 이에 걸맞은 인재를 육성하고 자금을 모으고 이에 대처할 체제를 구축할 필요도 생겼다. 지자체에서 다양한 주민들의 참여를 통해 업무를 추진하는 상황이 된 것이다.

현재 일본 정부에서는 '긴급 종합 경제 대책'이라는 정책을 세워 '새로운 공공'이라는 개념의 활동을 추진하고 있다. 총 87억 5000만 엔이 이 사업에 투입됐다. 더불어 일본 도호쿠(東北) 지방을 중심으로 9억 엔의 자금을 투입해서 주민들의 활동을 지원하고 사회적 기업의 인재육성을 지원하고 있다.

지금 일본에선 사회적 기업을 양성하기 위한 사업이 곳곳에서 추진되고 있다. 메이지대학에서도 이를 응용해 다양한 교육 프로그램

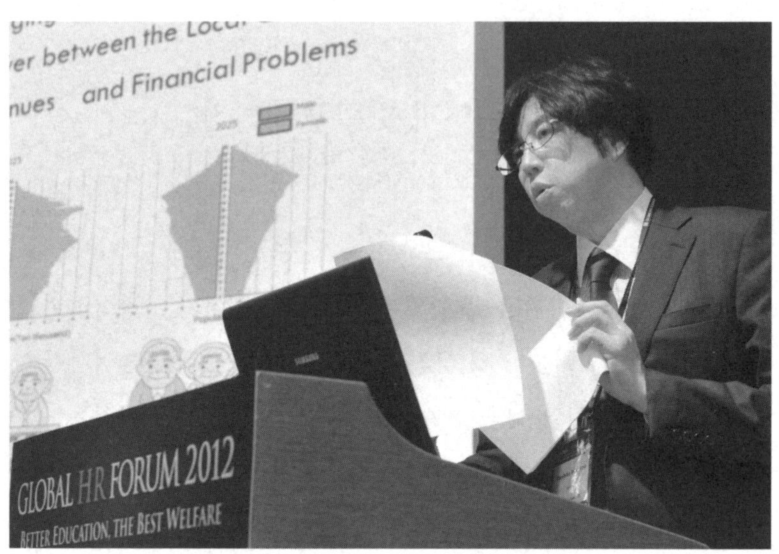

우시야마 쿠니히코 "학생들의 노동력을 현장실습에 직접 투입해 교육을 한다."

을 운영한다. 내가 속한 정치경제학부를 비롯해 경영학부 등에서 사
회적 기업 프로그램을 운영하고 있다.

경영학부에 속한 공공경영학과의 커리큘럼을 보면 비정부기구
(NGO)에 대한 경영전략론, NGO의 회계처리 방법, 지역사업과의 연
계 방법을 가르치고 있다. 이런 프로그램에선 컴퓨터 네트워크를 통
한 스마트교육이나 현장을 찾아가는 실습체험, NGO나 사회적 기업
에 인턴으로 들어가 경험을 쌓을 수 있는 기회도 마련돼 있다. 지자
체나 협동조합에 사람을 보내 세미나를 열거나 지원금을 받아 강의
를 개설하는 사업도 함께 한다.

2011년의 대지진 등 재난피해지역에 대학원생이나 학부생들을 보
내는 프로그램도 있다. 이런 자원봉사활동을 통해 학생은 자기가 책

상에서 공부한 내용을 실제 현장에서 실체를 보고, 현장을 경험하는 학습과정을 겪는다. 실제로 재난피해지역에서 구조하고, 자원봉사를 하며 사회구성원으로서의 역할을 배우는 것이다.

즉 학생들의 노동력을 현장실습에 직접 투입해 사회공헌을 하는 형태로 교육을 한다. 그 학생들의 활동을 통해 지역 주민은 즐거워하고 도움을 받는다. 뿐만 아니라 학생들은 피해지역 주민들의 여러 의견을 듣고 직접 목격하며 동기부여를 받거나 영감을 얻는 경험도 한다. 지역사회에 공헌함과 동시에 지역주민들에게 더 많은 지원을 얻는 느낌, 그것이 학생들에게 큰 의미로 남는 것이다.

물론 아직 많은 과제가 남아있다. 금전적인 측면에서 지자체나 중앙정부의 지원에 의존하는 경향이 높다. 실전 평가를 어떻게 할지도 과제다. 조금 더 실천적인 노력과 질을 높이는 노력도 고려해야한다. 아직 일본은 대단히 어려운 상황이다. 하지만 그런 상황 아래서도 이를 추진해야 한다. 앞으론 한국을 비롯한 전 세계에서 고령화 등이 큰 문제로 떠오를 것이다. 그런 상황에서 학생들이 어떻게 사회적 기업을 만들고, 사회와 NGO등에 공헌할지 고민을 멈추지 말아야 한다.

04 다양한 성취의 자유 : 서머힐 스쿨의 교육 철학

"학생들이 올바른 성인으로 성장하도록 정서적으로 준비시키는 것이 지식을 가르치는 것보다 중요합니다."

헨리 리드헤드 영국 서머힐 스쿨 음악교사가 최근 한국에서 빈번히 발생하고 있는 왕따, 학교폭력 문제에 대해 내린 진단이다. 학생들에게 똑같은 학업 성취를 이루라고 강요하면서 정서적 발전에 대한 관심은 적어지고 있다는 설명이다.

서머힐 스쿨은 영국 동남부 서퍽주(州)에 있는 대안학교다. 이 학교에 다니는 학생들은 자신이 원하는 과목만 수강하면 된다. 나이와 상관없이 자기 수준에 맞는 학년에 소속된다. 학교는 필기시험을 비롯해 학생들의 순위를 매기는 어떤 평가도 하지 않는다. 출석 확인도 없다.

서머힐 스쿨은 영국의 교육철학자 A. S. 닐이 "아이들은 부모나 교육자가 원하는 삶이 아닌 스스로의 삶을 살아야 한다"는 이념으로 1921년 세웠다. 헨리 리드헤드는 현 교장인 조 리드헤드의 아들이자 창립자 닐의 외손자다.

리드헤드가 요약하는 서머힐 스쿨의 교육철학은 '자유' 다. 그는 "서머힐은 어린 학생들에게 각자의 학업적 특성에 맞춰 발전할 수 있다는 자유를 준다"며 "사회적·정신적으로 성숙할 수 있는 시간을 가능한 한 많이 허락하고 이를 통해 인생 전반에 대한 정서적 기초를 쌓고 배움의 기쁨을 계속 간직하게 한다"고 설명했다.

그가 진행하는 음악수업도 마찬가지다. 커리큘럼을 소개해 달라는 질문에 "대부분 1 대 1 수업으로 진행하고 각 학생의 능력과 개성에 맞게 수업 내용을 다르게 구성하기 때문에 특별한 커리큘럼은 없다"고 답했다. 모든 학생이 각각 다른 능력을 갖고 있기 때문이라는 설명이다.

서머힐 스쿨의 모든 정책은 학생들이 투표를 통해 스스로 결정한다. 학생들의 선택에 따라 학교에서 담배를 피울 수도, 술을 마실 수도 있다. 어린 학생들에게 지나친 자유를 주는 것이 방종으로 흐를 수 있지 않냐는 지적에 대해 리드헤드는 "서머힐 스쿨의 91년 역사 속에서 그런 사례는 거의 없었다"며 "학생들은 자신의 미래와 건강을 위해 아주 실용적이고 책임 있는 결정을 내릴 능력이 있다"고 말했다.

한국에서 대안학교는 일반학교에 적응하지 못하는 학생들이 가는 곳으로 인식된다. 리드헤드는 "서머힐은 학업적으로도 아주 우수한 학교"라고 강조했다. 공부를 통해 성공하길 원하는 학생에게는 박사

과정 준비 수업 등 그에 걸맞은 교육을 받을 수 있다는 얘기다.

다만 어떤 경우에도 모든 학생들에게 동일한 목표를 강요하지 않는다고 강조했다. 그는 "학생들은 스스로를 위한 선택을 내릴 수 있도록 신뢰받아야 한다"며 "이를 희생하면서 얻어야 할 학업적 성취는 없다"고 강조했다.

삶의 방향을 아이들에게 맡겨라

헨리 리드헤드(서머힐스쿨 교사, 설립자 3세)

서머힐 스쿨을 소개하면, 아마 이제껏 들어본 교육제도 중 가장 독특할 것이라 생각된다. 창립자인 A. S. 닐은 나의 외할아버지이자 교육학자, 아동심리학자다. 그는 모든 범죄, 미움, 전쟁의 근원은 불행에 있다고 말했다.

그는 불행을 줄이기 위해 아동의 정서발전이 중요하다고 강조했다. 학습의 성과보다도 정서 발전에 무게를 뒀다. 그의 육아 및 아동철학을 입증하기 위해 어린이와 어른에게 동등한 권리를 주는 실험을 시작했다. 그게 서머힐이다. 학생들은 5세에서 17세로 학기 내에서는 학교에 거주한다.

학생들은 다양한 배경과 국적을 갖고 있다. 역사는 이미 91년이나 됐다. 더 이상 실험이 아닌 인정받는 교육제도가 됐다. 우리는 학문

헨리 리드헤드 "서머힐은 신경쇠약에 걸린 총리보다 행복한 청소부가 되길 바란다."

적으로도 영국 장학사들에게 뛰어난 평가를 받고 있다. 써머힐 스쿨의 원칙은 다음과 같다.

1. 다양한 선택과 기회를 줘 자신의 관심사를 추구하도록 하는 것. 자신이 스스로 자신의 정체성을 가지고 기회를 찾도록 환경을 조성하는 것이다.
2. 아이들을 의무적인 시험에서 자유롭게 한다. 스스로 성취도와 목표를 정하게 한다. 인위적인 잣대에 순응해야 하는 환경에서 벗어나게 한다.
3. 아이들이 원하는 만큼 놀 수 있는 자유가 있어야 한다. 이는 아이들의 발전에 있어서 매우 중요하다. 즉흥적이며 자유로운 놀

이는 학습 때문에 간과될 것이 아니다. 아이들은 다양한 감정들을 경험할 수 있어야 하고 어른처럼 자유를 즐길 수 있어야 한다. 이 과정에서 실망, 실패, 부정적인 감정을 느낄 수도 있다. 하지만 이런 것은 개인의 발전에서 매우 중요하다.

4. 아이들이 자체적인 공동체에 살면서 조직을 책임지게 한다. 공동체생활을 통해 민주적인 힘을 키우도록 한다. 서머힐은 스스로 책임을 지는 공동체다.

서머힐에서 아이들은 자신들이 원하는 대로 자유롭게 행동할 수 있다. 물론 다른 사람의 자유를 침해하면 안 된다. 그들은 옷을 거꾸로 입을 수도, 파란색으로 염색할 수도, 하루 종일 놀 수도 있다.

규칙은 스스로 정한다. 일주일에 2차례 총회를 가지면서 자치를 하고 있다. 모든 사항에 대한 논의를 하고 모두가 동등한 투표권을 가진다. 진상조사를 벌이기도 한다. 표준 벌금은 800원 정도로 정했다. 누군가 쓰레기를 버리면 벌금을 낸다, 도서관에서 먹고 마실 수 없다, 자기 전엔 잠옷을 입어야 한다, 서서 오줌을 누려면 변기 시트를 올려야 한다 등이다. 공놀이를 하다 창문을 깨면 돈을 모아서 창문을 사와야 하는 규칙도 있다.

이 같은 250개의 규칙이 있다. 아주 자세하게 정해져 있다. 누구든 규칙에 대해 문제를 제기할 수 있다. 갈등이 발생했을 때 즉시 해결을 원하면 옴부즈맨에게 가면 된다. 옴부즈맨은 나이든 학생들로 구성되고 이들은 문제를 중재하고 해결하는 데 도움을 준다. 여기서도 해결이 안 되면 총회에서 해결하게 한다. 항상 문제제기를 할 수 있으면 심각한 문제의 발생을 미리 막을 수 있다. 예를 들어 심각한 따돌림 사건이 발생할 수 없다. 그 전에 문제제기를 하기 때문이다.

어떤 사건이 마무리되면 다시 일상생활로 돌아갈 수 있게 한다. 사건을 다시 언급하지 않는다. 공동체가 문제를 제기하고 이를 해결하는 방법의 일부로 받아들인다. 벌금은 돈만 있는 게 아니다. 수영 금지 등과 같이 행동을 제약하기도 한다. 처벌 부과에는 창의성을 발휘한다. 피터라는 아이가 계속 다른 아이를 괴롭히는 문제가 있었다. 이에 대한 처벌로 다른 아이들이 피터를 볼 때마다 안아주는 '처벌'을 가했다. 매우 효과적이었다.

특별히 윤리를 강요하는 것이 아니다. 실용적인 수준으로 모두 만족하자는 것이다. 다른 사람이 보기에 사소한 것이라도 아이들이 문제제기를 할 때는 그들 입장에선 중요한 사항이기 때문에 진지하게 다뤄준다. 아이들이 늦게까지 컴퓨터를 하거나 흡연을 해도 되는지에 대해 진지하게 고민하는 모습을 보면 행복하다.

보통 아이들의 사회는 위계질서가 없다. 자라면서 자연스럽게 배워간다. 우리 학교에서 교장의 의미는 상관이 아니라 단순히 대장이라는 뜻이다. 모두가 서로를 존중하고 자유롭게 대화할 수 있는 분위기다. 때문에 다른 사람의 의견을 경청하는 것만으로도 다른 사람의 권리를 이해하고 존중하게 된다.

각 부분의 리더들도 위원회에 의해 결정된다. 옴부즈맨, 잠자리 담당자(모든 사람을 깨우고 재우는 역할), 사회 위원회(이벤트 개최 담당), 조사 위원회(경찰역할) 등이다. 이런 위원회에 참석하는 것도 어른과 아이들의 차별이 없다.

서머힐은 12에이커의 땅에 위치한다. 테니스장, 수영장, 숲이 있다. 원하는 만큼 어른의 감독 없이 놀 수 있다. 서머힐 교정은 상상력과 창의력 있는 놀이를 가능하게 한다. 자신의 쉼을 통해 아이들은 자체적으로 배울 수 있다.

외부인들에게 서머힐의 가장 충격적인 요소는 어린이들이 수업을 안 들어도 된다는 것이다. 아이들은 수업참여에 완전한 선택권을 가진다. 아이들이 교실에 들어가지 않고도 졸업할 수 있다. 하지만 수업에 한 번도 참석하지 않은 아이는 한 번도 없었다. 진정한 민주주의 사회에서 동등한 권리를 가진 학생들은 매일 수업을 의무적으로 들을 수 없다.

무엇을 들어야 할지, 준비가 돼 있는지는 자신이 스스로 정한다. 선택의 자유를 제공한다. 아이들 스스로가 언제 어느 순서에 따라 배울지를 정하는 것이다. 기존 교육은 아이들에게 들을 것을 주장하지만 우리는 시스템만 제공한다. 또 창의적이고 재밌는 과목으로 기초 과목을 다룬다.

서머힐은 중요한 배움이 교실 밖에서 이뤄지는 것을 인정한다. 위원회 활동, 회의 참여, 어른과의 상호 활동, 용돈관리, 벌금지불 등을 통해 어린이들은 의사결정, 팀워크, 협동심, 시장에 대한 이해, 마케팅 등을 배운다. 이런 것들을 무의식적으로 습득하게 된다. 일상의 일부가 되고 내재화되는 것이다. 많은 경우 어린 학생들이 모여 있으면 사회적인 측면에서 많은 학습을 경험하게 된다. 아이들이 모이는 게 유희 외에 아무 것도 아니라고 생각하면 안 된다.

서머힐에서는 삶의 방향을 아이들에게 맡긴다. 우리는 자격요건을 부여할 뿐이다. 서머힐 졸업자들은 대다수 고등교육기관에 진학한다. 교사, 예술가, 변호사, 교사, 대학교수, 목수, 과학자, 음악가, 공학가 등등 모든 업종에 서머힐 졸업생들이 있다.

우리 학교에 처음 오는 어른들은 어린이가 모든 것을 결정하는 것을 수용하기 어려워한다. 물론 우린 아주 재능이 뛰어난 아이가 그런 재능을 키우지 않고 다른 것을 하는 것을 보면 불편하다. 예전에 일본인 한 학생은 피아노를 뛰어나게 잘 쳤다. 가르칠 선생이 없을 정도였다. 하지만 그 아이는 3년 후 피아노에 관심을 잃었다. 그리고 경영학을 공부한 후 바클레이즈 은행에 진출해 돈을 많이 벌었다. 조금 지난 후에는 그것도 그만뒀다. 지금은 태국에서 프로 킥복서가 됐다. 부모가, 선생이 이런 아이의 결정을 받아들이기는 쉽지 않다. 하지만 그게 그 아이의 삶이고 진로다. 그 아이는 스스로의 권리가 있다.

세계에 있는 어떤 학문도 어떻게 만족스러운 사람이 되는지, 행복한 가정을 만드는지 가르쳐주지 않는다. 우리는 정서적인 발전에 집중해야 한다. 사실 대부분의 교육기관은 주입식 교육에만 집중하고 있다. 우리가 행복하게 주변 사람들과 잘 지내려고 한다면 책임, 평등, 자유, 소통능력을 기르고 이후 진로를 결정해야 한다. 배움은 굉장히 자연스러운 부분이다. 우리는 모두 다른 열정을 가지고 있다. 이는 교육에 반영돼야 한다. 우리 자신의 선택과 실수를 가질 수 있도록 도와줘야 한다. 아이들은 스스로 선택을 할 수 있는 역량이 있다. 서머힐 아이들은 학교생활을 통해 자연스럽게 이런 것들을 학습한다. 행복과 정서적인 웰빙이 우선시돼야 한다고 믿는다. 그래야 삶의 경로를 찾을 수 있다고 생각한다.

다시 한 번 강조하지만 우리가 하는 것은 실험이 아니다. 아이들은 스스로 의사결정 능력이 있음을 입증했다. 그들은 균형 잡히고 행복한 개인이 되며 평생 동안 학습에 열정을 갖게 된다. 서머힐은 신경 쇠약에 걸린 총리보다 행복한 청소부가 되길 바란다.

 **헨리 리드헤드**

서머힐 스쿨의 음악교사다. 서머힐 스쿨의 창립자 A. S. 닐은 그의 외할아버지다. 현재 교장인 조 리드헤드는 그의 어머니다. 헨리 역시 서머힐 스쿨에서 수학했다. 음악에 관심이 많아 관련 엔지니어링을 전공하고 다시 서머힐로 돌아왔다. 서머힐의 가치에 충실하며 아이들에게 완전한 자율을 준다. 아시아 음악에 관심이 많아 J팝 밴드인 '유신'의 리더로도 활동하고 있다. 또 지역 아마추어 뮤지션들과 함께 활동하며 그들의 데뷔를 돕는 '사운드웨이브 프로젝트'도 추진하고 있다. 그는 음악교사로서 다양한 음악활동을 하고 관련 비즈니스를 접하는 것은 아이들에게 살아있는 교육을 주기 위한 좋은 수단이라고 설명한다.

▶ **최인섭 연구관:** 우리 학교는 문제아들을 재교육시키는 학교다. 17주간 인성교육을 하고 원 학교로 돌려보낸다. 우리도 공동체 생활을 하며 자치를 추진하지만 노하우가 없어 원점으로 번번이 돌아가는 시행착오를 겪고 있다. 어떻게 벤치마킹을 해야 하나?

▶ **헨리 리드헤드:** 써머힐의 민주적인 회의를 보면 모두가 동등한 권리와 발언권을 가지고 있다. 기숙학교라는 것은 좋은 조건이라고 생각한다. 일단 모든 사람이 동등한 투표권을 가지고 있어야 하며 모두가 경청해야 한다. 어른이라서 아이들이 결정한 결과를 엎는 것은 없어야 한다. 서로가 서로의 삶을 통제하고 직접 만드는 것이 필요하다. 같이 규칙을 정하면 서로의 의견을 듣는 것을 배우게 된다. 위 스쿨의 노력은 아름다워 보인다. 서로의 말에 귀 기울이게 하도록 노력해야 한다. 지시보다는 아이들이 서로가 그렇게 한다면 큰 영향을 끼칠 것이다. 벌금이나 벌칙을 줄 때 잘못했기 때문이 아니라, 공평하게 만들기 위해 벌을 받는 것이라고 알려주는 것이다. 안타까운 점은 위 스쿨 학생들이 어느 정도 문제를 갖고 온다는 점이다. 예방이 없고, 이미 공교육이 아이들을 이런 상태로 몰고 간 후 해결하게 한다는 점이다. 당연히 더 어려울 수밖에 없다. 공교육의 문제는 우리가 피해갈 수 없는 부분이다.

▶ **최정섭 교장:** 써머힐 졸업생들도 진로를 정하기 위해서는 기본적인 지식이 필요할 것이다. 그런 점에서 자유롭게 놀게 하면 대학 진학 후에 힘들어하거나 하고 싶은

일을 하는 데 걸림돌이 되지 않을까?

▶ **헨리 리드헤드:** 놀이와 관련해서는 어린이들이 자연스런 학습을 하는 과정이라고 생각한다. 자연적으로 습득을 하게 된다. 기초지식이 필요한 부분은 아이들이 자유롭게 선택하면 호기심이 생기기 때문에 알아서 질문을 하러 온다. 저는 어릴 적부터 나중에 커서 뭘 할지를 고민했다. 여러 가지 관심이 많았지만 제가 원하는 바를 계속 생각하다 보니 그 방향으로 나가게 됐다. 그리고 계속해서 놀다 보면 어느 순간 공부를 하고 싶다는 생각이 들게 돼 있다.

▶ **최인섭 연구관:** 내가 만약 의사가 되고 싶다고 생각했을 때, 이걸 너무 늦게 깨닫게 되면 오히려 힘들지 않을까?

▶ **헨리 리드헤드:** 스스로 결정한다는 가정 하에 늦는 것은 없다. 의사가 되는 것은 많은 지식을 요구하지만 중요한 건 너무 늦은 시기는 없다는 것이다. 동기부여가 된다면 빠르게 습득하고 성장할 수 있다. 억지로 하면서 흥미를 잃거나 포기하는 것보다 훨씬 낫다. 물론 사회가 원하는 코스대로 갈 수는 없겠지만 그게 뭐가 대수인가. 누구도 써머힐을 늦게 떠나서 후회했다고 말한 적은 없다. 학습에 대한 열정만 갖고 있다면 상관없다고 생각한다.

▶ **최정섭 교장:** 학교에서 민주적인 절차에 익숙해진 학생들이 사회에서 비민주적인 환경을 마주하면 적응을 잘 할 수 있을까?

▶ **헨리 리드헤드:** 반대다. 위계질서가 있는 회사에 들어갔을 때 써머힐 학생들은 상관을 존중하는 법을 배웠기 때문에 오히려 잘 적응한다.

▶ **최인섭 연구관:** 공교육에는 어떻게 써머힐의 교육스타일을 적용할 수 있을까?

▶ **헨리 리드헤드:** 정부가 어떤 식으로 개입할 수 있을지는 모르겠지만 선택의 옵션이 많아야 한다고 생각한다. 아이들에게 자율을 주는 것이 중요하다. 예를 들면 교복을 입을지에 대해 결정을 내리게 하는 것이다. 아이들에게 평등한 권리를 주는 것부터 시작해야 한다.

새로운 성장동력
휴먼

지은이 | 한국경제신문 특별취재팀
펴낸이 | 김경태
펴낸곳 | 한국경제신문 한경BP

제1판 1쇄 발행 | 2012년 12월 15일
제1판 2쇄 발행 | 2013년　1월 10일

주소 | 서울특별시 중구 중림동 441
기획출판팀 | 02-3604-553~6
영업마케팅팀 | 02-3604-595, 583　FAX | 02-3604-599
홈페이지 | http://www.hankyungbp.com
전자우편 | bp@hankyungbp.com
T | @hankbp　　F | www.facebook.com/hankyungbp
등록 | 제 2-315(1967. 5. 15)

ISBN 978-89-475-2889-4　03320

값 14,000원

파본이나 잘못된 책은 구입처에서 바꿔드립니다.